# 成功创业的14堂营销课

## Marketing That Works

伦纳德·M·洛迪士（Leonard M. Lodish）等 著
张秀琴 徐明 译

中国人民大学出版社
·北京·

# 编辑手记

创业是一项极具风险的活动。在 2011 全球创业周峰会上，创新工场董事长李开复毫不讳言："梦想一毕业就成为下一个马化腾？不现实！"但正如历史向我们展示的：青年人涌动的激情推动着社会的进步。创业热情和企业家精神是一颗颗珍贵的种子，把它们埋在鼓励创新的社会土壤中，天使投资人和 VC 用风险资金之水去浇灌它们，市场先生动手去芜取菁，我们可以期待这些种子中成长出下一个百度、腾讯或者微软、谷歌。营销在创业过程中扮演着重要角色，如果把营销的含义扩展到创意的产生、筛选以及品牌的塑造，那它就不仅是创业中的一个环节，而贯穿于创业企业的生命始终。沃顿商学院资深教授洛迪士先生以及他的两位经验丰富的企业家朋友，为创业者们准备了 14 堂营销课，帮助创业者们提升成功可能性。这 14 堂营销课从营销战略的制定到创意的开发和筛选，从获取最大利润的定价到保持持续竞争优势的分销，从先声夺人的新产品发布到有效的广告公关，从恰到好处的营销资源配置到一二级市场融资……涵盖了创业企业营销的方方面面，每一课的讲解中还辅以若干真实案例。正如李开复所说，如果丝毫没有经验、凭着拍脑袋想出来的点子认为自己可以改变世界，那么失败的概率会是 99.99%。但经过创业方面的学习，掌握一些简单易行的创业营销方法，一定可以增加成功几率。希望这 14 堂精心准备的营销课能给在创业道路上摸索的朋友提供帮助。

曹沁颖<br>2011.4.18

# 致谢

Leonard M. Lodish 在沃顿商学院所授的 MBA 创业营销课程，为本书提供了最初资料来源。十分感谢 Howard L. Morgan 和 Shellye Archambeau 的倾情帮助和有益指导；此外，也要感谢所有为本书的完稿以及课程的顺利开设作出贡献和帮助的人们。Amy Kallianpur 负责列出所有问卷调查及其结果，还提供了一些特许权方面的内容。维多利亚的秘密（Victoria's Secret）公司营销主管，Lodish 的学生 Jill Beraud，为采访该公司的成功营销战略提供了热情帮助。Yosi Heber 为我们的网络搜索广告部分的探讨提供了十分有趣的概念结构。Lisa Cain 为本书设计并创建了网络配置软件。

沃顿商学院过去十年来的历届 MBA 学员，为我们提供了巨大的激励资源。无论是他们在课堂上的发言，还是他们为本书所作出的贡献，都因其所具有的实践经验，为我们提供了宝贵的共享资源。这些创业者包括：Synygy 有限公司的 Mark Stiffler、Nixon Peabody 的特许权法律专家 Craig Tractenberg、David Bridal 等投资公司的 Gary Erlbaum、Trakus 公司和 the Know Fat Lifestyle Grill 公司的 Eric Spitz、Tandem's East 公司的 Mel Kornbluh、Rita's Water Ice 公司的 Bob Tumulo、SEI 联合公司等企业的 Steve Katz、Country Junction 公司的 Jim Everett、Idealab！公司的 Bill Gross、在多家投资公司任职的 Alan Markowitz、Interep 公司的 Ralph Guild、Allherb 网络公司的 Ken Hakuda、Frito Lay 公司的 Dwight Riskey、在多家投资公司任职的 Barry Feinberg、IndyMac 银行的 Chuck Holroyd 和 Mike Perry、Franklin 电子出版公司的 Barry Lipsky 和 Mort David、Internet Brands 公司

的 Bob Brisco、Energy Innovations 公司的 Andrew Beebe、Renaissance Technologies 技术公司的 Jim Simons、J&J 快餐公司的 Gerry Shreiber、1-1800-DIAPERS 公司的 Marc Lore、Coremetrics 等投资公司的 Brett Hurt、ClearAlign 公司的 Angelique Irvin、Compete 有限公司的 Don Mclagan、Aerial-Media Services 公司的 Max Lodish、Papa Jakes Subs 公司的 Jake Lodish、Buy Safe 公司的 Steve Woda、Half.com 和 First Round Capital 公司的 Josh Kopelman。演员 Tovah Feldshuh 给 Lodish 展示了卓越的销售是如何开展并导致投资成功的。

沃顿商学院的全球咨询课程，业已成为给进入美国市场的海外公司提供丰富的创业资源和实践战略的重要项目。多年来，本书作者从该项目的参与者 Therese Flaherty、Guri Meltzer、Shlomo Kalish、Ron Waldman 和 David Ben Ami 那里获益良多，同样也要感谢该课程的其他 MBA 学员和他们于伊朗、智利、墨西哥、印度、中国、秘鲁和哥伦比亚等国所在的各个公司；他们为本书提供了宝贵的洞见。

沃顿等科研机构的众多同行以及管理学界的诸多学者，都为本书贡献了他们的观点、方法和范式。特别要感谢 John Little、Pete Fader、Magid Abraham、Gerry Eskin、Abba Kreiger、Jerry Wind、David Reibstein、Russ Palmer、Terry Overton、Erin Anderson、CB Bhattacharya、David Aaker、Robert Nason 和 Irwin Gross，他们多年来一直提供宝贵的帮助。沃顿的"高效销售人员培养"项目的合作主持人 Erin Anderson 多年来也一直为我们提供宝贵的意见和建议，他同时也为本书所配置的软件提供市场。与 Information Resources 有限公司三十年的共事经历，让 Lodish 熟悉并掌握了消费者对广告以及其他综合营销策略的反应。与 Idealab！和 First Round Capital 等一百多家公司的共事经历，让 Howard L. Morgan 熟悉掌握了各种类型的营销方法——无论是针对个人的还是针对机构的。

我们还想感谢 Charlene Niles 和《公司》（*Inc.*）杂志的员工 Ian Mac Millan、Greg Higgins、Mark Dane Fraga，以及沃顿创业中心和沃顿小型商业中心的工作人员，因为他们促成了我们的调查，并帮助我们完成了任务。

此外，Shellye Archambeau 也要感谢自己在 IBM 的 Abby Kohnstamm 工作团队、在 NorthPoint 的 Liz Fetter 工作团队、在 Loudcloud 的 Ben

Horowitz 工作团队以及整个 MetricStream 工作团队，在这些团队工作的经历，为她带来了宝贵的经验。她多年指导营销工作的经历，使她形成了自己的营销和销售方法。在此特别感谢 Bill Campbell、Tim McChristian、Vinod Khosla、Mark Leslie、Robin Sternbergh 和 Ken Thornton。

# 导言

## 本书使命

从长远来看，真正成功的商业一定能为其投资人带来高于市场平均水平的利润回报。原因就在于，这些商人能使自己成功地摆脱竞争的压力。如果公司无力战胜竞争对手，那就注定只能分享市场平均利润，因为持续的竞争会影响其边际利润和收入来源。在本书中，我们将告诉你，创业营销有助于规模不等的各类公司从众多同类公司中脱颖而出，摆脱竞争压力。我们为你提供的创业营销技术、概念、方法和范式，可以帮助你赚更多的钱，而且是在可持续的基础上赚特别多的钱！你不仅能够因此而正确定位自己的生产/服务提供模式、明确企业发展方向、凸显自己的影响力和潜在的持续竞争优势，还可以利用有效的营销方法成功地击败竞争对手。

对于成熟公司新的风险投资或者新的创业项目来说，决定其成败的关键与其说是技术，毋宁说是营销。至于如何应对和处理相关问题，本书不会为你提供一些详细的指南，也不会介绍一些正统的学术研究成果。本书的主旨在于：帮助今天的营销者学会如何最为充分地利用自己的时间、金钱和精力，以更为优化的方式推动企业成长，使企业具有持续的、与众不同的竞争优势。

这是一本十分实用的指南书。我们不打算在这里为营销、企业家精神或大型公司的创新精神提供完整的大纲，而是致力于提供"有效的"营销概念、方式、策略和战略——所谓"有效"，就是在交往日益密切的"地球村"

时代，能给风险投资带来增值。我们的研究思路，不仅拥有雄厚的学术研究功底和几十家公司实践经验的支撑，而且也是建立在对成长最快的500强公司的实际调查基础之上的（感谢《公司》杂志与本书作者在调查活动中的通力合作）。所有这一切，为大家带来了在各种各样的商业环境下最为有效的营销方案和营销渠道。

或许你因手头资金和人力资源有限而需要尽快看到成果——你根本就没有时间和精力进行全面的研究和分析。尽管有些规模较大的老牌公司有实力等待自己的营销和销售战略发挥长期效应，但我们这本书却是为那些亟待在短期内获取效益的公司所准备的。无论如何，对于今天许多管理者和所有刚起步的公司来说，没有短期的现金流，长期效益就无从谈起。即便你正努力把公司做大做强，勤俭持家也能带来最佳结果。不管公司规模大小，你的商业活动都是为了以最少的资源投入获取最大的利润回报。本书之所以能帮助你战胜竞争对手，其原因之一就在于：当你的竞争对手还在考虑那些过时的、生产效率低下的营销方式时，你却已经开始从自己的营销预算中收获更高的生产效率，推出更多具有可持续竞争优势的产品。

## 出色的作者和学术资源

本书既是营销领域最佳的学术著作，又是解决营销问题最有效的实践指南——它实现了学术研究与实践指南二者之间的良性互动。本书起初是宾夕法尼亚大学沃顿商学院伦纳德·洛迪士所开设的创业营销课程的衍生产品——在该课程中，MBA学员被分成不同的小组，每个小组都要为创业型企业设计营销方案。首先由课程导师发表相关指导性意见，告诉学员如何用营销来帮助这些企业，然后将成功的创业者请到课堂来，把他们的所思所想和解决方案告诉学员。该课程开设九年来，已有来自各行各业的30多位创业者来到课堂，与学员共享其成败得失。几乎在每一学期，霍华德·摩根的经验展示都受到欢迎，他拥有长达25年之久、在30多个高科技风险投资企业担任顾问、董事、高管的丰富经验。谢莱·阿尔尚博则是最先来到课堂与大家分享营销经验的创业者之一；该课程最初在沃顿商学院旧金山校区开设时，她就已参与课堂活动。她非常成功地揭示了如何在规模不等的各类企业中（从 IBM 到 MetricStream 公司——目前她本人正担任后一家公司的 CEO）运用基本的创业营销概念、方法和范式。洛迪士则拥有 30 多年创业营销经验和精湛的相关战略思维能力。IRI 公司就是洛迪士早期创业投资的成果之一。身为 IRI 公司的董事和顾问，洛迪士与众多知名大公司合作，提升它们的市场营销能力——包括宝洁公司、百事公司和金宝汤公司（Campbell）等。

从学术资源上来看，本书来源于沃顿商学院创业营销班所收获的第一本书《创业营销：沃顿 MBA 创业课程》(*Entrepreneurial Marketing: Lessons from Wharton's Pioneering MBA Course*)，其作者是伦纳德·洛迪士、霍华德·摩根和埃米·卡利安普尔。本书不仅对原书中的许多概念、方法和范式都进行了更新，而且还扩展了其应用范围——各种规模的公司，只要想通过成功的创业营销来获得更多收益，就可以从本书中获益。

## 营销的重要性

由于所定义范围的不断扩大，营销已成为许多公司脱颖而出的最重要的方法。你会在本书中发现，营销最大的作用就在于，它决定了你的产品提供方式是否能被目标市场所感知。捷蓝航空公司（Jet Blue）、美国西南航空公司和全美航空公司的区别在哪儿？尽管它们都是要把旅客从一个地方运到另一个地方，但它们的目标客户却截然不同。宜家、Lebitz 和伊森艾伦（Ethan Allen）都是销售家具的公司，但宜家的定位是提供大众买得起的家具；Lebitz 则提供更多样化的选择，满足了多种生活方式对于家具的需求；而伊森·艾伦家具公司则把自己定位在高端产品市场。力图吸引低端客户来伊森·艾伦买家具，就是目标错误的营销方案，因为这些客户根本不会去那里选购产品。而对于宜家来说，吸引在校大学生和首次置业者则是正确的目标定位，该家具公司也因此业绩斐然。

对于绝大多数创业型企业来说，营销是成功的关键。在新近的调查中，投资项目超过 200 个的 14 个风险投资家对影响创业型企业成功的因素进行了评分,其中,营销的重要性得分达到了 6.7(总指数是 7.0),比其他因素得分都要高。根据深度访谈,风险投资者认为,投资前的营销分析,至少可以降低 60%的失败率。太多的风投过于关注技术优势或产品的创新性,事实上,"建了一个地方,然后人们就会来了"的梦想并没有成真。对于新产品,客户还需要一个熟悉的过程。起初投资手持设备管理器(如 Franklin's Rex)项目的失败,就是因为该产品缺乏充分的市场认知度。

1997 年美国成长最快的 500 强公司的 CEO 应邀回答其最显著的优势和劣势之所在。他们的回答如表 1 所示。该表说明,销售及营销战略是其最大的竞争优势所在。

表 1　　　　1997 年 500 家成长最快公司的最显著的优势和劣势

| 认可如下条款的 CEO 人数 | 优势(人) | 劣势(人) |
| --- | --- | --- |
| 销售及营销战略 | 145 | 19 |
| 人员管理 | 112 | 89 |
| 财务战略 | 53 | 75 |
| 信息技术 | 28 | 19 |
| 产品创新 | 12 | 2 |
| 其他 | 59 | 35 |

创业营销是所有经理人都需要的工具,它可以使其产品和服务在目标细分市场中更具有竞争价值。营销战略和策略则有助于开发出市场所需要的产品和服务,帮助企业将合适的产品和服务提供给合适的目标客户,确保客户所获得的是具有增值潜力的产品和服务并愿意为附加值买单。

创业营销还可以促使相关资源尽可能地支持营销,把每一笔营销资金都用在刀刃上,最大限度地实现盈利。我们将告诉大家如何平衡日益增加的终身收益与日益增加的终身成本之间的关系,从而更有效地开展销售、广告、促销和公关等营销活动。我们还会告诉大家,在营销过程中,适当的试验是对许多营销活动中的终身收益及终身成本关系进行评估的一个十分有效的方法。许多董事觉得自己不得不"一劳永逸"地决断最佳营销方案,可市场的反应却往往难以预测。多数情况下,最好是能够尝试用两三种不同的营销方案将产品或服务推向市场,并检测每一种方案的影响,从而确定最佳方案。

# 导言

## 只有一种营销方案是不够的

营销很重要,但其重要性并非仅限于传统意义上的辅助开发、生产和销售客户所需要的产品与服务等方面。在本书第1课中,我们会告诉大家,**定位**与**细分**是决定创业型企业成败的真正核心所在,也为持续的竞争优势奠定了基础。

**定位**指的是如何为目标市场提供特别的产品和服务。它要回答的是这个问题:"目标市场为什么要买我的而不是竞争对手的产品和服务?"类似的问题还有:"与竞争对手相比,我所提供的产品和服务应该有怎样的优势价值?"定位一开始就与特定公司所拥有或能够拥有的核心竞争力相关。

**细分**回答的则是:"我的目标市场在哪儿?"营销方案,包括合理定价、分销渠道、公关、广告、促销和零售,都直接源自定位和目标决策。

不过,只有一种营销方案是不够的。虽然基本方案所关注的是那些付钱购买本公司产品及服务进而认可本公司的人,但其他定位与营销方面的挑战同样也很重要。这些挑战关注的焦点是其他利益相关者,他们至少与终端客户一样重要:

- **风险投资者**和潜在的风险投资者
- 公司和终端客户之间的**市场中介**
- **雇员**和潜在雇员
- **战略伙伴**
- **用户**——可能会影响消费者的免费用户(如广告观众)

所有这些利益相关者都与产品的定位与细分相关,但也与其他一些至少对他们来说十分重要的事情相关,如**股东权益**和**公司形象**问题。成功的**成本效益**营销工作,是一项艰巨的任务。这项工作的承担者(营销者)需要管理好自己的产品供应、公司形象和股东权益问题在所有不同利益相关者那里的认可程度。定位挑战可能更麻烦,因为不同的利益相关者通常会在产品供应、公司形象以及股东权益等问题上有不同的价值偏好。表2总结了这一多维度的定位和多样性的方案。本书的每一章都会为下表提供相关的数据,以比较分析不同的利益相关者及其各自所偏好的产品/服务、股东权益/份额和公司形象。

表 2 必须多样化的营销方案

|  | 产品/服务 | 股东权益/份额 | 公司形象 |
|---|---|---|---|
| 消费者 |  |  |  |
| 用户 |  |  |  |
| 投资者 |  |  |  |
| 供应链/渠道合作伙伴 |  |  |  |
| 雇员 |  |  |  |

正如皮博迪（Bo Peabody）在其《幸运或聪明》（*Lucky or Smart*）中所指出的那样，创业者总是在出售自己的股票。几乎所有企业的早期阶段都没有收益，而且还要还贷或支付股东权益。针对投资人的营销方案必须有别于针对消费者的营销方案，因为对于前者来说，产品就是他们所购买的份额，所以，针对投资人的营销方案的任务就在于：如何让产品具有更大的价值？招聘也需要营销方案，因为这可让最优秀、最聪明的人和你一起创业；微软和谷歌等公司就是让员工像相信公司股价那样相信公司的使命、人才和形象。在某些产品领域，客户（产品和服务的实际购买者）与用户（产品和服务的使用者）不太一样。在多数传媒公司（无论是新的有线电视频道、互联网站点，还是印刷出版公司），还有客户（广告商）的问题，尽管这些客户只能是从大量用户中产生。针对客户的营销方案应当迥异于针对用户的营销方案。

## 互联网对营销规划的影响

互联网的兴起，是我们这个时代最具爆发力的成长现象。在过去的十年里，与互联网有关的股票交易账户从零猛增到 2 000 万以上。专业化零售业的成功——如以销售图书和唱片为主的亚马逊公司，现在已把零售产品扩展到几乎所有领域；eBay 公司开创了全球拍卖市场；还有谷歌和雅虎公司在定向的广告销售方面的成功——都说明直接的一对一的客户营销（建立在每周 7 天，每天 24 小时基础之上）是成功的。因此，网络既是新的商业机会，又是一种更大批量、更有针对性地销售传统产品的营销方式。

现在要想在 3 000 万个域名中脱颖而出，让别人一眼就能认出你，就需要卓越的营销努力或创造性的融资途径。网络很重要，不仅因为它可以把公司与客户联系起来，还因为它可以把公司与其供应商、投资人以及所有的潜在利益相关者链接在一起。每一个链接都是一次营销、推广和打造品牌的机会。忽视网络的创业者和营销者是十分危险的。本书将告诉大家如何在不同区域进行网络融资。

## 未来十年的挑战

未来十年，所有公司都会面临诸多重要挑战。全球化、公司合并、生态问题、日益严重的私有化和数据所有权问题，以及新的政府规制，都必须在设计营销方案时加以考量。

跨国营销带来了曾经只有大公司才能有效应对的挑战。由于网络可以及时把产品和服务信息输送到世界的各个角落，这就要求公司必须时刻准备好为全球客户服务。此外，还必须为长远的竞争作好准备，因为在网络上，只要你的产品和服务能及时、可靠地送达，就没有人在意你在隔壁还是在地球的另一边。澳大利亚的一位出版业高管说他一般会通过亚马逊公司订购图书，因为这些图书一般会在 48 小时之内到达澳大利亚，这要比在澳大利亚本地书店购买相同的图书提前几天送达。

持续的合并和收购、不断增加的战略联盟，改变了许多行业的竞争结构。这给一些创业活动带来了机会，也给其他一些创业活动带来了问题。为获取其大量的客户基础，许多新兴的互联网创业型企业已被收购（收购金额通常非常可观）。Hotmail 公司起初只是一个免费电子邮件服务提供者，却被微软公司以两亿多美元收购，因为这可以为后者带来超过 800 万的会员用户。他们的急剧扩张带来了超过 8 000 万的 Hotmail 注册用户。同样，雅虎公司收购了 Overture，eBay 公司收购了 Half.com 公司，从而获取了相关技术和大量用户。收购也是获取或提升骨干专家、客户偏好以及赢取目标市场信任的一个很好的方法。EMC 是一家知名的数据存储公司。但你知道它在软件行业排名前 10 吗？为获取信息管理方案，它们收购了 Documentum 公司、Legato Systems 公司和 Astrum 软件等公司。

未来十年，创业者所要面临的核心问题，还包括人口构成、价值观和人们的预期等问题。在发展中国家，在二战后生育高峰期出生的人将在 21 世纪初期开始退休；与此同时，发展中国家的人口也开始追求高科技和奉行消费主义。中国、印度等国家提供了发展机遇，但也要与政府更紧密地合作，以及更好地理解与多数美国企业迥异的文化。这些新兴国家的国民积极地参与互联网活动，这又使得许多国外公司可以更为经济地（与传统媒介相比）从事营销活动。创业者在充分利用这些新机遇方面要充当排头兵。

影响可持续竞争优势的营销活动的关键，就在于理解"我卖什么？卖给谁？他们为什么买？"等问题。第 1 课就是要回答这个问题。

# 目 录

1　第1课　定好营销战略才能赚大钱

21　第2课　催生、筛选和开发创意

41　第3课　定价：避免常见误区

64　第4课　分销渠道策略：坚持具有可持续的竞争优势

99　第5课　产品发布：使产品和服务的终身收益最大化

111　第6课　有效的广告：要模糊正确不要精确错误

137　第7课　如何运用公关创造最大价值？

148　第8课　通过销售管理实现增值

174　第9课　营销推动销售

191　第10课　促销和病毒性营销：使可持续盈利能力最大化

204　第11课　营销资源配置

221　第12课　招聘、培养和留住雇员

229　第13课　融资活动营销

241　第14课　创建强势品牌和公司

# 第 1 课
# 定好营销战略才能赚大钱

## 找准价值主张

"我卖什么？卖给谁？他们为什么买？"对于这个看似简单的问题的回答，却对你的企业是否成功发挥着决定性的影响。回答这个问题，将催生企业对于客户独特的价值主张。

这个独特的价值主张是什么？为什么它很重要？

首先，**价值主张**（value proposition）是企业产品、服务或所能提供给客户的其他东西的内在价值承诺。这是客户在购买你的东西时可以期待的收益表现方式。简单地说，就是让他们出资购买的东西。所谓独特的价值主张，就是一个让你在竞争中独树一帜的价值主张。

价值通常由三个方面所组成：

- 性能（如丰富的功能）；
- 价格（如低价位）；
- 关系（如个性化服务）。

价值倾向是相对的，例如，有的公司更关注低价位，有的则更关注产品和服务的可靠性。举例来说，思科公司的无线路由器的价位比其以前的竞争对手、现在的附属公司 Linksys（该公司也具有相同的运营特色）高出 10 倍以上，但产品的可靠性更强。对于 IT 产品的购买者来说，产品的可靠性和系统运行时间是最重要的，思科的价值也正在于此。对于家庭无线网络使用者来说，价位则是他们更关心的问题，他们会因为显著降价而放弃对于产品高可靠性的关注。因此，关键在于了解自己的营销对象是谁，并据此找准自己所提供的独特的价值主张。

　　细分和定位是创业的基础。正是在这一基础之上，独特的价值主张得以构建，以客户为导向的营销方案得以产生。企业所有的重要决策和策略主要取决于这些基础性要素。不过，明确的细分和定位工作本身并非易事。如果营销决策在细分和定位明确之前就已作出，就会面临这样的风险：资源（如钱和时间）利用不当，达不到预期效果。所以，必须先确定目标市场、企业定位以及独特的价值主张，然后才能在此基础上形成以客户为导向的营销方案。

　　**细分**回答的是问题的前半部分，即"我卖什么？卖给谁？"的问题。正是通过细分，市场被划分为由志趣相投的购买者所组成的不同种类。一旦分类确定，目标市场就得以确定。

　　**定位**回答的是问题的后半部分，即"他们为什么买？"的问题。定位就是要明确本公司的产品和服务在目标市场中的理想竞争优势。为有效回答定位问题，必须考虑两个相关的管理战略概念，这就是：企业的独特竞争力及其可持续的竞争优势。

**独特的竞争力和可持续的竞争优势**

　　可持续的竞争优势，是大多数企业一直追求的"圣杯"。如果能找到一条能够保持可持续的竞争优势的道路，企业就可以为其投资者带来超常回报。相对于"一般"公司来说，竞争优势意味着企业可以更轻松地以更高的价位和更低的成本来销售更多的产品和服务。从创业者的视角来看（正如大家所看到的那样，创业者的视角就是客户的视角），竞争优势就是客户或潜在客户最可能购买你的产品或服务而非其他竞争对手的产品或服务的原因之所在。如果你已在激烈竞争中成功开发出可持续的竞争优势，那你就获得了可持续的价值。

　　独特的竞争力就是人们对企业优势的选择，它是可持续的竞争优势的根源所在。如果优势是可持续的，你的企业就具有了竞争对手所无法仿效的独特品质，这使你的公司脱颖而出。独特的竞争力包括哪些内容？创新型企业家似乎要找到独特的新方法，使得客户优先选择自己而不是竞争对手。以下是他们的一些做法：

- 许多公司利用技术来获取竞争优势。专利和商业秘密是保持竞争力的武器。对于软件公司来说，其产品的源代码是保持竞争优势的关键。Priceline.com 公司就拥有这样一个专利，该技术可让客户为自己的产品和服务定价。这是可持续的竞争优势的重大来源。

- 也有公司依靠卓越的设计、优良的品质或持续创新作为独特的竞争力。如戴尔公司就能提供独特的价值主张，即可根据客户的需要，以非常具有竞争力的价格为客户及时、到位地定制符合其要求的电脑。戴尔在这方面做得非常成功，因为它投资建设了完善的供应链和订单管理系统，从而营建了一个人力成本合适、避免清单和结算出错的"及时送货"系统。可是，另一些公司，如联想和惠普，也找到了不同的低成本制造和分销系统，这就使得戴尔公司的竞争优势被削弱了。

- 还有的公司利用卓越的客户服务吸引和培养认同本公司服务价值观的忠诚客户群，以此来建立独特的竞争力。如果客户认为你是最佳选择对象，他们就更愿意选择你的产品和服务。具有行业领先水平的高质量服务一直是丰田雷克萨斯的标志性特征。看看丰田是如何致力于提供卓越的客户体验的：他们从每一位客户那里收集大量信息，并将其运用于下一次与相同客户的交往之中；这可使客户从服务日程安排、汽车借贷、对车辆性能的有效介绍，直到完成车辆质量检测这一整个过程获得更美妙的体验。这是雷克萨斯成为 1991 年度顶级进口奢侈品、2000 年位居高级车榜首的一个主要原因，这个优势差不多保持了 7 年之久。

这都是企业家寻求可持续竞争优势的各种方法。这些方法关系到客户如何在产品和服务之间进行选择。与关键性定位和细分决策交织在一起的，是客户为什么要选择你而不是竞争对手的产品和服务。这些赋予你的公司独特价值主张的决策，最好能对企业的独特竞争力发挥杠杆作用。

**首要的是细分与目标定位**

实际上，定位和细分决策通常是同步进行的。不过，为了论述的方便，我们还是分别加以论述，但同时也会交叉以进行考量。从理论上来说，细分就是把公司的市场划分为若干子市场的过程，其目的在于根据多种交叉的、但彼此之间存在细微差异的细分市场来开展相关的营销活动与提供产品和服务。对于创业者来说，在多数情况下，细分的对象只有两类：目标市场和"其他"市场。目标细分市场明显与产品和服务提供以及企业家的竞争战略有关。

在选择目标细分市场时，还有一些十分重要的问题有待回答：

1. 最重要的问题是，目标细分市场是否认同公司所表达的价值主张？有时，目标细分市场可能还包括根据营销组合的其他因素作出不同的细分。不过，许多成功的创业者根据自己对企业所赋予的不同价值而区分目标细分市场。如果一个公司能够瞄准那些最为认同本公司所提供的产品和服务的目标人群，那它就可以从中获益，包括更高的定价和边际利润、更优质的客户，通常会对潜在的和现实中的竞争者形成更大的威胁。

2. 对于成功的细分来说，几乎同样重要的问题是，如何进行细分？如何进行快速细分？是否有分销或媒介选择？能否使用自选战略？细分成本是否有选择余地？细分的速度是否很快，是否足以使你走在竞争对手前面（特别是在网络上）？

3. 细分市场有多大？如果细分市场的潜在收益和毛利率不大，还不足以弥补实施该计划的费用，那就无利可图了。

4. 应牢记的事情还包括：相关环境因素（如经济状况、生活方式、司法体制等）的变化对于目标细分市场的潜在影响可能是什么？针对目标细分市场的当前和可能的竞争活动是什么？

## 虚拟社区：最终的细分市场？

互联网造就了成千上万个虚拟社区，这些社区都是由拥有共同兴趣的人群在线组织起来的。正如出于对特定活动（如业余爱好、体育运动、休闲活动等）的热衷而使得特定人群多年来聚集在一起而形成了大都市一样，互联网也让全世界的热衷者虚拟地"聚集在一起"。特定软件或专业设备的商业用户也会出现相同的现象。用户或潜在用户可能会聚集在一起，互相帮助以共同解决具有普遍性的问题，提供有益的提示、新的创意，或是对新产品作出评价；这对于社区内的其他成员也有帮助。在博客或是在线虚拟公告栏发布消息要比亲自参加"粉丝"聚会容易得多。虚拟社区会员可以随时和自己有着十分相似需求与经历的同道中人进行交流。

根据上述细分来选择问题，对于前两个问题的回答，几乎就是对在线虚拟社区的部分定义。如果你的产品和服务提供对于虚拟社区的成员来说是适宜的（或被认为是适宜的），那就会被该细分市场定位成非常有价值的公司。细分市场的规模很容易被认为是取决于虚拟社区的规模。

创业型企业参与虚拟社区的积极性很高，但这并非唯一的路径。营销计划的所有要素都需要灵活地加以调整以适应新的细分市场环境。麦肯锡公司顾问约翰·哈格尔三世（John Hagel Ⅲ）和阿瑟·G·阿姆斯特朗（Arthur G. Armstrong）很好地总结了虚拟社区营销活动中的挑战：

> 虚拟社区对于普通公司来说，可能是一个很大的挑战。有多少公司想为其客户提供更便捷的、彼此交流公司产品和服务的平台呢？卖方除了参与没有多少其他的选择。随着客户不断加入虚拟社区，他们会发现自己身处"颠倒的市场"之中——客户在市场中搜寻卖主、挑拨离间，而不是合作。目光远大的公司会认识到虚拟市场其实意味着一个巨大的机会，一个以最低成本扩展公司地理边界的大好机会。

**创业细分市场案例——Tandems East**

聪明的创业者会利用目标细分市场作为创业活动的最主要的启动基础。梅尔·科恩布卢就是其中一例，他于20世纪80年代末在他的汽修店创办了Tandems East公司。梅尔是协力自行车（供两人、三人或四人同时骑的自行车）销售和服务方面的专家，他意识到协力自行车市场中存在一个专供情侣二人使用的细分市场，即两个恋人同骑一辆自行车。他们一边骑车一边交流，一起欣赏自然风景，虽然他们的体能相差很大，但却可以一起完成这样的骑车活动。

创业活动启动之初，梅尔就已很好地回答了先前的问题。梅尔所针对的实际上有两个目标细分市场：第一个存在于协力自行车爱好者之中——他们已经拥有一辆协力自行车，可能还有更新换代的需求；第二个目标细分市场就是相对富有的骑自行车的情侣，他们因担心体能方面的差异而对同骑一辆车心有余悸。这样的情侣必须相对富足，因为协力自行车的价格要高于两辆普通自行车的价格。这些车不是大批量生产出来的，也享受不到规模经济的好处。

梅尔启动公司时，在美国东海岸还没有业内专家涉足此项业务。由于协力自行车的投入很高，而且对于潜在购买者来说选择也是很重要的，所以梅尔可以通过成为首家拥有大量存货的公司而规避潜在的竞争对手。他还可以通过成为该领域的首家公司而与供应商签订独家协议，为他们提供新想法。

梅尔很容易就争取到上述两个细分市场。现有的协力自行车爱好者都是"美国协力自行车俱乐部"的会员，该组织隔月会出版自己的时事通讯。在该通讯上刊登广告，费用相对较低，而且还可以更准确地将信息传递给自己的第一个目标细分市场：由于该通讯的读者已是此项运动的爱好者，所以他们会很关注通讯中每一页的内容。随着时间的推移，在互联网用户群体中也形成了协力自行车爱好者社区，自然，该虚拟社区也就成了梅尔的目标细分市场。

梅尔也很容易地以较低成本赢得了第二个细分市场。富足的骑单车的夫妇会阅读自行车协会杂志——其中最重要的杂志就是《自行车杂志》（Bicycling Magazine）。同样，由于他们都是该项活动的爱好者，所以他们会对专业杂志上哪怕是最不起眼的广告都很在意。在该细分市场中，组织者还会组织集体聚会和骑车旅行。

这两个细分市场都很大，足以满足梅尔的生意需求。由于几乎不需要过多关注这两个细分市场，梅尔得以将资金投入日常管理中，并开始适当积累存货。实际上，他的广告成本还不到收益的10%，这意味着获得该目标市场的成本是极低的。

因此，创造性地发现喜欢自己所销售产品和服务的目标细分市场，是梅尔的 Tandems East 公司创业成功和兴旺发展的原因所在。细分市场是多样性的，也很容易以较低成本进入，而且还能规避竞争对手的参与。

### 创业细分市场核查表

表1—1所提供的是一份细分市场核查表，创业者可用它来检查自己在进行市场细分时是否有所遗漏。对于一个创业者来说，核查表中的许多项目

只要给予高品质的答复就可以节约大量成本，若没有对这些问题给予充分考虑则会带来大麻烦。

表1—1　　　　　　　　　　细分市场核查表

| | 完全描述(A) | 不完全描述(B) | 根本不描述(C) | 不知道(D) |
|---|---|---|---|---|
| 1. 根据我们的商业战略，有必要对目标细分市场进行优先排序 | | | | |
| 2. 我们的营销计划包括对每一个精选的细分市场制定专门的计划 | | | | |
| 3. 我们为每一个目标细分市场准备了专门的产品和服务 | | | | |
| 4. 我们有如下有关细分市场的信息： | | | | |
| • 细分市场的当前规模 | | | | |
| • 细分市场的潜在规模 | | | | |
| • 细分市场的核心业务 | | | | |
| • 细分市场所需要的信息系统 | | | | |
| • 细分市场的需求/利益优先顺序 | | | | |
| • 细分市场所偏好的产品和服务类型 | | | | |
| • 细分市场的人口统计学特征 | | | | |
| • 产品的所有权和使用 | | | | |
| • 每一个细分市场中的竞争者的优势 | | | | |
| • 细分市场对于竞争者的定位 | | | | |
| 5. 我们会对细分市场的信息进行动态的及时更新 | | | | |
| 6. 我们的细分市场是跨国性的，但我们也认识到具体国家的独特性和二级市场 | | | | |
| 7. 将目标细分市场的信息有效融合到以下项目中： | | | | |
| • 定位 | | | | |
| • 产品与服务提供 | | | | |
| • 定价 | | | | |
| • 促销 | | | | |
| • 公关 | | | | |
| • 广告 | | | | |
| • 分销 | | | | |
| • 销售人员 | | | | |

|  | 完全描述<br>(A) | 不完全描述<br>(B) | 根本不描述<br>(C) | 不知道<br>(D) |
| --- | --- | --- | --- | --- |
| 8. 我们有有效的细分市场调查实施程序 | —— | —— | —— | —— |
| 9. 我们有有效的细分市场战略执行程序 | —— | —— | —— | —— |
| 10. 我们有细分的盈亏报告和管理责任 | —— | —— | —— | —— |

资料来源：改编自 Yoram J. Wind，1997。

实际上，本书接下来的章节就要逐步说明表中第 7 项的诸多问题。细分市场与创业型企业的一揽子营销组合中的其他要素之间的关系如何？目标决策很重要，与其交叉的定位决策也很关键，接下来我们就进入这一部分的内容。

## 定位

定位解决的问题是："目标细分市场为何要购买我公司而非**竞争对手**的**产品和服务**？"与此相关的问题还有："在目标细分市场看来，我公司产品和服务的**独特性**何在？"上述问题中的黑体字部分对于有效执行来说，是至关重要的。首先，必须对细分市场的"看法"予以分析。"看法"显然是人们作出决策的唯一依据。当所开发的产品和服务实际要比竞争对手的品质优良时，许多创业型企业就会因此而感到高兴，因为它们知道，这对于目标市场来说是很重要的。但它们忘了，在目标市场切实**认识到**其中的差异之前，它们的工作就不算完。实际上，在互联网空间里，许多公司都在试图争取受众对自己的好感；这项工作开始的时间要大大早于产品和服务真正送达的时间。

有效定位的障碍之一，就是绝大多数人每次至多只能认识到两三种区别。因此，目标定位要便于记忆，这一点很重要。差异太多，会把潜在客户弄迷糊。营销者的工作就是突出自己的产品和服务最主要的不同之处，并在营销组合的所有构成环节中对其加以利用。许多情况下，就潜在客户对公司产品和服务的最突出特点的认知情况进行概念测试或者相关调查研究，是性价比较高的做法（参见第 2 课"催生、筛选和开发创意"中的"评估具体的创业理念——概念测试"部分）。否则，创业者也可本能地凸显某一个突出优点。

成功的创业者可能会夸大为某个优点进行定位是如何容易。星巴克公司（只提供口味好、品质高的咖啡）或苹果公司（给用户提供趣味性和便捷性）之所以能够成功，至少部分原因在于其非常有效的定位。可是，有多少创业型企业因其定位以及相关的目标细分市场不甚有效而遭受失败（或没有达到预期的成功），却不在此记录之中。风险投资者的评估（如导言中所言）——多达60%的失败可以通过更好的市场分析得以避免——强调了准确定位和调查真正的客户来加以确认的重要性。

许多创业者所犯的一个大错，就是立足于其产品与竞争对手的不同**特点**来进行定位。我们遇到的此类创业者多得出奇，即他们都立足于其优于竞争对手的技术特点来构思定位创意，许多创业者丢掉了"客户所购买的，不是**特点**而是**收益**"这一基本信条。更确切地说，客户是立足于**对收益的认知**来进行购买。创业者不仅要尽可能充分地挖掘自己产品或服务的相对收益，还必须努力让客户认识到这些收益。

在《他们是怎么想的？八万多个新产品的创新与愚蠢做法给我的教训》(*What were They Thinking? Lessons I've Learned from over 80 000 New Product Innovations and Idiocies*) 一书中，罗伯特·麦克马斯（Robert McMath）指出，传播产品和服务的特点而非告知其收益之所在，是"营销者最常犯的错误之一"。他描述了英国戏剧演员约翰·克里斯（John Clease）所扮演的一部教学片中的角色，其中，一个外科医生是这样向躺在病床上的病人解释一种新的手术程序的：

> 由我给你做手术，手术只有3个切口，1个安德森斜切口，1个里奇韦茌边弹指，和1个标准的填塞！解剖时间只需5分钟，只要缝上30针！我们将从你身体里取出5磅重的物体，然后你就可以回去躺在病床上，保持75分钟的平躺姿势。我们一天可以完成10个这样的手术。

外科医生所关注的只是他作为操作员（营销者）所感兴趣的技术特点，而客户的关注点却与此截然不同，后者所关注的是：自己是否会痊愈，可能会遇到怎样的并发症，以及是否会疼痛等。

## 整合价值定位
——独特的竞争力、可持续的竞争优势和定位

至此，我们已解释了市场细分和定位，并构建了它们与独特的竞争力和可持续的竞争优势之间的关系。现在，我们可以回到独特的价值主张问题上来。独特的价值主张是摆在目标市场中的公共形象，也是立足于创业者独特的竞争力和可持续的竞争优势基础之上的定位决策。现在我们可以立足于先前讨论的决策来回答"我卖什么？卖给谁？他们为什么买？"的问题。不过，要当心——这些决策不会轻易改变。改变一个价值主张，通常要比凭空创建一个新的价值主张难得多。改变一个价值主张也远非改变一个标语那么简单。它意味着建立在先前创业活动基础之上的市场认知的失败，并用另一个来替代。

对于创业型企业来说，进行价值主张决策——与之交织在一起的，是定位、独特的竞争力以及可持续的竞争优势决策——是开展新业务或重塑既有业务之前的最重要的战略决策。要花时间把这些都处理妥当。如果市场并不看重"他们眼中的你的企业的杰出的竞争能力"（"定位"的另一种定义方式），那定位就失败了。如果定位不成功，价值主张就无法吸引客户。而且，由于很难改变人们的既有认识，被认知的竞争优势应该有一定的持续性。因此，**在首次公开亮相之前**，尽可能准确地定位，这很关键。在第 2 课和第 3 课中，你会找到在公开定位选择之前有效获取市场反馈的方式。

### 成功的创业定位——奥维斯公司

奥维斯公司（Orvis）多年来在一个非常具有竞争性的行业中因其独特定位而业绩不凡。它销售户外休闲服饰、装备和运动器材，其竞争对手包括更大牌的 L. L. Bean 和 Eddie Bauer。和这些竞争对手一样，奥维斯既做店面零售，也接受邮购订单。那它的独特之处在哪儿呢？它希望在客户的眼里成为飞线钓鱼（fly-fishing）领域的全方位专业公司。其特长就是把非常难的飞钓运动变成"新一代飞钓者非常容易从事的活动"。1968 年以来，奥维斯

凭借其建立在零售店附近的飞钓培训学校，年销售额从不足 100 万美元猛增至现在的 3.5 亿美元。飞钓产品的贡献仅占该公司销售额很小的一部分，但飞钓传统给奥维斯的所有产品都增添了标志性意义。在汤姆·罗森鲍尔（Tom Rosenbauer）看来，参加该公司所办培训课程的飞钓初学者，都会成为该公司产品的忠实客户，而且这对他们进而在该公司购买更多的其他延伸性产品如服饰和装备等也发挥着至关重要的作用。他说："没有我们的飞钓传统，我们就只是小商贩而已。"

奥维斯的定位渗透到公司的全部运营活动中。公司的邮购业务和零售店都强调自己的飞钓传统。它还利用自己的目标细分市场为其飞钓课程寻找新的亮点。许多目标媒体和公共关系平台都可用来满足消费者的飞钓之兴。奥维斯因其独特的定位而使得自己的边际利润高于普通小商贩。其定位还是保护性的，由于其产品和服务的持续的市场认知，自 1968 年以来一直在不断强化，因此竞争者很难有充分的时间和资金来复制奥维斯的"培训学校＋零售终端"模式。而且，在一个十分看重传统的行业里，竞争者也很难成为另外一个"完全一样"的公司。奥维斯在 1968 年所作出的定位和市场细分决策，大致已给公司的投资者带来了近十亿美元的累计收益。这一收益额是我们对以下两个方面进行评估的结果，即比较奥维斯自 1968 年以来的实际收益与投资者若投在其他小商贩那里所得的收益之间的差额。维多利亚的秘密公司（Victoria's Secret，VS）是我们接下来要介绍的另外一家凭借其卓越的定位而获得成功的公司。

### 定位、市场细分和独特竞争力的完美整合
### ——维多利亚的秘密公司以及 the Limited Brands

VS 公司的零售店和邮购业务起初开设在美国加州的帕洛阿尔托（Palo Alto）。1982 年，the Limited Brands 的创始人莱斯·韦克斯纳（Les Wexner）初次见到这个店的时候，它只是一家很糟糕的卖廉价内衣的小店。不过，看完这个店后，莱斯有了这样的一个想法，即对这个店进行全面变革，将所售内衣全部换成女士内衣，而且要使这些内衣充满情趣——让穿着者感觉很好！莱斯的这一创意受这样一种认识的影响，即他认为欧洲女人对于内

衣的看法远不同于美国女人。该品牌的一个最有创意的早期理念，就是邀请超级名模来为自己的产品代言，并将其作为公关和广告的组成部分。

1982年，the Limited Brands以100万美元购买了VS的第一家店。截至1995年，VS已拥有一个完整的邮购系统、300家实体零售店和总值达8亿美元的销售额。其中，邮购系统是其最大的年收益来源。1995年，VS产品被女人和男人们认为是最适合在周六晚上和特殊时刻穿的衣服。1995年，VS营销者找到了扩大该品牌定位范围的机会——在继续强调该品牌内衣适合在"特殊"时刻穿着以外，也强调VS同样适合"日常"生活。公司据此把产品细分市场向普通市场转型。重新定位后的第一款产品的材料采用的是适合日常穿着的棉质品，但设计和定位依然是"性感"。此时，公司尚不能确定，追求优雅和性感的女人是否会认同棉质内衣。因为棉质内衣有可能会被认为是普通大嫂的穿着，而非性感优雅的女士内衣。这就带来了一个巨大的挑战：如何向客户传达公司的价值主张？

原有市场营销组合中的所有构成要素都需要根据新的市场定位而进行改动。VS之前从未进行过广告宣传，只是在其邮购目录中有所涉及。邮购目录是费用低且频率高的广告媒介——但不适合争取大量的新客户，也不适于改变产品原有的市场认知判断。因此，就有必要采取受众面广泛的电视广告和公关战略，用成功的超模偶像作为定位的组成部分。超模是VS新定位的性感代言人。在VS公司主页上展示的时尚超模形象非常成功地强调了公司的定位，以至于登录公司网站的人数激增，几乎超过了互联网服务器的承受能力。

1995年，在公司重新定位前，VS的文胸售价是15美元一个，而且公司主营批发业务。重新定位后的公司则需要进入时尚领域，截至2006年，公司产品的平均售价都是原来的两倍以上，年收入也比重新定位前增加了四倍多。重新定位获得如此成功的一个重要因素，就是VS的文胸不仅性感，而且穿着特别舒适。顾客无须在性感和舒适之间作出不得已的取舍。顾客对VS新文胸产品的忠诚度提升了一倍。忠诚度的不断提升使得客户的长期价值得以扩大，而这又为公司花更大的成本争取新客户提供了理由——VS的良性商业循环模式开始了。

VS的店面构成了公司重新定位的组成部分。为配合公司重新定位战略，新的店面设计显得非常与众不同——要让顾客感觉特别、有亲和力和私密性，这是非常细腻的工作。

VS逐步开发出系列下属品牌——根据不同的生活方式而进行的细分：

- 激情型——"魅惑性感"（Very Sexy）
- 浪漫型——"天使"（Angels）
- 魅力型
- 女孩型——"怎能不俏丽？"（Such a Flirt?）
- 清纯型——"维多利亚式身材"（Body by Victoria）
- 摩登少女型——"粉色"（Pink）

VS把产品变成了一种方式，一种让女人更爱自己的方式，而且这种让自己感觉更好的方式所需花费不算太多。正是通过这一做法，VS在重复星巴克曾做过的事——改变人们对商品的看法。在随后的章节中，我们将继续深入分析VS公司是如何使用创业营销战略以及相关策略，使得该品牌摘得the Limited Brands的最佳品牌桂冠的。

## 定位、命名和口号

在给自己的产品、服务和公司命名时，许多创业者都错失了定位良机。正如我们将要在下文中深入讨论的那样，创业者的营销资金是非常有限的，不足以完全将本公司的产品和服务定位告知自己的目标市场。如果名称的选择本身不能恰当地暗含公司的定位，那创业者就不得不花更多的钱，利用如下两种方式（而不只是一种方式）来把相关信息告知目标市场，即他们不仅要让潜在客户认知并记住自己的产品名称，还要把自有品牌产品的性能和好处告诉客户。费城的"点击博物馆"公司（The Please Touch Museum）就是很好的案例。其公司名称就很好地将其自身信息告诉了父母及其子女。许多新技术公司和以互联网为基础的企业也很有智慧、很富创意地以自己公司的名称有效传达着公司的市场定位。如CDNow（网络销售音乐光盘的公司）、ONSale（在线拍卖公司）、网景（Netscape，提供互联网浏览器）和NetFlix（网上租赁电影业务的公司）等公司，都非常便捷地通过其公司名称让潜在客户记住了其业务范围和至少部分市场定位。不过，CDNow公司有缺陷的定位和业务模式却给公司带来了毁灭性打击，尽管其名称起得不错。另一方面，你能从亚马逊公司的名称中所获得的信息就是，这是一家互联网公司，销售书籍的主业并没有在其公司名称中得到很好地体现，这就需要辅之以其他营销活动来完成必要的市场认知宣传。

　　有些公司更幸运，借助于公司名称不仅达到了明确定位的目的，而且同时还让其潜在客户知道如何与它们联系。如1-800-FLOWERS、1-800-DIAPERS和1-800-MATTRESS公司或Reel.com公司。有些公司将产品名称和公司名称合二为一。你知道有一家位列《财富》1 000强的名叫关系软件（Relational Software）的公司吗？甲骨文（Oracle）就是该公司的产品。为提高市场认知度，该公司改名为甲骨文，这样，产品的名称就变成了公司的名称。甲骨文公司已成长为全球顶尖的数据库软件公司之一。不过，过高的知名度已成为公司多样化经营的一个障碍。甲骨文公司向来以数据库业务而著称，但（尽管有巨额投资和营销活动）在销售其自己的应用软件方面却不太成功。因为人们认为它不是一家实力雄厚的应用软件公司，而认为甲骨文是数据库的代名词。

　　如果公司或产品的名称不足以将自己的定位告知客户，那就需要用简洁的（最好也是令人难忘的）口号或名称来向市场灌输其定位，以便让自己的市场定位家喻户晓。如果定位工作已做得很好，那口号和名称在很多情况下都可以很好地完成准确传达公司产品性能的使命。联邦快递（FedEx）的"使命必达"口号就是很好的案例。这种定位方式可以很好地帮助公司着力定位于为数不多的和最重要的特色产品和服务上。维萨公司（Visa）多年来就一直使用"一卡通天下"（It's everywhere you want to be）的口号以凸显其遍布全球的信用卡支付功能。另则，米其林公司（Michelin）使用的则是"让轮胎畅饮坎坷"的口号以彰显其产品优越的安全性。

　　就像定位要简洁、明确一样，口号和承诺也同样倚重简洁性和明确性。只要定位依然有效，口号就应该能够长时间地伴随公司及其产品。罗伯特·凯德尔（Robert Keidel）就口号的有效性另外提出了一些合理的规则：避免使用陈词滥调，如"真诚"的雪佛兰汽车和美乐啤酒等；要有持续性；要用数字，但要生动；要简洁；要突出；要有专属于自己的特色。所有这些规则都要服务于有效的定位和提高市场美誉度的宗旨。

非常有趣的是，印度斯坦利华公司（Hindustan Lever Limited，HLL）的身上呈现出我们在本章中所讨论的所有要点。

### 定位和瞄准金字塔底层——HLL

应该像制定其他有效的管理决策那样来进行定位和目标市场决策。建立标准、催生更多决策的选择余地（包括有创意的、"不确定性"的选择），并依据上述标准来对各种选择方案进行评估。评估定位和目标市场决策的内在标准，一般会给公司股东权益带来或长或短的影响。不过，有些因素则会制约选择的自由度，如伦理问题、环境问题、司法问题、公司价值观和文化等。HLL 的案例还告诉我们，定位和目标市场决策也与产品的促销、分销和销售紧密交织在一起。普拉哈拉德（C. K. Prahalad）在其非常有价值的《金字塔底层的财富》（*The Fortune at the Bottom of the Pyramid*）一书中指出了新定位的必要性以及 HLL 公司是如何根据需要制定非常具有创新性的产品定位、目标市场决策和营销组合战略的。

印度斯坦利华公司是印度最大的洗涤剂制造商，也是联合利华（unilever）在印度的合资公司。2001 年该公司的销售额是 24 亿美元，其中 40% 来自肥皂和洗洁精。制约该公司定位的一个因素，就是它的使命：

> 我们的目标就是要满足所有人的日常之需——想客户所想，并以独特的产品和服务为客户提供新颖而完美的服务，从而提高生活品质。

> 我们深深扎根于本地文化，面向世界市场；这是我们无与伦比的传统，也是我们未来成长的基石。我们将用自己的知识财富和国际化优势为本地消费者服务。

在该公司的发展历程（1990—2000 年）中，它把目标市场定位在印度的大众阶层。公司培育出一些独特的竞争力，这使得它拥有了可以战胜竞争对手的可持续的竞争优势。其产品生产基地遍布印度各地，总数达 100 家，仓储式物流配送中心则差不多有 7 500 个。HLL 几乎覆盖了印度各地 2 000 人以上的所有村庄。它还拥有许多创新项目，包括让农村妇女参与其产品的销售和服务工作。其竞争对手很难做到覆盖农村人口，因为在那里建造基础设施和开发产品的费用是非常高的。

HLL一直用来发挥杠杆作用的竞争力，就是它有能力让社会底层的较贫困人口购买自己的产品，并因此实现公司的盈利。公司并没有一开始就盯着成本不放，而是关注大众想买什么。这种购买的意愿又取决于潜在客户对公司产品价值的认知。HLL主席曼维恩德（Manvinder Singh Banga）认为：

> Lifebuoy香皂的定价要让大众负担得起……成本加价法是你在商场中经常会发现的现象。定价者明确其成本，并把边际利润加上去，告诉买家，这是商品的销售价格。我们的经验是，当你面对大众市场时，这样的定价方式是行不通的。相反，你必须一开始就告诉客户，本公司是在让利销售，也就是说，是在折本销售。这就是"Lifebuoy原则"。你必须明确大众愿意把钱花在哪里。这就是我的定价原则。那我的目标利润率是什么？给出自己的目标成本或挑战性成本，然后你就会开发出一种立足于挑战性成本基础之上的业务模式。

HLL为何要用"折本"定价法呢？它发现了一个方法，借助于该方法，公司可满足许多消费者未被满足的重要需求。不过，为了顺利开展定位工作和寻找相应的目标市场，它也有许多其他交往问题以及涉及股东的问题需要处理。

在全球范围内，从传染病的角度来看，比痢疾更具致命性的，只有严重的呼吸道传染病和艾滋病，因感染痢疾而死亡的人数每年在220万左右。在印度，19.2%的儿童会感染痢疾，而印度的痢疾死亡人数占全球30%。解决这一问题的方法很简单，正如大家所熟知的那样，就是勤用肥皂洗手；据许多证据充分的研究报告显示，这一做法可有效降低痢疾感染率达42%～48%。2000年，这一解决方法在印度大众中间尚未普及。只有14%的农村居民在饭前便后会用肥皂和水洗手；62%用水和泥灰，14%只用水。

全球都在致力于解决这一问题，但收效甚微。在印度等发展中国家，该问题被视为一个事关重大且成本高昂的公共卫生项目。此外，这一棘手问题的解决还需要三个不同的政府部门即公共卫生、水利和环境部门的通力合作。其他疾病如艾滋病，已得到大众的普遍关注；但痢疾却不同，以至于在痢疾易发区设计和落实日常卫生行为习惯的改变，都是十分困难的事情。

2000年，HLL公司参与了一项旨在鼓励洗手的公私合作计划。该计划由社区、政府、学术界和私营部门组成一个财团，在印度喀拉拉邦首先进行试点。不过，来自于该财团内部的不同机构却对财团的使命产生了分歧，这使得该项目不得不在2002年搁浅。

HLL公司拥有长达107年的Lifebuoy品牌香皂营销史，该产品明朗鲜红的外包装、清爽的碳皂味儿，塑造了"健康、洁净"的形象。自20世纪60年代以来，该公司就启用体育明星作为其产品代言人，以凸显其产品健康、洁净的形象。其目标市场就是印度18～45岁的男性，包括月均收入在47美元左右、居住在10万人左右的城镇中的半文盲农夫或建筑工人。不过，截至20世纪80年代末，竞争对手也如法炮制了该公司的做法，卫生清洁工作已被视为日常生活的基础，而Lifebuoy牌肥皂也就不再被视为与众不同。截至2000年，在印度（以及全球其他类似地方）的发达的、高收入区域，肥皂市场已饱和，且竞争异常激烈。宝洁公司和高露洁公司是世界级竞争对手，它们在全球拥有更强大的影响力。

有鉴于此，联合利华作为一个联合体，有望在未来10年中占据约50%的市场份额。

凭借其有效的销售和分销渠道，HLL以市场所预期的价格帮助其新产品定位并实现盈利，否则的话，该公司的新产品定位战略就不会成功，甚至缺乏可行性。这一销售和分销渠道，是公私合营的独特产物，得益于1999年开始的小额信贷和农村地区创业活动计划。HLL注意到许多机构都把小额贷款贷给印度各地的妇女，于是HLL于2000年找到印度安得拉邦政府，请求它允许该公司开展以邦为基础的小额信贷项目。于是，这一如今被称为"Shakti项目"的小额贷款项目启动，并迅速扩展到12个邦；CARE India，监管南亚次大陆规模最大的小额信贷项目的非政府组织，也与HLL展开了合作。

《华尔街日报》借助对一位与HLL合作的小额贷款个体创业者——南迪亚拉夫人（Mrs. Nandyala）的做法和态度的描述，说明了这一渠道的优势所在：

> 南迪亚拉夫人的一个邻居曾使用过叫作Likebuoy的香皂，该款产品和HLL的Lifebuoy产品一样具有红色的外包装，但比Lifebuoy产

要便宜1卢比（约2美分）。南迪亚拉夫人免费送给这位邻居一块Likebuoy香皂，让她试试。几天后，这位邻居因使用冒牌香皂洗手而起了皮疹，于是这位邻居转用Lifebuoy正牌产品。

另一邻居问，为何要花更多的钱购买联合利华的Wheel清洁剂，而不是购买本地生产的肥皂。南迪亚拉夫人让这位邻居取来一个盛满水的水桶和一些脏衣服。"我就当着她的面洗这些脏衣服，让她看看效果。"南迪亚拉说。

Shakti项目的妇女并非HLL的雇员；但该公司帮助这些妇女，为她们提供培训和本地市场营销支持。在切瓦纳鲁邦（Chervaunnaram），每隔数月HLL会派一个雇员过来，在有100个人聚集的地方当众展示，用肥皂洗手会比单纯用水洗手效果好得多。该名雇员会身穿医生模样的服装，在两位志愿者手上撒上白色粉末，然后让他们其中一个只用水来进行冲洗，另一个则用肥皂洗手。接着，该名雇员用紫外线照在两位志愿者洗过的手上，紫外线照射下的白色斑点会出现在没使用肥皂的志愿者手上。围观人群开始议论纷纷，HLL的雇员把南迪亚拉夫人推到众人面前并告诉大家，她带来了足够的肥皂供大家购买。

南迪亚拉夫人并非总能适应自己新的公众角色。4年前，她首先从政府机构那里申请了一笔小额贷款，以此购买了化肥和新工具以从事自家的扁豆种植。2003年，该机构介绍她为HLL在附近城镇开展销售工作。她拿出200美元的贷款购买了一些供一次性使用的肥皂、牙膏和洗发香波——但她羞于挨家挨户推销。于是，设在本地的HLL公司办事处的销售主管陪着她，向她展示如何介绍和推销产品。

南迪亚拉夫人偿还了首笔作为启动资金的小额贷款之后就不再需要贷款的支持。到目前为止，她拥有约50家定点销售对象，甚至还作为一个小批发商，给距离自己家不远的边远地区备货。她每月的销售额都有230美元，盈利15美元，其他资金用作继续备货。

2005年，和南迪亚拉夫人一样的创业者有1.3万人。南迪亚拉夫人的销售范围（联合利华的产品）已覆盖印度12个邦的5万个村庄。截至2006年，HLL计划将其项目扩展至4万名农村妇女。公司希望在2008—2010年期间使Shakti项目占据该公司农村销售额的25%。

## 第1课
### 定好营销战略才能赚大钱

这一针对印度农村地区的非常完整的营销战略取得成功的一个重要原因，就是兼顾了私营企业（HLL）、政府机构和NGO（如CARE）之间的共同目标。由于Lifebuoy产品的定位和目标旨在提高大众健康水平，所以其他机构也就乐于和HLL公司合作。这一目标和定位对于HLL来说具有非同一般的战略价值。正如普拉哈拉德所言：

> 基于健康平台来区分肥皂产品，开启了肥皂市场竞争的序幕。为穷人提供他们买得起的卫生肥皂产品，实现了大众肥皂市场的细分，也为企业日后的扩张性成长提供了机会。在印度，与其说肥皂是一种预防疾病的健康用品，毋宁说是一种代表着美的产品。不仅如此，许多消费者都认为视觉上的洁净是一种安全；不用肥皂和很少用肥皂或是用廉价的替代品来洗手，被人们认为是无法获得那些收益的。HLL通过其创新的沟通活动，得以将肥皂的使用方法与一种健康承诺（作为改变行为的一种方式）联系在一起，从而提高了其低成本、大众市场型肥皂产品的销售量。对于穷人和HLL来说，健康是宝贵的商品。通过把Lifebuoy的用途和健康联系起来，HLL得以构建其品牌新形象以及提高客户的忠诚度。健康方面的收益也带来了更高的产品价值，提高了客户购买产品的意愿。借助于提高消费者对于预防疾病的认知度这一方式，HLL参与了一个旨在对印度人的福利产生全面影响的项目，实现了该公司"提升生活品质"的目标。

显然，这一系列定位、营销销售以及分销战略，都为该公司赢得了可持续的竞争优势。不过，在整个过程中（包括其新开发的沟通渠道），HLL的生产力尚待进一步提高。

HLL与奥美广告公司（Ogilvy and Mather）合作，组建了可以走村串巷的团队——旨在把HLL公司在印度销售量最大的9个邦的1万个村庄纳入走访范围，同时进行必要的沟通。走访团队倾注了巨大的心血来设计低成本的沟通方式。2003年，公司组建了127对二人组团队，这一计划在目标地区实现了对30%～40%人口的覆盖率。每个小组都要完成一个四阶段沟通计划：第一阶段，到学校和村镇，用活动挂图进行展示；在最后一天，他们还委托学校老师指导学生编排短剧，在二人组团队2～3个月之后再次到来时进行演出。第二阶段，就是举行"Lifebuoy 村庄健康日"活动，包括滑稽短剧演出和健康夏令营活动；在活动期间，乡村医生会测量孩子们的身高和体重，并对达标的儿童授予"健康儿童"奖。第三阶段，针对可能没有参加前两个阶段相关活动的孕妇和年轻母亲开展痢疾预防活动。第四阶段，组建 Lifebuoy 健康俱乐部，所开展的活动包括村庄的卫生和保洁工作。二人组团队将会重访健康俱乐部 4～6 次。

正如我们会在本书第 6 课中详细探讨的那样，在这种状况下，运用灵活的体验活动，是提高产品认知度的最好机会和有效的广告与沟通方式。在 HLL 公司的案例中，它们就认为由奥美所倡导的这一沟通计划非常好，公司于是将其铺展开来。不过，既然每个村庄或邦都是一个体验单元，并且还存在更为有效的与目标村民沟通的方式，那就应该在不同的村庄尝试着开发、使用和测量不同方法的效果。我们将在本书第 6 课中详细探讨这一方法。

## 结语

所有企业都必须首先回答"我卖什么？卖给谁？他们为什么买？"等问题，然后才可能制定出成功的营销战略和计划。市场细分就是要选择在我们看来自己的产品可以对其进行针对性销售的目标群体。定位则是努力告知我们的目标销售群体：与竞争对手相比，购买我公司产品的优势何在。独特的价值定位是一场公关活动，即让消费者认可我公司产品与服务的独特价值。所有这些都建立在投资者独特的竞争力和可持续的竞争优势的基础之上。凭借这一优势，方可构建有效的营销规划。

我们一直十分关注以客户为导向的营销方案，这是第一要务。不过，当前的营销挑战已超出客户范围，企业的其他利益相关者——如用户、投资者、供应链/渠道合作伙伴以及雇员——都要关注客户，但他们也都关注股东权益和公司形象。所有的利益相关者都需要就为何参与公司活动而作出相应的价值定位。所以，市场细分和定位的相关概念也同样适用于他们。

# 第 2 课

# 催生、筛选和开发创意

绝大多数创业者在开始规划其创业活动时，头脑中至少都有一个产品或服务理念。在本章中，我们将提供一些有用的方法、理念以及相关的创业经验，以助于催生和筛选新的产品和服务理念。接着，我们还会分析那些用于获取市场份额和渠道成员的有效方法，以改善设计并预测该创意的潜在销售总量。过去股市有句流行语，"有限的损失，无限的利润"，这句话也同样适用于新创意的开发。为取得长期成功，强有力的筛选工作很有必要。我们首先考察一些非常有趣的调查研究，这将有助于创业者选择更乐意接受的战场——如果他们有选择不同产品和服务的余地的话。

## 找到更乐意接受的战场

对于创业者来说，是否存在更适合生存的市场？更有可能成功的创业活动所具有的产品和营销特性何在？来自大公司的新创意和来自一个创业型企业的创意所具有的特点是否有所不同？海、维尔丁和威廉森（Hay, Verdin and Williamson）这三位来自欧洲的调研者分析了美国的 3 万个新商业活动，寻找那些存活期至少在 10 年以上的创业型企业所具有的相关特性。调查者总结出了三类特点：首先是客户购买模式；其次是竞争者的营销和渠道战略；最后是生产条件。

客户购买模式主要具备如下特性：第一，**购买频率**，即购买频率较高的产品与购买频率低于年均一次的产品之间的比例关系。第二，**购买的重要**

性，即最终购买者的大宗购买活动占所有购买活动的比例。第三，**客户/分销情况**，即供应量在 1 000 个以上客户的产品生产在整条生产线中所占的比例。

竞争者的营销和渠道战略可以用以下三个变量来描述：第一，**拉动式营销**，即媒体广告开支在整个销售收入中所占的比例；第二，**推动式营销**，即媒体广告开支之外的营销开支在整个销售收入中所占的比例；第三，**渠道依赖度**，即产品在到达用户手中之前要经历的中间环节在整条产品生产线中所占的比例。

生产条件则可用以下四个变量来描述：第一，**劳资关系**，即产品生产时所有雇员的开支与所需设备和厂房的账面价值之间的比例；第二，**雇员技术要求**，即从事"高技术"生产的雇员在每类产品生产所需全部雇员之中所占的比例；第三，**服务要求**，即要求具有中高级以上水准的销售或技术服务的产品在所有产品和服务供应中所占的比例；第四，**定制式供应**，即根据客户的特殊要求进行量身定制的产品生产在整条生产线中所占的比例。

海、维尔丁和威廉森分析了近 3 万家 20 世纪 80 年代中期以来成长期已达 5 年的独立型创业企业。他们对这些独立型创业企业的存活率及其相应的产品/服务特性之间的关系进行了数据分析。图 2—1 揭示了独立型创业企业的产品/服务营销细分的利弊所在。

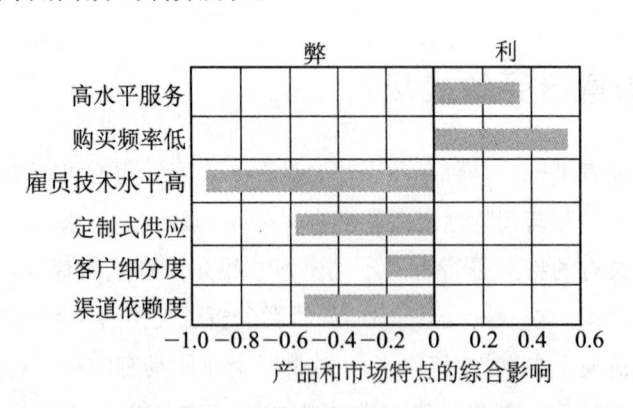

**图 2—1　产品和市场特点对于独立型创业企业存活之影响**

该数据显示，拥有更多存活机会的创业型企业，在产品/服务类型上具备以下两大特点：拥有很高的服务要求和较低的购买频率。高水平的服务意味着它们更加关注客户的需求和具有更高的灵活性,这就给这些创业型企业带来了不太关注市场/服务细分的供应商所无法具备的优势条件。导致较低购买频率的产品/市场细分决策在其他 B2B 营销理论中甚至被认为是更有利的因素。购买频率高显然涉及客户对于产品与服务品质的重新评价。在这种情况下,就很有可能会关注新的信息和可能性尝试以作为替代性方案。

图 2—1 还揭示了在所有其他因素等同的情况下创业型企业在产品和市场的特点方面应该避免的四个方面。雇员技术水平高和定制式供应,对于创业型企业来说,这两项都很难达到。因为这需要大量的雇员培训和较大的生产投入——对于创业型企业来说,这无疑很奢侈。其他两个不利于创业的因素,则使得许多小从业者很难有效地确定细分市场,使得创业者难以直接面对自己的目标客户。当然,互联网使得这一切变得容易一些(因为地理位置已不再成为问题),但即便是在网络上,过于细分化也会造成经营成本入不敷出。

关于合作型创业企业,海、维尔丁和威廉森也针对相关问题进行了利弊分析,结果如图 2—2 所示。

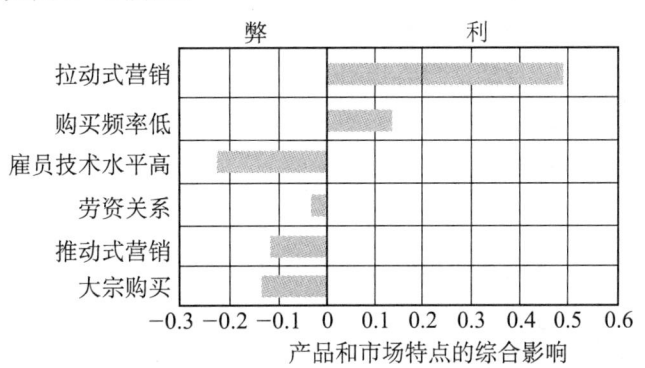

**图 2—2 产品和市场特点对于合作型创业企业存活的影响**

购买频率低,是所有具有较高存活率的合作型和独立型创业企业具有的唯一共同特性——显然这是一个优势特性。因为对于其细分市场来说,无论它们带来的是什么,都容易被认为是新信息,这里的优势非常明显。要求雇员具有较高技术水平,对于公司来说则是一个共同的不利因素所在。很明显,这一因素对于进入成熟的行业的创业者来说是一个障碍,无论是合作型还是独立型创业企业。

合作型创业企业也具有其独特的影响因子：拉动型营销要求拥有大众市场资源，或许还要求合作伙伴有较高的美誉度。如果基础设施支持"推动型营销"，这对于必要的细分市场来说，可能会成为其子公司的一个不利因素。因为建立有效的营销网络需要长期的努力。缺乏相关经验则构成了推动型营销的一个有效的进入壁垒。

尽管上述分析结果有助于创业者或合作型子公司选择更乐于接受的产品/市场入口，但还需牢记的是，所有的优势和劣势，都只是就其平均状况而言。当然，并非所有拥有上述优势的创业型企业在创业活动中都取得了成功。上述结果仅仅说明：拥有上述优势的独立型创业企业或合作型子公司更有可能不至于失手或在那些细分市场上失手。

## 评估具体的创业理念：概念测试

在分析催生市场反应的重要方式之前，我们想强调的是，评估创业理念的方法不是唯一的，而是有很多种。这些重要的方法包括：要确保生产条件符合公司运营系统；后勤供应要管用；组织要能执行必要的设计、生产和运营活动；具有充足的启动和推动创业活动的资金来源。不过，所有这些细节问题都不是我们所要探讨的重点，在这里，我们只聚焦于关乎许多新的创业活动成败的关键性的营销活动。

为了推动销售，每个产品或服务理念都必须在细分市场中具有其他竞争对手所无可比拟的独特性，并因此成为客户最想购买的对象。道理很简单，如果客户不想优先选择你的新产品或服务，那你的产品或服务就卖不出去。让我们感到奇怪的是，许多创业者和管理人员都竭尽全力分析成本、专利保护、可能的竞争以及潜在市场（如果每个人能购买我的一个设备，销售额就有 50 亿美元），但他们就是不去了解客户对于产品或服务理念的真实感受和反应。在对自己的新产品或服务进行评估时，创业者当然不可能知道终端客户的所有反应，正如我们将在第 4 课中所讨论的那样，获得中间商的反馈也很重要。在分析获取客户和中间商反馈的各种方法和提出改善生产的建议之前，我们将和大家分享一个案例，它将说明这些方法有多宝贵。

第 2 章
催生、筛选和开发创意

**概念测试的价值——Trakus 公司的例子**

Trakus 有限公司，是拥有麻省理工学院 MBA 学位的埃里克·斯皮茨 (Eric Spitz) 和另外两位同样毕业于麻省理工学院的高技术人才于 1997 年创立的。该公司起初名为 Retailing Insights（"洞察零售业"之意），以反映他们最初的产品理念。后来该公司的名字改为 Videocart 公司，其产品是拥有最新技术的电子购物车，这是 20 世纪 90 年代初出现的计算机化电子购物车。这种电子购物车知道自己在店中的位置，还可以让购物者了解一些特殊的以及其他的有用信息；当然，具体信息还取决于电子购物车在店中所处的位置。因此，如果购物者站在谷物类通道上，电子购物车的屏幕上就会显示当天谷物类食品的具体情况。如果把电子购物车摆放在谷物类通道附近，它也可以对谷物类食品起到广告作用。为吸引购物者注意，电子购物车还有其他许多实用功能，包括帮助消费者明确自己在商店中的当前位置；帮助顾客清点肉食或现成食物的数量并在既定数量确定之后准确进行包装；根据食谱和当地新闻等提供烹饪方法和商店位置，等等。

起初电子购物车的营销并不成功，因为大家都不熟悉如何操作它。而且，营销人员也没有及时对它进行充电和维修，以至于顾客用它时，它就不能很好地发挥作用。顾客之间的口口相传和最初的商店位置成为消极因素，因此，没有一家新商店愿意采用这种电子购物车。这样，市价曾一度超过 3 亿美元的 Videocart 有限公司于 20 世纪 90 年代中期宣布破产。

埃里克的团队依然使用最新技术进行研发，不过这次电子购物车不是用于商场定位的 FM 调谐器，而是开发室内版的 GPS 全球定位系统。该系统可以在网络上识别购买者的常用购物卡、姓名以及其他详细信息。于是，购买者就可以在家里通过网络进入网店浏览和购物。这样的网络购物车对于商店经营者来说当然很有用，因为它们可使更多的客户来逛自己的店。零售商也可在网络购物车上将产品促销信息发给制造商，就像每周周转时所做的那样。这对零售商来说，是一个巨大的利润空间。对于广告商而言，网络购物车也是其在最关键的时刻（如在客户作出购买决策时）接触客户的一个绝佳机会。由于新技术成本的降低，Videocart 新产品比原先产品的价格还要低。

25

从账面来看，风险似乎很大。埃里克从一个天使投资人那里得到了5万美元的种子资金。这位天使投资人要求，在对产品开发投资之前，首先必须对产品创意进行测试，即向两个有意购买的客户团体征求意见。这两个客户团体分别是需要获得补贴（回报给它们促销资金）才将网络购物车放在店中的零售商，以及付费在网络购物车上发布广告的广告商。

研发团队拟订了一个非常具有说服力的新一代Videocart产品说明，详细介绍了零售商和制造商可能从中获得的所有收益，甚至还包括一个简洁的便携式使用方法和屏幕外观模拟演示器。这样，研发团队就可以向零售商和制造商进行详细展示，并在特定的价位内询问它们有意出资购买的功能范围。询问过相关购买意向后，该团队还会询问制造商和零售商对于网络购物车概念的好恶。研发团队所得到的答案有些令人担忧。对于零售商来说，先前的老款购物车的坏名声是他们接受新产品的最大障碍。零售商非常不愿意尝试使用一个声誉不好的产品的新型号。这就意味着，研发团队不得不开发一个全新的beta版产品（冒着投资风险）以充分证明购物车的工作性能和预期收益。不仅如此，零售商也都很节俭，不愿意自己出钱（哪怕是部分投资）来投入使用网络购物车的项目。零售商已习惯于让制造商来为绝大多数旨在获取或提升上架空间和仓储位置的新创意买单。

而对于制造商而言，他们只愿意花钱在购物车上做广告——如果购物车真的能够提升销售业绩的话。不仅如此，制造商还会依据影响范围来决定对于新广告媒体的支持程度。这就意味着埃里克的团队将不得不首先成为美国所有的超市的一个重要组成部分，否则的话，制造商就不会在他们这里花钱做广告。不难发现，打破收支平衡（如果收支平衡是可能的）所需的现金投资将十分巨大。说服风险资本和天使投资人来支付这笔开支的可能性很小。埃里克的团队两天后被这一结果打击得士气全无。不过，他们的大部分种子资金还在，本领域的GPS定位、通信和数字信号传输系统的许多应用性技术也还在。于是，在概念测试结果被有效理解后，该团队举行了一次集思广益的讨论会，在这次讨论活动中，大家提出了许多产品创意并对其进行了有效评估，以便从中提炼出独特的竞争优势。

这次讨论活动的结果，就是把埃里克的团队带入了一个全新的但却更加有利可图的新方向。埃里克，这个运动狂人，概括出了一个让团队其他成员都认为是一个完全技术化的产品理念：他们把一个坚固而耐用的小型调谐器安装在运动员身上（安装在运动员的头盔或衣服上），并在体育馆的多个地方放置了接收天线。这样他们就可以实时数字化地定位团队中每一个成员（他们现在充当运动员），并对其活动进行记录。所产生的数据就成了新的有价值的统计数据，而且可以通过视频的形式进行实时同步展示。这些信息包括每一位参与者的速度和加速情况，以及他们的实时位置。如果你知道其中两位参与者的体重和他们冲撞时的加速度，你就可以很容易地计算出"撞击"程度。这一撞击度测量对于转播足球比赛或曲棍球比赛来说无疑是很重要的，转播者还可以通过重放数字图片以及分析相应的速度和加速度数据，并对这些数据进行处理，来说明某些运动员成绩的优劣。数字的、实时的数据和信息对于网络"转播"赛事，可以说是绝配。

埃里克的团队以同样的方法面向自己的潜在客户，对自己的Videocart新产品进行了概念测试。他们研发了一个看上去很像新产品的模型，将这个模型展示给潜在细分市场。他们将公司的名称改为Trakus有限公司，以此证明自己的新定位。对于Trakus有限公司的新运动产品来说，每一个细分市场都要进行再细分和定位，这无疑是一项很复杂的工作。体育队、俱乐部（或运动员联合会）、运动员助理、教练（他们可运用这一系统进行训练）、广告商、代理商、互联网运动公司等，都是该公司所要考察的细分市场，或者说都会影响Trakus公司的市场认知度和潜在收入。在向以上所有这些市场参与者公布自己的新产品理念之前，公司先给自己的新创意申请了专利，以确保在推向市场前获取必要的保护。

与公司先前的Videocart产品所受到的不温不火的待遇相比，Trakus产品理念几乎"征服"了所有的受访人。所有参与者最关心的问题是：该团队是否能开发出这一产品？是否能保证该产品性能可靠？不过，该公司团队并没有拜访体育联盟。公司发现，由于技术的发展，体育联盟不会让不相干的公司来赚这笔钱。

因此，Trakus找到了另外一个有利可图的地方来应用自己的技术，那就是为赛马活动提供电子调谐器，以便为全球赌马者提供便利。这一技术可以让赛马活动投注者实时"观看"数字化比赛，并跟踪自己所看好的赛马。Trakus有限公司的这一新技术正在替代现有的录像技术，这不仅增加了所跟踪马匹的数量，而且还提供了实时跟踪服务。

如果 Trakus 团队在没有就产品创意进行概念测试之前就将其推向市场，他们也未必就一定会失败。不过，有了概念测试的结果之后，他们至少知道自己获得巨大成功的几率很低。另一方面，概念测试的结果被恰到好处地用在了该用的地方——在大量投入之前，首先对创意进行筛选。概念测试使得团队"回到起点"，重新构思其他产品创意，以便更好地利用自身独特的技术和能力优势。

该公司团队要拥有足够能力，通过合理的方式来解释概念测试的结果。人们本能地排斥负面的（尽管是宝贵的）反馈信息。当团队重组并赋予自己"重振 Videocart"的使命后，在情感上很难接受这样一个事实，即市场并不需要 Videocart 新产品。美国文化似乎强调了这一消极（但却是宝贵的信息）反应的情绪体验。决定放弃这一创意，并非"大男子"之举；真正勇敢的做法，应该是承认自己的失误，并继续充分利用自己所拥有的优势。特别是在一个创业型企业中，产品/服务的创意往往是团队合作的主要动机，不得不承认的是，最初的创意很有可能会实现盈利。正如我们对于概念测试的方法的分析那样，你必须牢记：合理使用概念测试的结果，对你来说是一个挑战。我们首先考察一个非常成功的公司 Idealab！，该公司常常能够催生产品/服务的理念和创意。

### Idealab！公司的催生创意法

在 Idealab！公司，催生一个新创意就意味着几亿美元的生意。自上学以来就曾创办过多家企业的比尔·格罗斯意识到：自己催生新创意的技术（从演讲者到 Lotus Hal and Magellan 公司，再到非常成功的"知识历险者的起步学习系列"）可以加以整合，用来孵化众多成功的公司。自从 1996 年以来，几乎 500 个创意都得到了实践，为数十家企业带来了巨大的成功，这些公司包括 CitySearch 公司、Overture Services 公司（付费市场调查的开创者）以及 Internet Brands 公司（CarsDirect.com 以及其他网络公司）。

所用到的主要方法包括趋势分析、头脑风暴、过滤筛选以及"感觉和反应"。我们来对这些方法逐个加以分析。Idealab！公司的各个团队一般讨论的是技术和市场中的主流趋势，这样的趋势分析可让工作重点聚焦在主要问题上。小组（6~10人）成员（包括格罗斯在内）定期就某一个兴趣领域召开头脑风暴式的研讨会。在这种仅持续半天的讨论活动中，第一个小时用来探讨问题，鼓励参与者提出创意，并严禁批评。于是众多创意被划分成若干主题，每个主题都会有几分钟的讨论时间。最后也是最关键的环节，需要有人充满激情地提出终端创意，这是创意工程的首个关键的筛选过程。

再次筛选发生在快捷市场分析过程中——同时关注潜在市场的总体规模。在首次创业活动中，占有大众市场中的较高份额，比占有小众市场中的全部份额还要重要。大众市场可带来充分的生存机会，从而降低创业型企业的入行风险。

最后，可开始制作一个理论上的或网络版的小型项目模型，以便向"真实"的客户展示。利用网络来进行概念测试，将在下文中展开详细讨论。形成调查—反馈良性循环，以便获悉（测量）市场对新创意的反应，进而对其进行或大或小的修改，直至客户真正满意。

## 概念测试是什么？在何处运用它最好？

概念测试就是一种研究方法，即研究新产品或产品包的潜在购买者和用户是否理解产品/服务创意、是否觉得该产品和服务有市场需要，以及是否愿意购买和使用它。这一调查研究也有助于提高新产品或产品包的认知度，因为通过这一活动可让潜在客户了解新产品或产品包，并增加产品推广的机会。其首要任务是，在正式投入生产之前，评估客户和中间商对新产品或产品包的反应。概念测试使得创业者不得不向潜在的利益相关者公开自己的创意，并确保他们能够从中获利。如果运作得当，概念测试及其配套工作可为创业者带来如下诸多收益：

● 首先，概念测试可找到产品可能的失败之处，以避免将资源投入市场不看好的创意之中。

● 其次，概念测试能区分出优秀创意，促使资源配置到市场所看好的创意之中。

● 再次，概念测试可提供大量建议，为改进相关产品或产品包提供支持，从而使之更符合市场要求。

● 最后，我们在第 3 课中将看到，概念测试还能够用来催生新产品或产品包的大约市场定价（根据市场需求曲线来确定定价范围）。良好的设计和有力的执行，使得概念测试能够提供相关信息，就产品需求如何改变价格作出评估。

概念测试非常适合在新产品创意投入正式生产之前。用来评估客户对产品或产品包的反应，也很适合于对正在试用中的新产品或服务进行评估，但显然不太适合对已重复购买多次的产品进行评估。对于实体性产品或服务包的体验，以及它是否会根据当初的承诺而提供，都是决定客户是否再次购买该款产品最重要的因素。因此，概念测试更适合于用来评估已多次购买的产品的试用率以及耐用品（也包括 B2B 耐用品）消费的潜在销售情况。不过，即便是耐用品和 B2B 消费品，如果一开始的客户不满意，他们就会把该产品的负面信息传递给其他潜在客户。对于创业者来说，口碑营销既是最大的机会又是最大的挑战；是机会还是挑战，取决于初始客户对体验是否满意。你要牢记的是，概念测试在对收入情况进行评估时，要求具备假定的前提条件，前提条件就是，假定客户确实使用了产品和服务，产品和服务能够满足客户的要求。

如果其他程序无法开展，概念测试可成为一个非常有建设性的辅助手段，即成为创业者的"锦囊妙计"之一。它能以相对较低的成本快速推行，同时也是一种非常灵活的技术手段。在单次调研中，许多创意都可得到检验，同样也可对基于共同前提的产品或产品包的不同版本进行评估。从成本/收益的角度来看，概念测试通常性价比较高。但可惜的是，能充分有效地使用概念测试的管理人员并不多。但愿本章的论述有助于改变这一局面。接下来我们要讨论的是概念测试具体执行过程中的注意要点，以及概念测试的局限性。

## 如何开展概念测试——工作要点

为更有效地进行概念测试，必须记住以下要点：

第 2 章
催生、筛选和开发创意

1. 应从调查对象那里获取哪些具体信息？
2. 创意陈述应包括哪些内容？
3. 数据收集的最佳方式是什么？
4. 创意公开的对象应该是谁？
5. 应该提出哪些问题？

就上述问题我们将按照先后顺序分别作出回答。

1. 应从调查对象那里获取哪些具体信息？

从调查对象那里所获取的最有效信息，应该是在听完创意陈述之后，他们真的要求为新产品下订单。我们将在数据收集类型中讨论这些"干试法"（dry test）。如果你无法实现"干试法"的效果，退而求其次的选择就是争取"购买意向"。购买意向是调查对象在得知创意后是否愿意购买产品的一个系数。可用来测量购买意向的具体指标包括：

肯定愿意购买/可能愿意购买/可买可不买/可能不买/肯定不买

购买意向中的有绝对化倾向的答案，具有一定的危险性，特别是那些"肯定愿意购买"的回答。因为产品创意的公开一般会使调查对象变得敏感，也可能会误导他们说出在他们看来是调查者所期望听到的答案。人都喜欢说别人爱听的话。购买意向问题也暗含着这样的假设，即调查对象已知道该款新产品，已理解了该产品的性能，而且能够通过自己所熟悉的购买渠道来购买该款产品。

为防止"说好话"的倾向，最好是在概念测试中添加一些可作为替代品的现有产品，把有关它们的信息和新产品的相关信息放在一起。一些调查对象可能会对新产品作出和既有产品创意做出一样的描述。对既有产品的购买意向于是就可以成为对新产品反馈的参考依据。例如，如果产品 A 是既有产品，而产品 B 是新产品，它们都在概念测试的一份创意陈述中得到了描述（正如后面章节所要讨论的那样）。这样，就都可以收集到与这两个产品相关的购买意向信息。可对其中作出"肯定愿意购买"回答的部分进行比较研究，即比较回答者对产品 A 和产品 B 的态度。如果产品 B 的"肯定愿意购买"比率超过 20%，那就可以认为，如果消费者知道产品 B，了解它的性能，也能找到它的分销渠道，那么产品 B 就很有可能比产品 A 的购买意向高 20%。有调查研究者会采用这样的做法：把一个小分数（大约 30% 的

"可能愿意购买"比率）纳入计算范围，即把30%的退而求其次的选择（"可能愿意购买"）加入"首选"（"肯定愿意购买"）之中。

为抵制其他局限性因素（如认知和分销等方面的因素），你应该把概念测试中声称"愿意购买"的比率至少乘上三个降低因素，所有的分数不得大于1。第一个因素 $f_1$ 是知道新产品的目标人群的比例。这将取决于营销方案对产品的支持力度。第二个因素 $f_2$ 是知道新产品的目标人群是否同创意测试中知道创意的人一样了解和认可产品的性能和好处。这个降低因素 $f_2$ 也取决于营销战略是否成功。此外，第三个因素 $f_3$ 反映的是目标市场成员能够在他们所期待的地方轻而易举地购买产品的比率。把 $f_1$、$f_2$ 和 $f_3$ 相乘所得出的购买意向分数值，就会小于1；这就使得概念测试中的购买意向比率更加合理，也更加具有市场可信度。

也可在概念测试中添加其他一些有助于提升现有产品及其面向潜在消费者的推介方式的提问内容。这些问题必须放在有关购买意向的问题之后。购买意向问题旨在测量产品创意对潜在客户的吸引力，这发生在潜在客户知道产品创意之后，而不是向潜在客户问了大量关于创意的问题之后。唯有如此，才会强化他们对产品创意的兴趣。

有关潜在客户对于创意的理解程度以及他们是否喜欢该产品的问题，一般都非常有用。"是否喜欢"对于提升产品及其流通方式都很重要。产品的创意陈述公布后，随着对产品创意的认知程度的深入，调查对象应该能够反馈产品的性能和好处，也能够回答有关是否对产品感兴趣的问题——特别感兴趣、有点儿感兴趣，等等。如果许多调查对象都回答"特别感兴趣"，但却很少表达积极的购买意向，那或许是因为概念测试中的产品定价过高。

根据产品及其目标市场，还可在调查中设计一些其他的相关问题，如调查对象认为的产品在具体环境中的使用情况或产品可能解决的问题等。如果调查对象能说出新产品所能取代的老产品，这也很管用。对于这些问题的回答，十分有利于提升产品简介等营销材料的品质。

有人还把定价问题放在概念测试之中，即在同一份概念测试中，询问同一个人在不同定价层面的购买意向。例如，设计这样一个问题："当某产品定价分别是140美元、130美元、120美元和100美元时，在这些不同的价位中，你的购买意向如何？"调查对象会分别就每个不同的价位给出自己的购买意向。这样的问题设计有所偏颇，应该予以避免。因为这样会让调查对象觉得自己是在和概念测试者"议价"，其结果会具有很大的片面性，因为这与调查对象实际面对不同价位时的切实感受和反应大不相同。

当然可以在概念测试中加入价格问题，但正确的做法应该是让调查对象自己给出理想的价位。每一位调查对象只允许提供一个产品定价。不过，不同调查对象的定价可以各不相同。正如我们可以在以下的一些案例中所看到的那样，价格是一个非常具有心理特征的问题，它会在很大程度上影响潜在客户对于产品或服务的看法。这些设计环节要确保潜在客户只能看到一个定价，就像他们在真实的市场中所看到的那样。这一环节只是如下所列举的概念测试诸多内容之一。

2. 创意陈述应包括哪些内容？

创意陈述应该尽量准确而真实地模仿调查对象在真实的市场中面对产品及其性能时可能发生的场景。绝大多数创意陈述像产品宣传小册子或平面广告。创意陈述一般还要告诉调查对象在哪里可以买到新产品或服务，以及消费者可能获得的所有好处。这都应该是定位方案的构成部分。如前所述，产品的定价也可包含在创意陈述之中。图2—3展示的是一个非常新颖的某产品的创意陈述，即在婴儿尿裤上印上了大学和运动队的标识。为了力求真实，概念测试应针对每一个不同的目标细分市场来设计不同的标识，并将其作为创意陈述的组成部分。如果宾夕法尼亚大学的男性校友是可能的细分市场之一，创意陈述就要稍作掩饰以示保护。

图2—3  贴牌尿裤创意陈述（稍有改动）

产品理念:"未来之衣"是精心设计的尿裤,它上面标有知名大学和职业运动队的标识。其中一种尿裤标有宾夕法尼亚大学的"Penn Quaker"标识,分别位于尿裤的粘带和底部。该尿裤由稀缺材料制作而成,其功能可与优质一次性纸尿裤媲美。这是一款有趣而新颖的产品,它不仅是父母买给孩子的日常用品,更是不错的馈赠品(例如,婴儿洗礼、圣诞节)。该款尿裤为白色,外包装是一个规格为19英寸的非常精美的礼物盒,盒子上也印有宾夕法尼亚大学的标识图样,定价则是11.95美元。您可以在任何一家出售宾夕法尼亚大学标识纪念品店里买到这种尿裤,也可以在出售婴儿用品的网店购买。能够帮助忠诚的宾夕法尼亚大学男性校友从娃娃抓起以支持自己的母校,这是一件多么美妙而有意义的事!对于宾夕法尼亚大学的所有支持者来说,这同样是一件完美的礼物!

3. 数据收集的最佳方式是什么?

创业者希望调查对象在倾听产品的创意陈述时,能够尽量真实地体验到产品所能带来的性能。但概念测试结果的有效性却要受成本的牵制和束缚。使用平面广告或直接邮寄的方式来介绍自己的新产品,在创意陈述中包含有某些样品广告,这种推介方式的优势在于其成本较低。而登门(去家里或是办公室)拜访调查对象,则是概念测试中最佳的数据收集方式。根据目标细分市场的不同,有时利用当地购物中心来收集测试数据,也是一个成本较低但效果不错的做法。对于那些通过电话就可以说明白的事情,电话采访也是性价比较高的做法,当然广播广告也是不错的选择。有时还可以把电话拜访与邮政投递、电子邮件或传真结合起来共同完成创意陈述的任务。这些都是性价比较高的方法,其有效性并不比亲自登门拜访差。

对于有针对性的概念测试来说,去找当地的市场调研机构通常会很有效。这些机构一般都有丰富的经验,他们知道去找谁,还可帮助你进行测试设计。不过,如果他们跟你所说的话与本章中所提出的诸要点不符,那你就应该换一家调研机构。根据时间和资源的限制,也可考虑让附近大学的市场调研专业的学生来帮助你完成信息收集的任务。如果他们能把这项工作与自己的课程项目联系起来,2~3个月后就会有结果。当然,商业企业一般在几周内就能完成数据收集的任务。

## 第 2 章
### 催生、筛选和开发创意

对于那些主要通过网络来进行销售或促销的产品来说,概念测试直接通过互联网就可方便地完成。实际上,由于道德标准的不同,在线样品广告和产品说明,以及实际寻求在线订单,都是很管用的做法。当调查对象开始下订单时,你就可以向他们解释:产品正在研发中,这里只是在做市场反应测试。当然,你还应该给他们送去一些礼物以示感谢和歉意,并把他们的名字记录在册,以便他们在产品正式面世时能够在第一时间购买到新产品。这种"干试法",正如直销人员所说,是获得消费者需求信息的最有效的做法。网络当然不是从事"干试法"的唯一途径,直销人员已经使用"干试法"多年,由于所采用的推介媒体的不同,他们不得不考虑如何避免让竞争对手事先了解到自己的新产品计划。通过直邮的方式来实施"干试法",要比通过广播、电视和平面广告的方式更加便捷。

4. 创意公开的对象应该是谁?

如果你的定位和市场细分计划已完成,那显然决策成员和对目标细分市场的决策有影响力的人就应当知道该创意。在概念测试中,通常会包括可能的目标细分市场。如果你对某个目标细分市场有所顾忌,那就要慎重考虑,是否要将其成员纳入你的测试计划中。概念测试的成本一般要比丢失一个可能的细分市场低得多。

第一,对于 B2B 产品和某些复杂而昂贵的消费品而言,创业者必须慎重拜访所有可能的、对采购决策有影响力的人。例如,虽然医院正考虑引进一种新的医用血管造影仪,但却需要获取掌管购买决定权的医院主管的同意,而且护士也会影响产品的使用方式。诸如器具、电脑和通信设备等高参与度的消费品,往往需要对其购买决策有影响力的人进行测试。例如,对于电脑和通信设备,许多消费者会求助于"专家",即在决定购买前会首先征求相关专家的意见。因此,对于创业者来说,寻求这些专家的支持并对他们进行拜访就显得十分重要。

如果创业者不十分了解自己目标细分市场的决策程序,那在开展概念测试之前,就有必要对市场参与者进行调查,因为这有助于发现这些决策是如何加以制定的。诸如"在决定购买之前,你一般会参考谁的意见?"或是"还需要谁的同意,您才能决定购买?"等都可以说明问题。

第二,针对渠道成员所开展的概念测试,与针对终端购买者所开展的概念测试，具有同样的重要性。不过，针对渠道成员的概念测试，无法替代从终端用户那里获取的对产品的系统反馈。在其《硅谷模式》（*The Silicon Valley Way*）一书中，埃尔顿·舍温（Elton Sherwin Jr.）分析了一个经过改编的真实公司的情况：帕洛阿尔托电脑公司忽视了对终端客户进行概念测试，而只依赖于从分销渠道那里获取的相关反馈信息。这家公司成功地设计和生产出一种外观漂亮、性价比高的微型笔记本电脑，并通过强有力的分销网络进行销售。

就在帕洛阿尔托电脑公司开始设计其第四代笔记本电脑时，他们对自己最大的分销商进行了粗略的调查。他们认为，其分销商也坚信："客户想要更小的电脑。"

公司新一代电脑产品随即面世，其创新的键盘设计使得它的外观显得更小巧、更可爱。但可惜的是，少有客户购买，销售额骤降。事实证明，使用者希望电池使用寿命更长、屏幕更亮、机体更薄——而不是键盘更小。

分销商非常善于反馈"推动"产品销售的诸多因素——产品包装、协议、后勤保障、终端用户营销计划等。他们有时也能把他们自己对客户想法的认识告诉你。不过，正如本案例所指出的那样，这无法替代你对终端用户的调查。

5. 应该提出哪些问题？

创业营销状况下的概念测试一般要么是单体测试（一个人只了解一个创意），要么是配对比较测试（一个人了解两个创意）。

如果你想了解针对某一创意的详细而原始的反馈信息的话，那就应该使用单体测试。在直接竞争对手很难确定的情况下，最好使用单体测试。而且，如果没有其他更好的外部替代方案来调研最佳购买意向时，单体测试也很管用。

若市场中业已存在直接竞争对手，那就可使用配对比较测试来评估新旧产品的优劣。如果时间充裕，可在单体测试之后再进行配对比较测试。配对比较测试的问卷可提出这样的问题，如："在 A 和 B 之间，你更愿意购买哪一种产品？"正如在单体测试中那样，配对比较测试有如下具体的测量尺度：

*肯定购买* A/*可能购买* A/*随便*/*可能购买* B/*肯定购买* B

如前所述，这一比较性测试有助于根据已有产品来评估新产品的预期收入。例如，如果你的新产品的购买意向高于既有产品 20% 以上，那你就可得知，将来你的新产品可能要比既有产品的销售状况更好。不过，这还仅仅只是一种潜在可能性。对先前购买意愿加以评判的告诫在这里也很重要——例如，认知度、对产品好处的认识，以及寻找分销渠道。

**概念筛选**

对潜在购买力的影响因素进行调查是十分有帮助的。因为这不仅是一个产品理念确定后所必须做的事，而且也有助于在正式投入生产之前对候选产品创意进行筛选。卡片分类测试和评估是有效的筛选方法。在为调查对象介绍几种产品时，把每种产品单列在一张卡片或一张纸上。调查对象自然会对它们进行分类，为每一个创意提供语义上的（如优、良、中、差等）或数字上的等级评价。10 分制是营销调研的有效测量法。

**利用网络进行概念测试**

很多时候，客户为某产品理念提供反馈信息时并不十分了解该产品。网络提供了一个进行产品概念测试的灵活方式，调查对象可以在网上直接肯定或否定该概念的有效性。在 CarsDirect.com 刚起步时，很多人怀疑是否有客户真的愿意花 25 美元～5 万美元在网上购买东西。公司没有去调查各个团体并对其进行筛选，而是选择了在网络上进行快速测试。

不到一周，他们选中了一个名为"出厂价购车"的创意。所有的定价都可在网上浏览，只需备好少量文件，邀请用户搜索自己所中意的汽车，然后直接在网上提交订单。订单发出后，订购者很快就会接到电话，要求确认和给付定金，随后，车就到手了。

测试网站投入使用后，CarsDirect.com 购买了 GoTo.com（现在是雅虎公司的搜索营销部）的轿车关键词排行榜数据，以便把相关车辆信息直接纳入其测试系统。在一周内，他们就收到了四辆车的订单。公司以零售价购买了这些车，以广告中声称的出厂价卖给了订购者，中间的差价由公司负责买单。以不到 2 万美元的代价，公司就得到了证明，即人们愿意在网上购买大宗物品。之后，公司注资数百万美元，营建了一个成功的网络销售系统；在创业的首个年度中就实现销售额 2.5 亿美元，截至 2006 年，公司已成为美国最大的轿车销售商。

同样，对于 GoTo.com 来说，搜索网站在很大程度上决定了搜索结果，当初也有很多人怀疑消费者或广告商是否愿意使用这种搜索服务。公司将网站投入运营，并证明了广告商相信公司并愿意支付广告费用。该公司在试运营的最初一个月里没有收取任何费用，因为这是测试阶段。经过测试后的完善版打造出了一个市值数十亿美元的公司。

**维多利亚的秘密公司用自己的门店来测试其新产品和品牌**

如第 1 课和第 4 课所讨论的那样，维多利亚的秘密公司（VS）的一个非常重要的竞争优势，就在于它拥有属于自己的门店。公司不仅拥有利用门店和产品展示来控制用户体验的战略优势，还具备另外一个战略优势，即不同的店可以拥有不同的产品系列。这就能够使营销人员非常容易地选择一些具有代表性的门店来收集真实的客户反馈信息，征集他们对拟生产的产品系列或旧产品系列的新展示方案的看法。近来，VS 公司对既有客户和潜在客户进行了一次市场细分研究；研究结果显示，有必要为更加追求休闲生活方式的青少年一代设计相应的产品。于是，VS 的新产品——"Pink"品牌系列就旨在满足这一市场需求。每一个销售"Pink"的 VS 门店（如今所有门店都销售该品牌），都设有单独的"Pink"屋和相应的环境布置。最初，只选择了 10 家门店作为"Pink"品牌的展销店。产品供应一揽子计划根据消费者的反馈和这些实验性店面所展示的销售趋势来进行适度调整。随后，该产品系列的供应对象就扩大至 30 家门店，接着又根据这 30 家门店所收集的相关信息反馈加以适时调整，之后门店扩张至 100 家，然后又是新一轮的信息反馈和调整，直至扩张至公司所有门店。与面对一小部分客户样本的概念测试相比，这种"真实"的市场测试是非常有效而可靠地评估和决定新产品是否能正式投产的方法。"Pink"在不到 2 年的时间里，为公司带来了 5 亿美元的收入！

如果拥有自己的终端用户分销系统，那就可以利用它们来作为试验基地，否则就是对公司资源的巨大浪费，就等于丧失了领先于竞争对手的一个战略机遇。那些也通过门店进行销售的 VS 的竞争者，若试图以同样方法来测试和推出新产品系列，就会面临更大的风险；由于它们不能复制 VS 已经使用过的方法，就难以获得理想的效果和可靠性。即便开设自己的分销店面需要大量投入，但依然值得这样做；因为所有这些投入都可因此而实现盈利。测试新产品或设计新的产品系列，几乎就是对公司已有分销渠道的一个非常富有成效的运用。

还有一个好处就是，概念测试还可与价格测试一起执行，这有助于实现利润与新产品结合程度的最大化。我们将在下一章中详细介绍这一部分的内容。

**概念测试的局限**

虽然从成本/收益角度来看，概念测试一般都十分有用，但也必须时刻牢记它的局限性：

（1）如前所述，如果产品或服务的递送不符合承诺，预期收入就无法实现。所涉及产品越是昂贵，越是有风险，越是具有高参与度，创新者和早期试用者的体验就越是重要。如果他们的体验结果是没有收获概念测试中所预期的好处，或者不符合"先行试用者"根据介绍性销售和营销材料所得出的预期，那么新产品在市场中将会遭受重创。

（2）从概念测试到产品介绍的转换过程中所发生的变化，可能会改变消费者对产品的反应。

（3）有时产品的研究与开发无法完全按照概念测试中所承诺的那样加以落实。

（4）如果概念测试的方式不太贴近现实，调查对象可能会出于"取悦"调查者的目的而夸大自己的偏好。说别人爱听的、好听的话，是人的天性。因此，调查对象可能会说他们喜欢新产品，但当新产品真正面市后，他们往往又不愿意购买。

（5）概念测试只能预测初始的购买意愿，无法预测有多少人愿意定期购买该产品，或是有多少人愿意重复购买该产品。对于产品的重复购买率，高试用率也无法提供充分保证。

## 结语

概念测试其实就是在产品或服务尚未正式投入研发、生产和推介之前预先获得市场和渠道的直接反馈信息。从历史来看，概念测试能够预测20%的产品试用率和80%的定期购买率。例如，如果预测的试用率是50%，产品试用率就在40%～60%之间，10个案例中有8个皆是如此。不过，即便是在今天，绝大多数百货公司都更关注购买者数量，而不是为新产品的筛选和评估进行系统的概念测试。创业型企业没有充足的资金来落实这一测试工作，只能采用其他方法。

至于如何以及应该由谁来进行概念测试的细节问题并不重要，重要的是要采取实际措施！最重要的是，获取市场的直接反馈信息，包括从你的目标市场成员那里掌握相应的购买意图。如果你不这样做，你的创业就会增加一份失败的危险。

如果你足够幸运，就可不时对新理念和新产品创意进行市场测试。

# 第 3 课

# 定价：避免常见误区

## 定价

对于绝大多数企业来说，定价显然是最困难的营销决策。或许也是最重要的决策，因为这最终决定了公司能赚多少钱。在当今世界上，不仅你的定价顶着要体现产品的生产成本或是服务所需的人力资源的压力，你的产品和服务的知识产权还面临着在互联网上被零成本复制的危险。遗憾的是，有些管理者认为定价是很容易的事，于是他们采用了非常便利却比较刻板的方式进行定价。这些简单的做法通常莫过于：其一，加价法；其二，竞争匹配法。加价法就是以一定比例的边际利润率计算出产品或服务的成本，其总和就构成了产品或服务的市场定价。其中的边际利润率可能代表的是行业通行标准，也可能与你的习惯做法有关，或者你有必要对自己的预期利润进行评估后给出一个预计比率。竞争匹配法则通常是在参考竞争对手定价水平的基础上，给出一个略低于其价格的价格，或是制定一个与竞争对手相匹配的价格。这些"规则"很可能是在没有进行充分的调查研究或是没有认真思考的前提下所作出的定价决策。不过，就像生活中的许多事一样，"不劳者无获"，这些规则或方法的结果就是把挣钱的机会让给了别人。

为什么说这些常见的定价方法就等于是把挣钱的机会让给了别人？道理很简单，因为其他的定价有可能给企业带来更多的利润。例如，如果我的微件所花成本是 1 美元，我卖 2 美元，作为创业者的我难道不应该高兴吗？实际上你不应该高兴，因为你没有切中问题要害。正确的问题应该是：在所有可能的定价中（销售我生产的微件），哪一种定价将会给我（根据我的生产规划）带来最大化的利润？如果我给自己所生产的微件定价为 2 美元，其年销售量是 40 万件，从总利润（根据产品的使用寿命）来看，这是最佳的定价方案吗？以 2 美元的价格年销售 40 万件产品将给公司带来 80 万美元的收入，其中，生产成本是 1×400 000＝400 000 美元，剩下的 40 万美元就是毛利润，或投入生产的固定成本所带来的总利润。

作为一位创业者，你必须追问：如果我不卖 2 美元，而是采用其他价位，那会怎样？如果能够合理地评估市场需求并据此采用其他价位（根据"弹性需求"进行定价），创业者就可以很容易地找到实现利润最大化的定价。我们将在下文中讨论如何通过评估市场需求来确定替代性价位，但首先我们要明确这样做的价值，特别是把它整合到企业的成本结构中去的时候。表 3—1 说明了微件的不同定价和销售情况。

表 3—1    不同定价的利润和收入结果

| 单品价格（美元） | 销售量（件） | 收入（美元） | 成本（美元/件） | 毛利润（美元） |
| --- | --- | --- | --- | --- |
| 1.0 | 600 000 | 600 000 | 600 000 | 0 |
| 1.5 | 500 000 | 750 000 | 500 000 | 250 000 |
| 2.0（原本定价） | 400 000 | 800 000 | 400 000 | 400 000 |
| 2.5 | 350 000 | 875 000 | 350 000 | 525 000 |
| 3.0（最高收入） | 300 000 | 900 000 | 300 000 | 600 000 |
| 3.5（最大化利润） | 250 000 | 875 000 | 250 000 | 625 000 |
| 4.0 | 200 000 | 800 000 | 200 000 | 600 000 |
| 5.0 | 100 000 | 500 000 | 100 000 | 400 000 |

以单品 3 美元的定价出售，收入额最高，为 90 万美元。但只比原本定价（2 美元/件）所带来的总收入高出 10 万美元。不过，其利润则可达 60 万美元，是 2 美元定价的 2.4 倍！尽管如此，甚至还有更有效的定价选择：3.5 美元/件的定价所带来的年收入较低，只有 87.5 万美元，但利润却有 62.5 万美元。这是 2 美元定价的 2.5 倍。这显然是一个简单的案例。但在分析替代性定价方案对于绝大多数企业的重要性时，却并不简单。我们将在下文中以真实案例来具体说明替代性定价方案对于公司的重大意义所在，引导创业者掌握如何进行成本核算。

之所以要进行成本核算，是因为定价决策所能带来的利润取决于收入和可变成本。固定成本几乎与产品和服务的最佳定价决策无关，因为从定义上来看，固定成本不会随着产品价格和销售量的变化而变化。表 3—1 中的所有利润额都是收入减去成本之后的数额。假设示例中的 1 美元成本只是生产、销售和递送单件产品的可变成本，无论单件产品定价所带来的利润是多少，固定成本都保持不变，而且每一种定价的利润总和是一个常量，带来利润最大化的定价和利润将保持不变，固定成本不会影响产品或服务的最佳定价决策。只有一种情况例外，即最佳定价的预期利润不足以弥补固定成本时，产品生产和服务提供就应该中止了。

## 一开始就要订好价格
——想在以后提价是很难的！

  由于人性的原因，一开始就为产品制定合适的价格，甚至是更重要的事。如果你在产品有效期限范围之内实施降价，没有人会抱怨你（除非有客户可能刚好在降价前购买了该产品）。但是，如果你发现产品的认知价值要高于自己的设想，因而想提价的话，就非常困难。人从本性上会认为这样的提价"不公平"。如果你能说服潜在客户，你的成本已有所提高，通常这还会被认为是一个情有可原的提价理由。但在最初看到某新产品的价格时，客户一般不会有这样的关乎公平问题的评估。人们只是在提价后才产生公平意识和主张。因此，一开始就确定最佳价位，甚至是更重要的事。某些情况下，甚至可以把定价权让渡给客户——eBay 公司和 Priceline 公司就成功地做到了这一点，并因此赚了大钱，我们将在下文中予以探讨。

  可是，对于许多新产品或服务来说，往往是一些敢于冒险的"吃螃蟹者"才会来尝试。因为要承担初始风险，首批客户希望（也值得）享受价格优惠政策。不仅如此，这些客户甚至值得无偿或免费获取新产品，直到他们觉得满意为止。创业者当然可以为这些客户提供价格优惠政策，不过，一定要注明这样的定价是产品或服务试用期间的优惠价或打折价。这一做法会给创业者带来更大的选择余地，以便他们可以根据随后的市场反馈信息实时调整优惠幅度和起止时间，进而更好地确定正式进入市场时的销售价格。

  一开始就有一个合适的价位，使得创业者得以避免日后因提价而被市场认定为定价不公。有些创业者甚至在产品推向市场一年后才给出正式定价。

## 决定收入的不同定价方法

读过上文之后，你或许会自语："是的，要实现利润最大化，就必须采取最有利可图的定价，但若是采取其他定价，如何才能对销售情况进行有效评估呢？"这里的方法有很多，大体可归纳为两类：上市测试和上市前测试。

### 产品上市测试

人们通常都愿意采用这一测试法，因为它可以有效预测不同定价所带来的不同收入。不过，对于市场中同一产品或服务的不同定价，这一方法却并非总是有效的。如果市场参与者彼此间已有良好沟通，你就无法对被市场认为是同一系列的一揽子产品开出不同的价位。倘若市场参与者发现有其他人以更优惠的价格买到了自己高价买来的同款产品的话，他们就会有上当受骗的感觉。即便他们在理性上认为自己所买的产品也算是物有所值，他们还是会认为自己被愚弄了。如果他们有这样的感觉，他们就会开始说该产品的坏话。坏的口碑对于新产品或服务来说，是致命性的打击，因为新产品或服务的生命就掌握在消费者的认知基础之上。如果潜在客户从一个值得尊重的渠道听到了这些不利于产品的坏话，那他们就瞧不上你所做的其他任何营销活动。

倘若客户认为你所提供的系列产品是有差别的，他们就未必会因为听到有人以更低的价格购买到系列产品中的某款而感到不安。例如，飞机舱位或音乐会门票的定价是不同的，主要取决于消费者决定购买的时间和座位所在位置。在本章的相关章节中，我们将详细讨论如何针对不同细分市场来对同一系列产品中的不同款式进行定价和管理。

在其他一些环境下，市场参与者也不会因差价而感到不安。通常，产品或服务的购买是单个进行的，消费者之间没有多少交流和讨论；或者产品的定价是为每一个潜在客户而量身定制的，因而很难进行比较。许多产品和营销组合都可进行上市测试。例如，假设你的主要营销工具之一就是个性化销售，你的产品定价也主要取决于潜在客户的个性特点，对不同定价进行市场评估就相对容易。最好的办法，就是在测试中让所有的销售人员对每一位潜在客户进行单独采访。例如，如果要测试三种不同的定价，你可以向同一位客户展示其中的一个，这样，每个客户就只接触到总定价策略中的三分之一。只要潜在客户无法对不同定价进行比较，他们彼此间就无法进行比较。因此，即便有两个客户之间有交往，他们所得知的也是不同的定价。例如，假设软件定价是由组织培训的固定支出、其他设备的支出、购买的电脑数量以及安装费用所构成，那么有不同需求的买家就很难进行价格比较。

## 价格测试的最佳工具：网络

**利用基于网络的概念测试，以获取电脑辅件产品的价格反应**

针对不同对象的不同价格进行测试，可通过网络轻松完成。某公司开发了一种与手提电脑配套的新款存储器——Disk on Key（DOK），这是一款有USB接口的闪存设备，可用作外接存储器。同类型的DOK设备也可被程序化，从而便捷地用于多台电脑。由于商业秘密的缘故，我们不能提供更多细节。DOK的不同版本存在差异化定价问题，因此公司需要对此进行概念测试。公司为此进行了网络调查，即针对不同目标市场对该产品的不同版本进行了差异化定价的样本调查。发放给调查对象的是一张设备图、设备说明书、设备优势说明（取决于如何以及是否程序化）以及定价。每一位调查对象都只能看到针对某一款产品的一个定价。1/4 的调查对象看到的是 59 美元/件的定价，另外 1/4 的调查对象看到的是 95 美元/件的定价，其他 1/4 的调查对象看到的是 195 美元/件的定价，最后 1/4 的调查对象所看到的是 295 美元/件的定价。调查对象需要回答几个问题，主要是他们是否愿意购买该产品。

图 3—1 和图 3—2 所揭示的就是调查对象对其中两款产品的购买意向和价格对比。第一款产品创意是 ABCDEF Key，它主要是非程序化的存储器。这里，购买意向（首选率是 80%，次选率是 20%）会随着价格的上涨而降低。

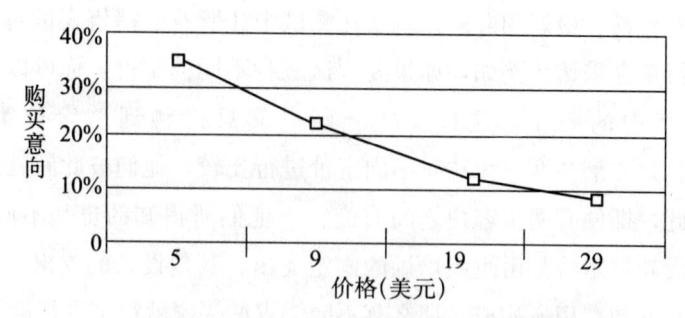

图 3—1　概念测试：ABCDEF 产品的价格与购买意向比

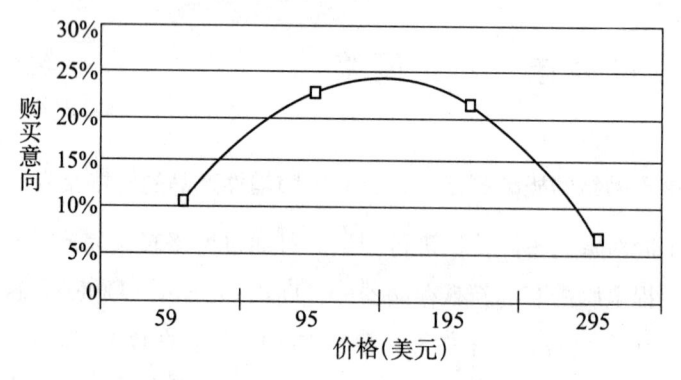

图 3—2　概念测试：EFGHI 产品的价格与购买意向比

另外一项概念测试也是关于同一功能的系列产品，即 EFGHI Key 存储器，其不同之处就在于它是可程序化的，因而可执行一些其他功能。同样，不同调查对象只能接触到 4 种不同价格的其中之一。概念描述介绍了可程序化设备的特点和好处。对于该款产品的购买意向因价位的不同表现出很大的差异。如图 3—2 所示，定价为 95 美元和 195 美元时，调查对象的购买意向最高；而定价为 59 美元和 295 美元时，购买意向则要低得多。质量调查和进一步的私人调查则显示，59 美元的定价让某些调查对象认为该产品的价值不可靠："如此有价值的东西怎能这么便宜？"另一方面，295 美元的定价也不被许多调查对象所接受。

请记住，这一概念测试是在所有 DOK 产品还没有正式面世之前而进行的，而且公司认为此时也不是竞争对手介入的合适时机。此方法可对公司产生以下两种非常重要并且有价值的作用：首先，在消费者对于不同版本产品的价值认知有差异的情况下，公司能为新产品制定合适的定价；其次，可以把资源优先配置在可实现利润最大化的产品上。基于网络的概念测试所需成本不超过30 000美元,而其带来的价值却可轻松达到数百万美元。各种规模的创业型企业有必要更多地采用这种调研方法。

因为购买活动是网络上的个人行为,而且每个人所看到的价格又不同,定制型网站就成为此类调查的极其实用有效的基础,也是十分有效的上市概念测试平台。

互联网为市场和价格测试提供了前所未有的最佳平台之一。即时反馈、大样本规模以及实时客户反馈,都使得它比群体调查或有限的城市调查显得更加经济、有效。Idealab!公司可为价格测试提供广告服务,即用1 000~5 000个横幅标语吸引浏览者登录特定网页,对特定人群进行跟踪,一旦他们进入网站就核查他们所完成的动作。

Utility.com是一家专门为美国各州提供解除对电力能源的管制的供应商,该公司的定价和讯息都要通过系列测试。该公司营销副总认为,有必要提供15%的折扣以吸引客户更换其既有供应商。他还说,如果客户愿意选择"绿色"(清洁环保型)电源,或许10%的折扣就可吸引他们成为公司的新客户。他的这一看法遭到了许多人的质疑,于是公司不得不就此开展测试,见表3—2。

表3—2　　　　　　　　　　实验性供应测试

| 网上订购时追加的折扣率 | \multicolumn{11}{c}{登录网站时所提供的折扣率} |
|---|---|---|---|---|---|---|---|---|---|---|---|
| | 5% | 6% | 7% | 8% | 9% | 10% | 11% | 12% | 13% | 14% | 15% |
| 0 | × | × | × | × | × | × | × | × | × | × | × |
| 1% | × | × | × | × | × | × | × | × | × | × | × |
| 2% | | | | | | | | | | | |
| 3% | × | × | × | × | × | × | × | × | × | × | × |
| 4% | | | | | | | | | | | |
| 5% | | | | | | | | | | | |

公司以许多不同的鲜艳、生动而富有讯息的标语来吸引众多调查对象,就5%~15%的折扣率进行了购买意向测试,如果调查对象愿意立即登录公司网页下订单,每款产品还可再享受0~5%的折扣。测试结果有违直觉:最易于吸引客户的折扣率在7%~11%之间,比15%或10%的折扣率对客户的

吸引力还要高。一旦登录公司网站，还会分别享受额外的 1％ 或 3％ 的折扣率。

最有吸引力的折扣组合是：在访问者登录公司网站时提供 7％ 的折扣率，如果随后他们立即下订单还可再享受 3％ 的折扣优惠。这样一共就是 10％ 的折扣率。绿色以及非绿色电源对于客户吸引力的区别不大，所以现在被作为一个立即下订单的额外优惠选择项目。没有上述测试，公司就会凭"直觉"给出 15％ 的折扣率，这样不但成本会提高，收益率也得降低。

测试所花成本不到 5 000 美元，由于淡季时标语广告费用很低，这项工作的实际执行费用只需几千美元。

当然，网络并非唯一的上市价格测试的实用方式。

**维多利亚的秘密公司用自己的门店来开展上市测试**

the Limited Brands 和维多利亚的秘密公司（VS）的另外一个优势就是拥有自己的门店，这使得公司可以在不同的门店对同一款产品的不同定价进行价格测试。起初，VS 在同一地区的不同门店中进行价格测试；在测试中，同一地区的不同门店差价出售同一款产品。这一做法从理论上应该非常有效，因为同一地区的不同门店可对消费者的价格反应和产品的竞争属性进行比较研究。但是，VS 发现，他们的这一做法为自己带来了法律方面的问题。正如我们在上文中所讨论的那样，消费者若是发现自己的朋友在同一地区以更低的价格买到了自己高价买来的同款产品，他们的负面情绪可想而知。如果报纸和电视新闻对此进行了报道，公司还将面临公关危机。

VS 于是改用一个有效性较差但可行性更高的测试方法——在不同地区采取差价销售，以便对其销售结果进行对比研究。这一做法没有什么不良后果，而且收效也不错，因为公司从中获取了非常宝贵的有关收入价格关系的洞察力。同样，实验结果或许没有 VS 想象得那么精确，但却为公司提供了大量关于市场对于产品价格变化的反馈信息。这又是一个"模糊正确而不是精确错误"的案例。VS 的定价决策更为有益，比那种采用主观判断而精确的计算公式所得出的定价更为经济。

第 3 课
定价：避免常见误区

## 上市前的定价和概念测试

我们在第 2 课中讨论过在产品和服务正式投入生产之前的概念测试，该方法可十分有效地应用于评估同一款产品的不同价位所带来的相对销售差异。其基本理念十分简单，产品/服务的创意陈述中必然包含着价格部分，如果你想就 4 种不同的定价进行概念测试，那就可以把创意陈述分为 4 类，针对每一类特定调查对象，只提供某一个定价，这样所有的调查对象只能接触到你总的定价选择范围的 1/4。然后就可以对同一种定价进行 4 类概念测试。对于每个组合的调查所得出的计算结果可如法应用于其他概念测试之中。创业者需要去做的是分析不同定价政策所导致的收入结果。

由于任何概念测试都有其偏见性，4 种不同价位所造成的市场反应的相对差异通常是非常有效的信息。例如，如果概念测试结果显示，超过 40% 的微件以 20% 的折扣率出售，那该产品的销售量无论有多少，都不会影响其收益率。也就是说，无论该产品在市场中的实际销售量是 1 000 个或是 10 000 个，如果它的销售价格是基础定价，其收益率就不会发生改变。

**价格概念测试案例——ABLE 开关公司**

这是一家小型的、非美国制造商（我们称其为 ABLE），专业生产厨房水槽的水龙头开关，其销售模式主要是通过一家大型的自助式零售商来推销产品，这样的销售模式已有两年。如果把生产水龙头的各项成本开支都计算在内的话，该公司只能勉强维持收支平衡。ABLE 希望能了解是否可以说服零售商提高零售价（原价为 98 美元），以使得公司也能提高给零售商的批发价。作为一个大型调查的一部分，一个对比性的概念测试在零售店中加以展开，调查对象是来店中购买厨房水龙头的客户。客户应邀在两种开关之间进行选择，当然，拟购买的这两款产品都有详细的产品介绍。产品介绍包括水龙头图片以及有关产品的所有性能和优点介绍（分别印刷在产品包装盒子上）。在大型自助式零售商场，包装盒本身就是客户在购买前对可供选择的产品进行评价的一个主要途径。顾客对放在货架上的包装盒的认知度在绝大多数超级市场中都十分重要。每一个产品介绍也都附有定价,所有接受调查的客户所能看到的概念测试中的定价,一定是拟调查的 4 种定价即 98 美元、127 美元、141 美元和 160 美元中的一种。但在测试过程中,却要对其中的一款产品从头至尾进行评价,这就是定价 141 美元的主打零售产品。图 3—3 展示了该概念测试的部分内容,其中 B 是 ABLE 的产品。

1. 仔细察看下面的图片及其描述,然后判断两种产品各自的定价。

A. _____

- 可放到难以触及的地方的可拆卸喷头
- 可实现强效喷头与水流相适应
- 为了安装其他配件,可在无顶板情况下进行安装
- 便于自助式安装
- 节水型通风装置
- 无垫圈,上下连接式套筒
- 终身有限保修

B. _____

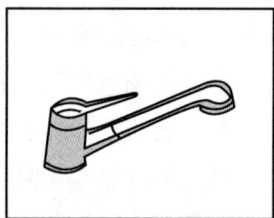

- 可拆卸喷头
- 欧式设计类型
- 与顶板相适配
- 便于安装
- 可灵活配用的连接管
- 陶瓷阀芯,免洗设计
- 20 年有限保修
- 纯铜质结构

如果水龙头 A 定价为 141 美元,而水龙头 B 为 98 美元,你会选哪一个?

**图 3—3　ABLE 水龙头部分概念测试**

25% 的人所看到的是定价 98 美元的 B 款产品的产品介绍,另 25% 的调查对象所看到的是定价 127 美元的 B 款产品的产品介绍,等等。但其比较对象一直是定价 141 美元的产品。概念测试这一部分的调查结果如图 3—4 所示。

调查结果显示,购买意向似乎在定价 98 美元时下降得最厉害,从 40 下降到 5,幅度为 85%。如果这是可买到 ABLE 产品的唯一价位,那就说明可以实施提价。不过,有些创业者仔细看过 ABLE 的产品包装盒,他们观察到盒子上的产品介绍,几乎都是在描述产品性能而非给消费者带来的好处。例

#### 第3课
#### 定价：避免常见误区

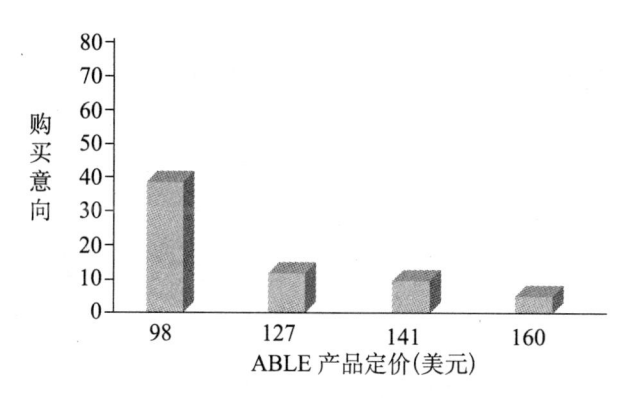

**图3—4　ABLE水龙头产品概念测试结果**

如，"可灵活配用的连接管"，对于普通水龙头购买者来说似乎没有什么太大的意义。如果把这一产品性能描述改为优势说明，例如："可灵活配用的连接管，能安装在水槽下面的狭小空间中"，这对于潜在购买者来说就更有价值。此外，能有多少潜在购买者了解"陶瓷阀芯，免洗设计"所带来的好处呢？改为"陶瓷阀芯和免洗设计，既避免了滴漏，又确保最大化的可控性"岂不更好？

**基于价值认知的价格反应案例——ABLE公司（续）**

为了对比估测包装盒上的产品的性能描述和优点说明对于价格反应的不同影响，调查者在先前的概念测试中添加了一些新内容。有一半的调查对象看到了新的以介绍产品好处为出发点的产品介绍，而另外一半的调查对象依然看到的是原包装盒上的以产品特点为导向的版本。新的产品介绍如图3—5所示。

印刷在包装盒上的以说明产品优点为导向的产品介绍，与先前的调查一样，以4种不同定价的其中之一，发放给调查对象。概念测试不仅能估测新的包装（以4种不同的定价）所带来的市场反应，也可比较好处导向型产品说明和性能导向型产品说明（以4种不同的定价）所产生的不同的市场反应。由于目标产品是同一个，尽管有8种不同的测试版本——分2类进行的4种不同价位的测试，最终的调查结果十分有趣（参见图3—6）。

1. 仔细察看下面的图片及其描述，然后判断两种产品各自的定价。

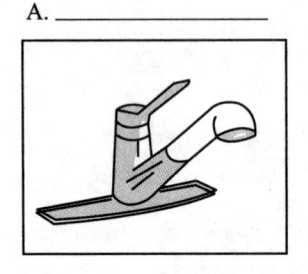

A. _____

B. _____

- 可放到难以触及的地方的可拆卸喷头
- 可实现强效喷头与水流相适应
- 为了安装其他配件，可在无顶板情况下进行安装
- 便于自助式安装
- 节水型通风装置
- 无垫圈，上下连接式套筒
- 终身有限保修

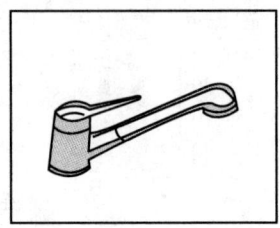

- 多用途的可拆卸喷头
- 欧式设计类型
- 与顶板相适配，从而遮盖排水口
- 便于按照分解步骤式说明来安装
- 可灵活配用的连接管，能安装在水槽下面的狭小空间中
- 陶瓷阀芯和免洗设计，既避免了滴漏，又确保最大化的可控性
- 20年有限保修
- 纯铜质结构保证使用寿命更长

如果水龙头A定价为141美元，而水龙头B为98美元，你会选哪一个？

图 3—5  好处导向型产品介绍

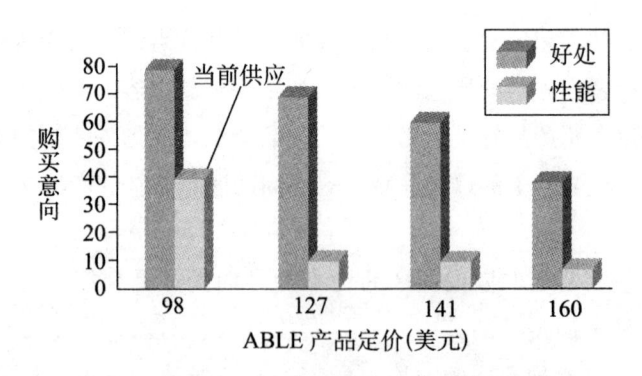

图 3—6  ABLE 水龙头产品的需求估测结果

别忘记概念测试的偏见性，无论如何，它一般都不会只影响某一测试单元（8 种测试中的某一种）而不影响另外一个。调查结果显示，陈述策略的改变的确大幅提高了原有产品的价值，也极为有力地说明了市场认知对于价

格的影响有多么大。这也告诉我们，帮助消费者了解产品性能所带来的实际好处，是极其重要的工作。首先需要注意的是，**仅仅是改变了产品介绍（印刷在包装盒上）的导向，即以产品性能为导向转变为以产品优点为导向为主，就把销售量提高了两倍。**所增加的消费者因为这一导向的改变而放弃购买其竞争对手的产品，改为购买 ABLE 的产品。好处导向型产品介绍大大提高了 ABLE 产品在客户眼中的认知价值。定价为 160 美元（比原价高出 60%）的水龙头产品也会因这一导向的改变而实现差不多同样的销售量。因此，**仅仅改变外包装盒上的产品介绍，就可让具有相同功能的产品的销售额提高 60% 以上！**

图 3—3 所揭示的另一单元的测试也十分重要——无论是对于 ABLE，还是对于零售商来说都是如此。值得关注的是，随着定价的提升，市场需求的下降由于产品介绍的改变（从性能导向转为优点导向）而得到缓解。零售商在对自己的成本和利润选择进行评估时发现，如果 ABLE 公司因重新设计好处导向型外包装盒而打算提高批发价的话，那 141 美元将会是最合适的价位。测试结果显示，售价 141 美元的 ABLE 新产品将为市场带来三赢局面：ABLE 当然可以大幅提高其给零售商供货的批发价，零售商也可因此提高 ABLE 产品的销售额，消费者则只需花费 141 美元就得到了原本需要花费 160 美元才能购买得到的产品，真可谓皆大欢喜。当然，这样的结局并非总是能实现，但一旦出现，就会为真正的创业者带来莫大的成就感。

## 定价、营销组合的其他部分以及认知价值

如前例所示，定价管理的确高度依赖于创业者对于其一揽子产品的认知价值的管理水平。这一认知价值受到或者说可能会受到企业的营销组合中每一个因素的影响。定价本身就能够成为一个巨大的推动力，推动潜在客户认知你的产品包。

### 定价与认知价值

有时，过低的定价（尤其是对于新产品来说）会对产品的认知价值产生

巨大的冲击。我们的下一个案例将要说明的正是这一现象。一位教授曾开办过一家创业型企业，制造和销售教学用的配套工具，以帮助教学对象了解计算机工作的二进位制逻辑和数学原理。这套工具包括灯、电线和开关，因此可以通过系列灯泡的开关来进行二进制的演示。该套工具中的第一个器件是红色和蓝色相间的 MINIVAC 601，定价为 79.95 美元。创业者有 3 个目标市场：居家自用的爱好者，高中和高等院校，以及计算机和科技公司（为员工提供计算机工作原理方面的培训）。该产品的确在前两个细分市场表现不俗。居家自用的爱好者在电子消费品店和更高级的科技产品发烧友店购买该产品。许多高等院校和一些社科类高中也购买该产品作为教辅设备。可是，第三类细分市场即公司却没有购买该产品。创业者走访了一些目标客户，试图找到问题之所在。创业者很快找到了原因，这些公司对于该产品的印象就是："呵，那不过是一个玩具！"

创业者的确富于创新，他认真倾听客户的反馈信息，加深了对于营销的认识。他的第二个产品依然是具有 MINIVAC 601 基础功能的新产品——开关升级为高级兼容转换器，机器的颜色从原来的蓝色和红色改为暗灰色。产品名称也改为 MINIVAC 6010，售价同时提升为 479 美元。以这样的定价，该款产品在第三类市场中销售得很好。毕竟，对于公司买家来说，79.95 美元的定价实在太低，以致他们会认为这只是玩具而已。起初的 MINIVAC 601 的颜色和外包装也强化了他们的这一印象。通过改变颜色、名称和包装，最为重要的是定价，创业者改变了自身产品在第三类市场中的认知价值。这对于企业盈亏的影响真是太神奇了！你的产品定价本身就是一个非常重要的认知定位的因素。

### 知识产权定价

定价所面临的最大困难之一就在于有些产品一旦被复制就不再需要任何成本，例如知识产权。在互联网上所出售的许多产品都是信息，它们只具有一次性产权（特别是以电子版的形式），多次复制后就不再需要任何成本。

在实体交易中，定价最常见的就是与生产成本挂钩，包括分摊在产品中的用于创新和设计的研发性知识产权费用，以及原材料和生产加工费用。在高科技企业中，60%～80%的毛利率并非少见。因此，一个定价300美元的英特尔芯片可能只需50～60美元的成本（包括营销、研发和生产费用在内）。

至于信息行业，在雅虎上发布新闻报道的边际成本几乎为零，其产品毛利率通常在95%以上，它们就是这样以极小的成本维持运营，即提供储存和传输信息服务。如果是这样，还需要选择定价吗？

在互联网领域中，成功的常见定价就是免费。放弃知识产权，以便让更多的人访问网站、浏览广告，或利用电子商务平台。绝大多数股票交易机构都以这种方式来提供调研报告和其他产品。E-Trade，DLJ Direct 和 Wit Capital 都属此例。它们也为自己的实际服务（如股票交易）定价，而且定价会尽量接近实际成本，只有嘉信理财（Charles Schwab）通过交易成本实现了盈利。

Hotmail、ICQ［现在是美国在线（AOL）的子公司］和其他一些"像病毒一样进行市场推广"的公司所提供的服务都是免费的，它们只是纯粹的通信交往工具或其他一些非实体产品的交流平台，所以它们可以为用户提供广告和营销服务。

也有一些公司则成功地收取了知识产权费用，往往是通过收取订阅费的方式。《华尔街日报》电子版就是范例，它以每年69.95美元订阅费的方式，为非纸质版浏览者提供服务；如果订阅者已订有纸质版，则采取降低电子订阅费的优惠政策。《纽约时报》电子版的在线字谜游戏项目收取的年费是9.95美元，忠诚客户还可在其网站上进行网上销售。当然，花花公子公司（Playboy.com）在收取订阅付费方面极其成功；很多人都愿意花上一笔年费，以便能够在该公司的网站上获取、编辑和谈论性感图片以及相关材料。

**影响定价的其他因素**

所有影响产品包的市场认知因素都会对潜在客户的理想定价产生影响。很简单，如果潜在客户认为目标产品或服务价格高于价值，他们就不会去购买。在此（像在本书中的其他部分一样）使用了"产品包"一词，这是一个最广义的词汇，它包括在购买和使用产品或服务时对客户的价值认知产生影响的所有因素。潜在客户初次接触你公司的产品或服务时，他们就会产生一定的印象，这些印象影响了他们对产品包的价值认知。如果这是一个广告，是否代表了恰当的定位？如果这是一封电子邮件，是否符合高价值的定位？

当客户或潜在客户给你的公司打电话，电话接线员的接听方式是否符合高价值的认知标准？如果潜在客户等待回话的时间过久，他们就会认为你的公司对于需要解决的问题的反应过于迟钝。如果电话接线员不够礼貌、周到和真诚，公司和产品的价值认知就会因此而大打折扣。

一家有百年历史的航运公司曾出现了如下问题：因在竞争中失利而丢掉了生意，以及由于公司主营运输路线中不断增加的价格竞争压力，公司的边际利润也受到了持续的挤压。公司为此雇用了一位市场调研顾问，这位顾问走访了该公司的一些客户和潜在客户，发现了大量影响客户或潜在客户对于公司及其产品包认知的问题。其中一个严重的问题就是公司客户服务部的电话接听服务质量不如其竞争对手。如果有人打电话给地区航运办公室询问有关业务报价或是航运状况的问题，所受到的"待遇"大多情况下就是：电话一直在响，但从来没人接听！公司所面临的不断增加的价格压力，与其说是由于竞争所导致，毋宁说是由于公司产品包的认知价值在潜在客户心目中不断下降所致。糟糕的客服电话不过是公司不恰当地对待客户的众多问题中的一个。只有将公司的客户销售和服务运营彻底改善，才有可能恢复合理的服务定价。

在本书其他章节中会介绍，营销组合中的所有因素是如何影响客户对于公司产品包的价值认识继而又是如何影响公司产品的定价的。渠道管理的所有决策都影响了终端客户对于公司产品包的认知。客户看到你的产品所处的环境，会对其认知价值产生重大影响。相同的产品被摆放在蒂凡尼（Tiffany）专卖店就要比摆放在沃尔玛看上去更高档些。在第 4 课中我们将讨论的关于分销渠道的动态管理其主要目的就是获取较高的定价和利润。一旦某产品进入较低端的销售渠道，一般就很难再进入高端销售渠道而卖出高价。

**B2B 产品的使用价值认知**

创业者向客户推销新产品/服务的关键方式之一，就是告诉目标客户，自己的新产品/服务能够为客户带来更多的利润。如果潜在客户认为自己的业务的确可以因为购买这些新产品/服务而实现更多利润,那他们就会购买。客户认知,是这里的关键。如果客户了解并相信你的产品会给他们的生产、服务或是配送带来更高的效率或是可以给客户的客户带来更多的价值,那你的销售额就会大幅增加。为利用这一使用价值定位,创业者必须了解潜在客户如何计算本公司创新产品的使用价值。如果某行业中有特定的测量方式可用来预测效率或效益,目标客户就可利用这些测量数据更方便地看到创新所能带来的收益。

所有这些和定价又有什么关系?在宾夕法尼亚大学企业市场研究中心的欧文·格罗斯(Irwin Gross)看来:

> "客户价值"是供应商所提出的一个假定的价格,相对于客户可实施的最可行的替代方案来说,利用这一价格,特定客户可实现总体收支平衡。

> "客户认知价值"则是客户对于他自己的"客户价值"的认知。

尽管客户价值从来都是无法进行准确估算的,但依然非常有必要进行模型建构,就像物理学的"绝对真空"或是"无摩擦平面"那样。

若能实现大家想象中的双赢局面,最佳的定价状态就会出现。买家认为他将因采用创业者的新产品(包括创业者对于新产品的定价)而获取更高的"客户价值",创业者反过来也会因为自己比竞争对手更了解如何创造认知价值而实现更高的利润率。

在许多B2B的业务环境中,一般不会出现我们起初所看到的那种暗藏凶险的竞争危机。并不是大部分人都认为有必要切实而深入地了解客户认知价值是什么。在格罗斯这位已经研究B2B市场二十多年的研究者看来:"客户把更多的精力用于了解供应商的成本,而供应商则很少去了解客户价值。"一位真正成功的创业者应该花费宝贵的时间和资源来切实了解自己的目标市场参与者营建客户价值认知以及改变这些价值的最佳途径。

对于新近创业的产品供应商来说,了解客户价值认知情况是必不可少的工作。这可与产品价值、供应商价值以及投资转换加以合成。格罗斯认为,产品价值是独立于供应环节的产品本身所带来的相对收益;而供应价值则是独立于产品本身的供应环节所带来的相对收益；投资转换是从既有的业务范围转向推行新业务所带来的成本与风险。当然，所有这些收益都是决策者对于目标市场的一种认知结果。格罗斯对影响客户认知价值的诸多因素进行了分类，即将其分为即时客户认知价值影响因素和预期客户认知价值影响因素。表3—3将这些影响因素列举如下：

**表3—3　　　影响客户认知价值的因素（括号中指的是消极影响因素）**

|  | 即时 | 预期 |
| --- | --- | --- |
| 产品 | 产品业绩<br>耐用性<br>适用性<br>一帆风顺时的业绩<br>（既有风险） | 新技术<br>产品的灵活性<br>后续产品<br>（长期风险） |
| 供应商 | 供应商业绩：配送技术、销售、服务等（促销价值、服务） | 供应商关系<br>技术途径<br>供给安全性<br>战略（供货能力） |
| 转换 | 新资本<br>培训<br>质量转变<br>沟通 |  |

　　优秀的创业者无论如何都会确保自己的产品包的客户认知价值高于竞争对手。对于创业者来说，了解上述各项因素十分重要。只有这样才能确保它自身的产品提供以及为其提供支持的所有营销要素在提升价值认知方面最大限度地发挥积极作用。如表3—3所示，不仅产品/服务本身构成了影响因素，支持性服务以及创业型企业本身给人留下的印象也都是重要的影响因素。销售人员、营销沟通、已开发渠道、产品包装、产品名称、一揽子服务，等等，都是影响客户认知价值的相关因素。对于B2B市场来说，真正的创业者有能力推行比竞争对手更高的定价。

**有效管理客户认知价值——SAS公司**

　　以独创性的方式采用了本章所讨论的诸多理念的SAS公司，是世界上最大的私营软件公司之一。该公司专为企业、政府和教育机构等目标市场提

第 3 课
定价：避免常见误区

供数据储存和决策支持软件系统。其创业营销的最终方案就是一个非常独特的软件定价战略。该公司的软件产品只能通过申请许可权的方式获得，而不是在市场中销售。根据其服务手册的规定："SAS 的定价战略旨在促进与客户实现双赢，并且与客户建立长期有效的伙伴关系。"公司明确宣示自己的定价政策："该战略旨在与 SAS 的软件客户就定价问题达成共识，因为客户有权中止更新许可权。"

SAS 的定价模式很独特，与其他主要软件供应商不同。其他软件供应商一般在销售软件产品的同时签署维护合同，它们的客户需要购买每一个新发行的软件，并需要为技术支持不断付费。其他软件供应商（特别是上市公司，或者是正准备上市的公司）希望短期内通过扩大销售来实现收入最大化。金融市场中的软件公司投资者未必会允许其定价超过 SAS 公司。

SAS 公司的许可权销售模式为：客户只需要在第一年支付许可权费用，以后每年再交纳一笔年费以更新和维续许可权。在 SAS 公司看来，年度许可权模式为客户提供了诸多好处：

1. 准入成本低（一般所需费用低于传统的购买/维护模式）。
2. 投资回报快。
3. 发行及时。
4. 技术支持。
5. 数据更新及时。
6. 许可权有效期内实现更新覆盖。
7. 以及时更新的最新技术确保客户投资的安全。

公司从来没有把客户当成是一年期的短期客户，而是当成需要为其提供长期优质技术支持和不断升级软件服务的对象。如果客户认为自己没有从 SAS 获得应有的价值，他们就可以选择离开。随着需求的不断改变，客户也可轻松添加或删除 SAS 软件的诸多构件。

我们来比较一下 SAS 与其他普通的软件公司的定价模式的异同。普通的软件公司一次性销售自己的软件产品，其销售业绩十分可观，然后就是每年向客户收取 15%~18%（以原产品的初始购买价为基准）的维护费。维护费有时还包括软件更新和升级费。这样的定价方式与客户认知价值相一致吗？其实不然。随着软件逐渐成为客户的必要执行工具和针对客户具体情况量身定做的工作手段，以及其不断的更新和升级，它在客户心目中的价值应该是在不断提升的。在成功地使用这些软件之后，客户对于软件的认知价值的把握应该比先前更为准确。如果使用不成功，则会出现相反的情况。由于存在这些风险，客户就不愿意在不知是否能成功使用的情况下预先投入资金，或者说，他们在成功使用前愿意投入的资金低于有了成功使用经验之后的投入。因此，许多普通的软件公司预先收取的费用，实际上就没有像SAS那样的租赁模式划算。

SAS的做法让其客户感到很满意，因此他们就愿意继续支付年费。SAS在这方面做得很成功。公司每年都能实现98%的客户续约率！这样，98%的收入就得到了保障。对于任何一家软件公司来说，这都是一个惊人的数字。公司还用这一续约收入作为业务扩展的基础。据已公布的数据资料显示，2004年，公司的年收入已逾15亿美元，是5年前的两倍多。拥有了充足的毛利，SAS还把30%的年收入（年收入，不是利润）用于研发，以便升级软件，从而不断满足客户需求，让他们更满意。

给SAS带来价值竞争优势的客户价值定位和定价模式，得益于一个卓越的员工团队，而这反过来也得益于市场导向型的员工政策。SAS看中的是员工的长期优秀业绩和对公司的高度忠诚。公司的员工政策包括一周32小时工作制、岗位津贴、无限制病假以及无条件支持体育运动等。在软件人才市场竞争十分激烈的罗利·达勒姆"研发三角地"（Raleigh Durham research triangle），SAS的人事变动率低于5%，而其他许多软件公司则在20%以上。

为何其他软件公司不模仿SAS的价值导向型定价模式呢？我们只能猜想：原因之一，或许就是太多的美国公司（及其出资人，包括股东）都过分着眼于短期内一次性销售可供长期使用的、日后会具有更高价值的、可带来更高租赁收入的软件产品；另一个原因可能是缺乏足够的勇气来面对客户，还要以合法的比例向他们索要自己的产品所带给他们的价值增值。我们注意到，一些新兴的网络应用服务供应商（ASP），如Salesforce.com公司所推行的就是价值导向型定价。我们希望有更多的创业者能从SAS的案例中得到激励，不必担心在制定价格政策时会忽略市场认知价值所带来的收益。

## 第 3 课
定价：避免常见误区

**由客户决定的定价**

基于客户认知价值而进行定价的另一种方法，就是让客户来定价。这包括各种拍卖、询价，甚至是更冒险的"随便给个价"。eBay 公司已经完全改变了拍卖的局面，该公司通过拍卖而获得的年销售额已超过 500 亿美元。在这里，每位客户都相信自己做了一笔划算的交易，尽管这里所拍卖的商品往往都是以高于市场均价的定价出售——额外的利润归卖家。

eBay 有好几种方法供客户自己定价：立即购买、拍卖和由 Half.com 公司供货等方式。在传统的拍卖活动中，出价人出价的时间期限是 7 天，卖家在此期间要在众多出价人中找到出价最高的人。出价最高的人直到拍卖活动结束时才能最终成为赢家——eBay 软件系统可自动按客户预先设定的要求来完成相应的任务，直到最后一刻才需客户本人出面。这套软件叫做狙击软件，可用于隐藏出价活动，直到最后一刻。但最终是客户决定了所拍卖商品的定价。通过收取保管费，卖家的毛利可得到保证，因此拍卖价首先要保证基本的保管费。卖家也可为那些不愿意等到最后一刻的买家开出一个"立即购买"价。其价位一般要高于先前拍出的同类产品的价格，尽管卖家在拥有多款同类产品的情况下，也有可能以更低价售出（更像传统的店面定价）。最后，eBay 还有 Half.com 公司，通过它，客户可以半价购买到书籍、CD 等其他商品。因为商品品相和卖家声誉对于买家来说都是最重要的因素，当前的许多流行商品就有了多种定价，这样买家就可以根据商品品相、卖家声誉、运输日期等因素来决定是否购买某一定价的商品。

在上述所有案例中，都是由客户来决定价格。这很像从前人们在买东西时会和每一位商人讨价还价——直到詹姆斯（James Cash Penny）开始在自己的店中给出明确的固定标价。在其他许多国家也是如此，定价只是一个起点。

在 Priceline.com，不是卖方定价，而是买方有权选择价格。你可以为纽约的高级酒店的房间出价，但可能是在对大量酒店进行比较后才作出。与此相类似的是，Priceline.com 和达美（Delta）等航空公司都有业务往来，因此可以让自己的客户有机会以自己认为理想的价格来购买机票。如果 Priceline.com 已完成了额定（以航空公司的固定定价）售票量，就可以在确保航空公司有钱可赚的情况下自行决定剩余机票的定价。因此，在这里，客户决定价格，但有时间和航线的限制。

通常情况下，客户手中的钱的用途可谓是多种多样，要比供应商更多样化。在这种情况下，精明的供应商就会提供差异化的定价空间，允许客户自己作出选择，与此同时也为自己带来了利润。这通常涉及资本/开支预算。当前的许多服务外包业务都要面临这一问题。

例如，Evolution Robotics 就推出了 LaneHawk 系统，可以通过 3 种不同的定价方案来弥补超市的损失。LaneHawk 系统发现，有些位于购物车底部的商品已付货款——或者出于无心之失，或者是有意为之。有些连锁店愿意预付所有的资本成本，以降低每月的软件维护成本。有些连锁店则不愿意支付资本成本，而是每月支付租金，在这种情况下，Evolution Robotics 就要将资金成本纳入其考虑范围，而客户则常常给公司带来高得多的总利润（超过 3 年）——与借钱或支付资本成本相比。同样，这也是由客户根据自己的偏好、资本状况和风险承受力来决定价格。

尽管并不是所有的创业型企业都允许客户来决定价格，当新产品/服务问世，而且也没有竞争对手要防范的时候，与传统的价格测试法相比，让客户来定价往往可以带来更多的利润。此外，当客户可以自行定价时，一些消极因素（如定价偏高）可能就变成了积极因素，因为这是客户自己的选择，这是客户的权利。

## 结语

在本章的一开始，我们就指出了通行的基于成本或竞争导向型的定价规则可能是"完全错误的"。我们认为，"模糊正确"的方法是，尝试确定能使自己的利润日后逐渐实现最大化的定价（可能是各种不同的定价）。一开始就要把价格定在合适的水准，这一点非常重要；因为一旦定价确定，要想在日后实施涨价将更为困难，尽管降价要容易得多。接着，我们介绍了上市和上市前（概念测试）定价法，以确定各种定价所造成的、关于可供选择的定

## 第 3 课
## 定价：避免常见误区

价与销售收入之间的潜在关系。对于许多产品来说，网络是非常完美的上市价格测试工具。

  我们提供了很多案例，以此来说明定价不仅能够而且应该结合营销组合中的其他诸多因素。营销组合和产品包都会对潜在客户的认知价值产生影响，这一认知价值反过来又会影响客户愿意购买产品或服务的理想价位。关于个人消费品，我们还举例说明了包装盒上的产品介绍的改变如何能够双倍提高同款产品的销售量——新的产品介绍主要是向消费者说明本产品所带来的实际好处，而原来的产品介绍则主要向消费者介绍产品的性能。我们告诉大家，使用价值认知影响着 B2B 的价格反应。以 SAS 公司为例，我们介绍了独特的营销组合和定价结构如何带来更高的客户认知价值。最后，我们在结论中说明了让客户自己来动态定价是多么的可行，甚至是理想的定价方式，因为这可以带来更高的毛利，也可以让客户更加满意。

# 第4课

# 分销渠道策略：坚持具有可持续的竞争优势

与过去常常使用的标准职能相比，技术对"分销决策"的潜在影响要大得多。分销活动可以实现产品包从创业者到客户及用户的成功转移，从而满足其相关需求。产品包不仅包括产品或服务，还包括一切协助终端客户形成认知的辅助部分，例如，外包装、上架产品陈列方式、店员对产品的介绍、终端用户价格、售前接待和售后服务以及价格选择范围等。创业型企业与终端客户是否需要中间商、怎样管理中间商，都会对产品包造成极大的影响。

如今的分销决策复杂程度之高，是15年前甚至10年前所无法想象的，就连产品包的不同部分都拥有自己独特的"分销"方式。在本章中，我们将向创业者提供某些概念性结构，帮助他们制定新颖而高效的分销方案，同时介绍其他创业型企业的成功经验。我们还将给出分销方案的评估办法，以便企业及时监测目标细分市场对产品包认知状况的影响。关于本章所涉及的分销渠道决策的宏观逻辑结构，参见图4—1。

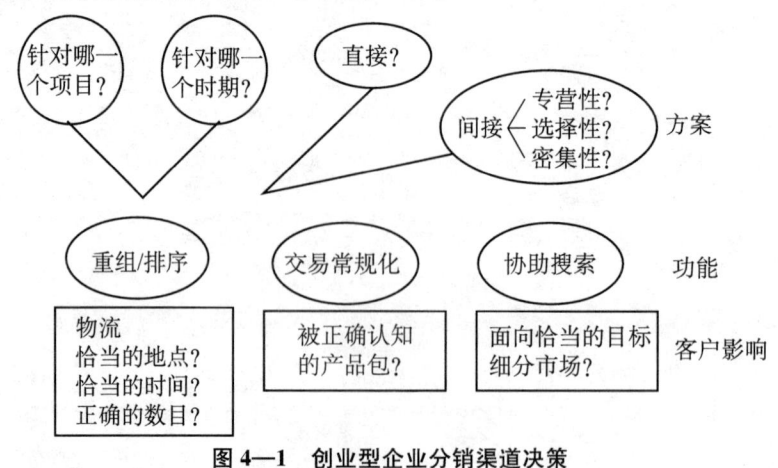

**图 4—1　创业型企业分销渠道决策**

为了帮助创业者制定合理的分销决策，不妨先来了解一下分销体系不可或缺的基本功能，然后再就如何选择产品包各辅助部分的分销渠道提出补充方案。

## 分销体系的基本功能

就一般情况而言，绝大多数情况下都要运用物流。不管怎么说，产品或服务的流向只能是终端客户或终端消费者，且产品或服务的交易地点、时间和数量都不能有丝毫差池。附着于物流之上的分销战略，也会给客户认知产品包带来潜移默化的影响。如前所述，产品包的好坏往往决定着分销活动的成败，为此公司在制定定位和市场细分战略时，应当充分考虑客户的身份、购买意愿、产品认知等方面的具体情况。

利用中间商来执行一部分规定功能，不仅更有效，而且更为经济实用。莱兰（Pitt Leyland）、皮埃尔（Berthon Pierre）和让-保罗（Berthon Jean-Paul）等学者提出，为了提高分销渠道效率，中间商应具备如下三项基本功能：

1. 重组/排序。
2. 交易常规化。
3. 协助搜索。

下面依次加以分析。

重组/排序，是指通常情况下中间商为完成物流而进行的全部活动，生产者一方更希望提供品种少、数量多的商品，而客户一方则更需要获得品种多、数量少的产品包。这些活动包括产品筹备、按客户需求分组、从多家供应商处进货、通过"整批拆售"满足客户的小批量需求，以及对来源不同的产品或服务进行重新打包。

交易常规化，是指产品和服务的规范化以及交易的自动化，不仅可以免去反复讨价还价之苦，还可以方便终端客户货比三家。在某种情况下，由于产品供应实现了完全自动化，所以当库存不足时下订单完成补给即可。

协助搜索，是指中间商为了方便销售者寻找客户、帮助客户买到质优价廉的产品而提供的基本协助。传统零售商在货架上摆放着来源不同的产品，使消费者在购物时更能做到心中有数。就一般情况而言，中间商能够同时减少买卖双方的不确定性。一位优秀的中间商既可以帮助创业者了解客户的心理和需求，又可以帮助消费者买到称心如意的商品。

很明显，互联网已逐渐成为搜索过程的主导者之一。搜索功能可以实现网上订货，也为买卖双方的互相寻找提供了便利。常见的搜索工具有 eBay、谷歌、Pricescan、Mysimon、Cnet、Expedia 以及 Verticalnet 等。

**分销方案评估——一个非中间商的例子**

技术为创业者履行上述功能提供了更多的选择。互联网给数码产品的分销带来了一场革命。如今，艺术家可以亲手打造数码唱片（一些音乐人早就开始这么做了），然后直接从网上出售给消费者。现在，非中间商由于与艺术家和消费者之间都有直接关系，正逐渐取代原来的唱片公司、唱片分销商、批发商及零售商。如果客户非常清楚自己所需要的是哪位艺术家的哪张唱片，就可以直接上网购买。

乍一看，似乎艺术家们都应该追随非中间商，上网直接分销他们的音乐制品才对。这样既不用向经纪人支付酬劳，又能和消费者建立直接关系，意味着同样的付出将获得更多的回报（最终赚更多钱）。艺术家们还可以制定忠诚度计划来回馈和激励最佳客户，如音乐会专座或纪念品等。老客户推荐新人加入的话，还可以获得相应的增值优惠。然而，这只是非中间商策略的一个方面，真实情况其实要复杂得多。

首先，艺术家们的网站怎样才能引起消费者的注意？为了增加访问量，不少网站不惜投入数千万美元，对于艺术家个人来说，他们能够轻易做到吗？其次，对于那些尚不了解艺术家及其音乐的潜在消费者来说，在决定购买前要不要把同类歌曲都试听一遍？对于那些特别关注所下载数码产品质量的人来说，怎样才能知道唱片质量的好坏呢？对于数码音乐盲或者无法实现下载的人来说，又该怎么办？难道这些人都不在艺术家的考虑范围之内吗？凡此种种，都需要创业者在新产品上市或新业务发布时，小心谨慎地制定有关分销的难度最大且最为重要的决策。

## 第4课
### 分销渠道策略：坚持具有可持续的竞争优势

在评估分销方案时，千万不要忘记前面有关功能部分的说明。如果创业者定位精准且细分得当，就应该比较容易确认待评估方案的价值。不过，由于方案本身会受到技术革新及情势变更的影响，因而企业必须进行跟踪评估。说到这里，我们不妨继续对数码音乐案例展开深入探讨。

艺术家本身是否形成了一个细分市场？他们的目的是聚集一小撮铁杆粉丝，还是丰富大众的精神生活？对于上述目标选择问题的不同回答，可能会形成不同的分销战略，然而战略决策的复杂程度还不止于此。目标群体对于网络上的数码音乐制品有多大的购买欲望？即使将目标定为铁杆粉丝群，直接网址代码仍可能派不上用场。想想看，铁杆粉丝知道具体网址吗？他们有下载和播放数码音乐的工具吗？他们对于网络上的数码音乐制品有购买意愿吗？又该通过什么途径来表达这种购买意愿呢？可见，在创业者作出决策之前，有必要事先对消费者进行概念测试，从而更好地了解他们关于产品包的真实想法。

分销决策带给市场细分的影响尤为深远。创业者可以借助有关分销渠道，面向多个目标市场同时实施那些本轻利厚的计划。从理论上讲，最好选择一条得到目标市场一致认可的分销渠道，还要让消费者感受到，向创业者透露其自身的信息来源和消费方式并不是一件麻烦事。如果上述信息符合公司的预期定位及成本效益，那就不妨针对不同的目标市场采取灵活多样的分销方案。不过，接下来所面临的棘手问题是，对于新鲜出炉的直接供货计划，目前本公司乃至竞争对手的分销渠道将作何反应？为了解决这个问题，我们需要一种截然不同的评估方法。

非中间商方案多半会令分销商牢骚满腹。如果对方实力雄厚，你的音乐直销空间就会变得非常狭窄。如果对方因此心生怨恨，就会拒绝出售那种网上提供同步下载的音乐制品。可见，只要你还不愿放弃传统CD的销售方式，就必须设法获得分销商的认同。更进一步说，如果你留用了分销商中的一部分人，这部分人就有可能跟其他零售商和分销商发生冲突——例如，在网上销售与店铺销售之间。如果两派中间商的矛盾无休止地持续下去，公司就会有大麻烦。

还有一系列其他问题与你的定位有关。产品定位应当在最终向终端客户展示的产品包中有所体现。有效的分销战略能让终端客户如你所愿地认知产品包，并通过产品包了解你的公司。你希望终端客户从众多艺术家的作品中精挑细选，还是一眼就相中你所提供的产品？他们是否在意不同的音乐载体——如数码下载、压缩磁碟、数码录音带等？他们将采取怎样的评估方式？他们会不会全都试听一遍？他们是否希望在购买前听到关于音乐的中肯评价？他们更常用的付款方式是刷卡还是通过第三方支付平台如贝宝（PayPal）在线支付？邮寄包裹行不行？如果无法下载，他们可以接受的送货周期是多长？如果提供下载，网速又该是多快？

在通常情况下，分销体系加工后的产品包对于创业者来说永远不是"最佳"，必须在非最佳产品包与可用分销方案预算之间加以权衡。有鉴于此，创业者要么增加投入、提高产品包的潜在收益，要么安于现状，凑合使用成本较低的非最佳方案。其实，只要做好了针对目标群体的概念测试，并且掌握了本章所传授的重要概念，作出合理的选择就应该不成问题。

**分销体系规划的其他方面——直接与间接**

前面所讨论的有关网络音乐销售的非中间商案例，只是直接分销的一种情形。与制造商的销售代表和你自己的销售人员类似，分销体系既适用于直接销售，又适用于产品到达终端客户之前的各级中间环节。创业者所规划的分销体系，也不得不在这种直接与间接之间反复权衡。分销体系对交易的影响部分表现在可变成本与固定成本、联络效率与联络效果、控制度、市场覆盖面与目标选择能力，以及提供给终端客户的个性化服务水平等方面。表4—1给出了两种分销体系在功能上的差异。

表4—1　　　　　　　　　间接与直接分销体系

| 间接分销体系 | 直接分销体系 |
| --- | --- |
| 可变成本 | 固定成本 |
| 联络效率 | 联络效果 |
| 控制度 | 控制度 |
| 覆盖面 | 目标选择 |
| 个性化服务 | 个性化服务 |

由于中间商在取得商品所有权后一般会抬高价格，或者按照经手数量收取报酬，因此分销成本往往具有可变性。对方通常不按照经营所需的固定成

本向你索价。不过，有的中间商的确规定了最低接手数量——相当于征收了部分固定成本。与之截然相反的是，直接分销通常含有仓储、财务等管理方面的固定成本。固定成本的发生与产品实际销量无关，带给企业的风险自然更大；而可变成本仅在销售完成时发生，具有降低风险的作用。可见，直接分销的风险通常大于间接分销。不过，须知低风险有低风险的代价，有时这种代价还会大得让人无法接受。

间接分销通常更能促进商品向最终消费者的快速流动。通过对来源不同的产品或服务实施联营，中间商能够更有效率地实现前述分销功能。但是，由于中间商也对产品包拥有一定的控制权，所以联营不大可能使你的产品获得最佳包装。当然，一旦创业者掌握了更大的控制权，就会竭尽所能实现产品包的最佳化——这通常能够有效地为产品包附加认知价值。有了这种附加控制权，企业就可以在直接分销中开发出个性化更强的产品包，以满足不同潜在客户的需要。总体而言，间接分销商出于产品联营的考虑，通常很难做到个性化服务。

## 拥有你自己的分销体系
——最有力的控制

一些面向终端用户的顶级销售商［如面向消费者的沃尔玛及好市多（Costco）超市，面向食品服务中间商的美国西斯科公司（Sysco）等］发现，推销自有品牌产品可以改变他们在利益链条中的地位。大多数客户信赖这些销售商，并将这种信赖转移到他们的产品身上。举个例子，Sam's American Choice 品牌在沃尔玛超市的销售业绩就不错。从竞争的角度来看，这些顶级销售商个个实力雄厚，宁可牺牲系列产品中的其他品牌来推销自有品牌。同样是向客户"推广"产品，其他品牌所投入的资金要远远高于销售商的自我推销。行业中普遍认同的观点是，宣传产品卖点往往最能激发消费者的购买欲望。而宣传方案的制定者恰恰是销售商，而不是品牌制造商。

对于不少制造商而言，拥有自己的分销渠道是个不错的选择。虽说购买或建立分销渠道往往成本高昂，但没准会对有利可图的产品及宽泛的产品系列有用。只有终端客户被你的渠道所吸引，进而光顾你的店铺或销售点，你自己的分销渠道才能真正派上用场。当然，还需要在终端用户的购物经历的掌握方面进行权衡。

**VS 及 the Limited Brands 的自营店铺渠道战略**

VS 及 the Limited Brands 所拥有的过人竞争力，源于其对于自身在美国国内所有店铺的所有权和完全控制权。消费者在购物过程中亲身体验到的服务态度、产品陈列和价格水平，都是产品定位的关键因素。the Limited Brands 将大部分自营店铺（Victoria's Secret、the Limited Brands、Bath and Body Works 等）设在相仿的购物中心内，所以有权要求商场老板提供优越地段和优惠租金。以 VS 的竞争对手为例，他们根本负担不起照搬"自营店铺"战略的成本。这些自营店铺积聚起来的超高人气，是 VS 始终保持竞争优势的源泉之一。

自营店铺战略的实施过程，也是 VS 及 the Limited Brands 进行全球化扩张的一个缩影。该公司 CEO 韦克斯纳将现有资源投入长期收益最大化的领域，为战略的顺利启动赚取足够的资源成本。这种全球化扩张无须同各国中间商建立复杂的伙伴关系，也不受经纪人、一般代理人等任何第三方的控制。公司逐渐感到，应该有比全球化扩张回报更高的资源利用方式。于是，他们开始生产新型美式产品，以便能够以更小的投入来（与实力相对）开设新店。例如，他们正在 Henri Bendel 百货公司及 C. O. Bigelow 药店推出一套新型美容系列产品。C. O. Bigelow 于多年前创建于康涅狄格州格林威治，其成功经验目前已经成为 the Limited Brands 店铺经营理念的一部分。

VS 针对女大学生所推出的"pink"系列时尚内衣，在旗下店铺均有销售。公司通过对既有客户及潜在客户的市场细分研究发现，年轻人更加向往休闲的生活方式，这才形成了反映这一潮流的"pink"创意。公司在 VS 专营店的店面布置上贯彻了"pink"的主题，然后仿照 Bath and Body Works 的做法，将该理念向其他自营店铺进行推广。"pink"系列产品刚开始仅供10 家店铺销售，继而根据客户意见进行修改，扩展到 30 家店；再修改，再扩展到 100 家店；最后实现了对所有店铺的覆盖。与其他快速消费品公司的传统观念或市场测试相比，运用上述做法测试新产品不但成本更低，而且效果还更好。在不到两年的时间里，"pink"系列产品的销售额就已经高达5亿美元！这是一个很难超越的奇迹！控制销售过程，对新店及新产品创意进行低成本、高效益的市场测试，是 VS 始终保持竞争优势的又一源泉。

VS 发现公司网站足以满足全球市场的需求。由于销售业绩已经证明了增量成本（极小）投入的合理性，因此他们继续通过网络为全球客户服务。在此期间，公司并没有放松对产品介绍与销售过程的控制，还在国外进行过一些成功测试。只是目前的成功经验尚不足以说明，国内热销的产品在国外能照样热销。公司很快就会在全球范围内的免税商店进行产品测试。一旦测试成功，这些产品就将在保持原品牌不变的前提下跻身海外市场。

下面将要考虑和评估的分销渠道方案，虽然在控制连续性方面稍显逊色，但仍旧保留了排他性分销方案的部分优点。

**鼠标加砖块**

在通常情况下，拥有或掌控自营店铺或传统物流相关因素的公司会充分利用网络，以尽可能低的成本为客户提供尽可能多的价值。作为一种出奇制胜的手段，这种被称为"鼠标加砖块"或者"虚实结合"的战略在实践中日趋普及。例如，巴诺公司（Barnes and Noble）运用实体店铺和网络资源，同缺少实体店铺的亚马逊公司展开角逐。博德斯公司（Borders）在维持实体店铺正常运转的同时，与亚马逊网上书店共同强化网络分销实力。图书音像购买者的消费心理各不相同，例如，有的人对网络书籍情有独钟，有的人却对纸质读物爱不释手。不过，对于那些热衷于上网的人来说，肯定还要在阅读的同时干点儿别的，而且通常会对网络促销或者电邮发来的优惠券感兴趣。促销是实体店铺和网店常用的揽客策略，但亚马逊绝不会和实体店铺直接争夺那些无意网购的客户。另外，亚马逊在供货及物流方面的投入要低于巴诺，因为他们不必支付仓储费、店面租赁费和营业员工资。虽然两者同样从事图书销售，但却拥有针对不同细分市场的不同的产品包。

同其他营销资源分配决策一样，在销售和分销组合中利用网络资源时，对增量成本及增量收入（还包括竞争形势）的预期应尽量做到准确无误。例如，百视达公司（Blockbuster）为了应对 Netflix 的挑战，从 2004 年开始提供在线 DVD 租赁服务，并规定实体店铺一概免收滞纳金。通过为在线用户赠送优惠券，提供每月两次的实体店铺光盘免费租借机会，从而实现了两种业务的"虚实结合"，使在线用户有机会走进实体店铺，并在那里购买、租借甚至交换游戏和旧光盘。在线业务运营之初，百视达将月使用费定为14.99 美元，比 Netflix 公司 17.99 美元的定价要便宜 3 美元。随后，由于新项目开发成本过高以及 2005 年电影租赁业的萎缩，百视达公司遇到了前所未有的财务压力。根据《华尔街日报》2005 年 9 月的评论，"据悉，20 世纪福克斯电影制片厂，明确表示将在百视达无力偿债时采取金融避险以求自保"。事实证明，百视达公司 2004 年所实现的增量收入，根本无法弥补由于投入新项目所带来的增量成本。公司从 2004 年实施新项目开始就不再盈利，公司股票到 2005 年 10 月更是跌至谷底。可见，与其在有限的竞技场上鏖战不休，不如设法迫使竞争对手（如 Netflix）另辟蹊径。由于 Netflix 当时采取了薄利多销的经营模式，因此能在这场激烈角逐中稳赚不赔。相反，百视达公司通过免费租赁及月租优惠业务所实现的收入，显然不足以弥补在线新业务的开发及维护成本。

做好"虚实结合"的秘诀在于，切忌盲目地将整个计划铺开。正确的做法是，对项目样品的使用情况进行抽样调查，对项目结构不断进行调整优化，对增量收入和增量成本进行评估，在条件具备且有利可图时加以逐步推进。如果结果不尽如人意，请重复上述步骤，直至实现既定目标。我们将上述过程称为适应性试验。适应性试验是高效的创业者必须掌握的重要概念，后面还会涉及更多与适应性试验有关的概念。

### 几种排他性分销方案

许多企业至今仍对排他性分销方案不屑一顾。他们想当然地认为，自己应该使用和同行完全一样的渠道，没有多余的精力来考虑排他性方案。其实，排他性方案会随着分销渠道的选择和时期的改变而有所差异。专营性分销和密集性分销是排他性分销的两个极端，居中的是选择性分销。专营性分销赋予零售商或中间商在特定空间和特定时间内独家销售产品的权利。在过去，空间通常仅指地理空间（如国家或大都市区），如今又多了一个可供少数网络零售商专营的虚拟空间。选择性分销赋予特定区域内的部分实体销售产品的权利，但同时限制了可选群体数量。密集性分销则意味着来者不拒，让所有希望销售产品的人都能如愿以偿。在创业者选择不同的排他性分销方案和分销渠道时，需要进行多方面的比较。首先，和创业决策一样，关键是看各种方案的创新性。其次，排他性分销属于分销方案的一种，因此也应作为创业过程的一部分加以制定和评估。表4—2给出了不同程度的排他性分销的权衡因素。

表 4—2　　　　　　　　　　排他性分销

| 专营性分销 | 选择性分销 | 密集性分销 |
| --- | --- | --- |
| 批发更方便 | 代理商竞争 | 覆盖面高 |
| 控制力更强 | 代理商忠诚度更低 | 服务便利 |
| 各方利润更高 |  | 控制力更弱 |
| 销售点竞争更少 |  | 店内推销活动更少 |
| 店内推销活动更多 |  | 需要更多的大众推广 |
| 范围更小 |  | 范围更大 |
| 渠道联系更多 |  | 销售周期更短 |
| 成员价值高 |  |  |
| 最低销售额有保证 |  |  |

# 专营性分销

绝大多数企业尚未完全意识到专营性分销方案的众多优势。其首要优势在于，如果你能提供排他权，通常就更容易独占一条分销渠道。对于大多数中间商而言，它们可以利用这种排他权让你的产品包实现增值。以互联网为例，如果你只向一家网站提供产品专售，那么这家网站就不必担心来自其他网站的价格竞争。网络控件的搜索功能增加了价格竞争的风险，因为同样的商品总有一件售价最低。专营性分销不仅使产品销售更加容易，有时还能在竞争中为企业获取更多收益。排他权的获得一般通过协商决定，条件是分销商预先支付部分定金，或者确保最低销量以维持排他权。

### 利用专营性分销融资——信息资源公司

在 20 世纪 80 年代初期，约翰·马莱克（John Malec）和格里·埃斯金（Gerry Eskin）创造了一种有潜在价值的方法，用来帮助快速消费品公司评估电视广告改动对增量收入的影响。针对小规模市场范围内的有线电视观众，他们开发出一种无须借助电视信号即可运用的专利技术。其操作原理是，为家用有线电视机安装机顶盒，并将计算机系统植入负责接收微波程序信号的有线系统"首端"，从而在收看同一节目的电视观众面前播出不同的广告。除了广告锁定能力，他们还专门成立了消费者调查小组，通过发放可以记录食品店和药店消费信息的磁卡，对当地住户的购买行为实施监控。随后，监控系统会根据广告改动前后消费信息的变化情况，对此次改动效果进行有效评估。由于系统忠实记录了住户对特定品牌的消费倾向，因此按照品牌选择适合的实验对象并不困难。

行为监控理念能够有效控制大规模的广告投入，对于广告主来说具有很大的吸引力。举个例子来说，在确定了两组符合条件的实验对象（广告投放量相差 50%）之后，就应该在设计实验时剔除所有其他可能的干扰因素。

这一创意激发了大型消费品公司为技术开发提供资金的兴趣。在正式实施市场运作以前，马莱克和埃斯金向有关公司提供了相关技术及其专利证明，并承诺在对方预付技术开发及实施费用后授予其专营权。马莱克和埃斯金在没有借助任何外部融资的情况下，利用消费品营销者的竞争心理，终于成功获得了技术开发所需的资金支持。同时，在难以利用传统途径筹集资本的条件下，向潜在客户授予排他权不失为一种极具创意且成本低廉的融资方式。

### 专营性渠道评估

通过授予专营权，你的产品可以和渠道成员所承销的其他产品密切配合，形成一种双赢局面。如果定位一致，你的产品就能强化其他产品的定位，同时让你从中获益。比如说，高档产品通常会在各地"指定"自己的"独家"经销商，而"独家授权"甚至已经成为高档产品的代名词，我们在

## 第 4 课
### 分销渠道策略：坚持具有可持续的竞争优势

天价手表和流行时装等领域不难发现这种结合趋势。

渠道成员在拥有专营权之后，往往更有动力向下游分销商或终端消费者"推销"产品。"推销"包括开展促销、展览（如专柜、展区）、广告宣传等活动。对于渠道成员来说，拥有专营权犹如吃下一颗定心丸，既不用担心来自竞争对手的威胁，又无须向任何人支付"推销费用"。另一方面，如果该产品备受消费者青睐，广告宣传不仅可以给渠道成员带来更多新客户，还可以同时促进渠道内其他产品的销售。一些实力雄厚的零售商逐渐认识到，专营权对于形成产品特有的高认知价值意义匪浅。例如，美国家得宝公司（Home Depot）特意制造出一大批产品，用来吸引新客户的眼球并促使老客户持续消费。该公司独家承销的除湿器系列产品，也由于深受消费者杂志好评而客源广进。由于取得了制造商的独家授权，公司因此根本不用担心新客户会被对手抢去。没有了这种渠道竞争，渠道成员和制造商双方就可以通过这种独家经营赚取更多利润。此外，只要制造商手握独家授权书，就能对分销商的经营行为施加更强的控制。在很多情况下，分销合同中不仅规定了分销商承诺的最低购买量，还包含对"推销"成本及方式的说明。不过，专营性分销方案也是有缺陷的。

如果专营性分销合同期过长，就会逐渐受制于渠道成员。合同签订之后，只要渠道成员严格遵守相关条款，你就无权再对他们发号施令。这种情况通常发生在企业准备打入国外市场，并授权进口商或国外分销商提供全方位服务之际。一旦集装箱离开企业所在国，便转由进口商或国外分销商对产品全权负责。企业大多对于出口产品的销售潜力（潜在认知价值）知之甚少。进口商恰恰利用了这一点，并在合同中仅仅给出某种价格优势承诺，却对其国内具体定价及其他营销要素讳莫如深。合同还会同时规定年最低购买量，外加一个超长期限——常常是10～20年，有时甚至规定终生有效，以此来维持其专营权。如此一来，进口商在履行了所承诺的最低购买义务以后，就可以随意处置到手的产品了。它们有时会以次充好，用盗版损害该产品的品牌形象，有时又会开发出替代品，与正版产品展开不正当竞争。

我们曾接触过不少进入美国市场二十余年的外国公司，其中包括大量以色列企业，并亲眼见证过这些以色列企业为了打入美国市场，委托进口分销商打听本地通晓希伯来语的生意伙伴。孰知接受委托的专营性进口商或分销商却向企业宣称,"根据惯例",在这种情形下理应规定一个较长的专营性分销期,比如说20~30年。结果,由于该专营性分销商缺少开展业务所需的资源,最终令以色列企业损失了数百万美元的机会成本。很多美国企业在进军海外市场(特别是语言文化差异较大的地区)时也曾有过类似经历。可见,在关注营销方案的其他要素的同时,也应充分重视分销渠道决策的研发与评估。

在签订长期专营性协议之前,你应该了解你的市场,了解消费者对产品的态度,并合理规划产品的认知价值及定价方案。你必须和专营性分销商建立一种长期合作关系——这就像是婚姻,唯有在仔细甄别和认真考察之后,方能作出明智之选。

**专营性项目**

为了缓解不同渠道成员或零售商之间的价格竞争,部分企业采用了所谓的专营性项目。他们把产品型号间的差别做得很小,按型号授予零售商或渠道成员一定范围内的专营权。专营性项目虽不具备排他性分销的所有优点(见前文表4—2),在不少行业中却成为绝大多数企业进入市场的途径。例如,中高档家具制造商生产出不同型号的产品,并将不同型号的专营权授予美国各大都市区域的零售商。享有项目专营权的零售商们发现,项目战术使客户在购买前很难做到货比三家,为了在即将来临的网络销售中立于不败之地,牢牢把握专营性项目的分销权才是上善之选。

# 密集性分销

密集性分销是分销方案的又一个极端,意味着让所有希望销售产品的人都能如愿以偿。冲动型消费品如糖果、点心等,一般都很适合采取密集性分销方式。但为了获得成功,你需要让消费者了解产品情况并认知产品价值。产品在成功出售给消费者之前,需要在货架上与同类产品一争高下。传统的非中间商推销方式,不过是在促销活动和广告宣传上投入数百万美元。作为创业者,我们有省钱的新方法,那就是在广告、促销及公共关系活动中,运用密集性分销等渠道来推销产品，尤其是时尚产品。

肯·伯田（Ken Hakuta）是一位密集性分销的高手，他在20世纪80年代中期"爬墙怪"产品的营销过程中，创造性地实施了密集性分销方案。运用闪电战方式，肯·伯田首先建起一个遍及全美的公共关系网络，成功地迎合了众多消费者的需求，也让美国所有零售店都跃跃欲试。"爬墙怪"物如其名，是一些用塑料制成的小章鱼，扔到墙上就会腿压腿地沿着墙壁慢慢下行，并在CBS晚间新闻中被誉为"最新时尚"，从此名声大噪。

肯·伯田明白机不可失的道理，决定利用当时日益膨胀的消费需求，在最短的时间内让更多的"爬墙怪"走进更多的商店。他意识到，尽管已经获得了日本制造商的"独家授权"，但很快就会面临来自廉价冒牌货的挑战。为尽快实现大规模的分销，肯·伯田没有组织自己的销售人员和分销团队，而是授权玩具和小商品分销商直接向零售商推销产品。分销商将整个分销体系发动起来，将产品迅速转售给那些要求加入行动的零售商。同时，这些分销商还会收到一份额外提成，作为加入分销渠道的回报。在这种间接分销情况下，尽管单件产品的收益低于直接分销，却创造了比直接分销多得多的利润总额。在不到一年时间里，"爬墙怪"共售出两亿多个，不仅利润总额远远高于直接分销，而且成功地回避了廉价冒牌货可能带来的威胁。

肯·伯田利用中间商和分销资源的另一个原因是，他意识到"爬墙怪"的生命周期有限，不能采取缓慢的直接销售方式。反过来说，如果当初计划销售的不是"爬墙怪"而是长期性产品，那就应该选择直接和大众零售商签订合同。事实证明，肯·伯田的果断决策是正确的，在短短一年时间里，"爬墙怪"为这位白手起家的天才创造了数千万美元的利润。

## 选择性分销

选择性分销介于专营性分销与密集性分销之间，是指赋予部分而非全部零售商销售产品或服务的权利，而你依然保留着部分控制权：违反合同规定的零售商，将面临产品被收回的威胁。此外，在产品形象的塑造方面，你也更有话语权。只有与营销组合中其他要素彼此联合，共同服务于公司合理定位及市场细分计划的方案，才是最佳的选择性分销方案。布鲁克斯体育用品公司（Brooks Sports）就找到了一种同耐克相抗衡的办法，并在其营销组合中成功运用了包括选择性分销方案在内的相关要素。

**成功定位及细分战略下的选择性分销——布鲁克斯体育用品公司**

1994年，当海伦·罗基（Helen Rockey）离开服务11年的耐克公司来到布鲁克斯时，该公司内部正一片混乱。事实上，布鲁克斯公司也曾在20世纪70年代末的迅速成长期取得过辉煌成绩，但自从20世纪80年代以来，赶超耐克便成为公司的工作重点。为此，该公司将产品种类扩展到篮球、健身球、棒球等，还签约丹·马里诺（Dan Marino）和詹姆斯·沃西（James Worthy）等大牌运动员以推销公司70美元一双的运动鞋，这就犯了和Superscope公司（见后文）一样典型的错误，即通过削弱分销渠道的影响来实现收入的最大化。对此，《福布斯》杂志这样说道：

> 为了努力变成一个微型耐克公司，布鲁克斯不惜四面出击。当生意每况愈下时，公司开始使用廉价原材料，还把运动鞋以最低价卖给凯马特（Kmart）之类的折扣零售店，最终低至每双20美元出售。结果，布鲁克斯品牌在慢跑锻炼者客户中名誉扫地，从1983到1993年10年间损失了大约6 000万美元。罗基说，"我想我还没搞清楚状况"。

罗基制定出一种截然不同的市场营销战略，以便将布鲁克斯品牌跟其他竞争对手区分开来。她重新着眼于布鲁克斯公司的传统优势，决定推出面向真正的跑步爱好者的鞋类产品。罗基对品牌定位及市场细分的改变，同时也带来了新型营销组合的所有组成要素（包括分销方式）的改变。这一新战略充分体现了布鲁克斯的传统优势，例如，远东供应商、设计水平和一位爱好跑步的新任CEO即她本人。

对于全新定位的布鲁克斯系列产品来说，最好的出路就是设立适合跑步爱好者的跑步鞋专卖店。罗基力图使产品变得更有魅力，既对终端购买者和跑步爱好者有吸引力，又对跑步鞋专卖店的零售商有吸引力。为此，她动用了营销组合的所有组成要素，特别是产品本身及其定价，以及特殊的选择性分销体系。她首先将远东供应商由20家缩减为3家，这3家供应商制作高档运动鞋的水平是最高的；并重新设计了系列产品，以确保能够吸引真正的跑步爱好者。随后又大幅度提高了建议零售价——将价格抬高到120美元。跑步鞋专卖店的利润率为45%，只要保证其他对手不会削价竞争，这个利润率就相当不错。于是轮到布鲁克斯公司的选择性分销大显身手了。罗基必须控制所有的零售渠道，以确保它们之间不会恶意削价竞争。具体方法是，确保只有跑步鞋专卖店才能获得货源，而折扣商店没有这个能力。在实施重新定位伊始，罗基还亲自走访了几家主要的跑步鞋专卖店，告诉他们这样做是为了重塑品牌形象，从而实现双赢。

上述重新市场细分及定位也得到了该公司营销组合中其他要素的支持。该公司销售人员协助零售商举办跑步培训班，教会零售人员如何将合适的鞋子推荐给客户，还时常派遣专业人士出席大型跑步鞋展销会。公司不再大肆吹嘘自己的产品，而是向两百多名跑步运动员免费赠鞋；当然，这些获赠者都是知名跑步团体的灵魂人物。由于目标市场细分排斥大众传媒，因此公司只能利用那些能够影响目标对象的媒体。另外，布鲁克斯公司每年投入的宣传经费不足100万美元，用于在《跑步者世界》(Runners World)、《跑步时代》(Running Times)等专业杂志上刊登广告。上述改革措施最终挽救了公司，根据1999年《福布斯》杂志的介绍，"在过去4年中，布鲁克斯公司的销售业绩激增了30%，并有望在明年达到1亿美元。去年（1998年）的营业收入（资产折旧、利息支出、税款缴纳前的净收入）一举突破400万美元，而1997年仅为300万美元"。一些品牌也许不适合密集性分销，事实证明布鲁克斯也不例外。公司既无法摆脱竞争威胁，也无力超越强大的耐克或者锐步。然而，只要虚心面对自己的不足之处，选择符合产品定位及市场细分需要的营销组合（包括选择性分销方案），就一定能够实现公司利益的最大化。

**一个选择性分销的例子——典藏厅爵士乐团**

艾伦·贾菲（Alan Jaffee），这位在新奥尔良创立典藏厅爵士乐团的创业者，非常了解选择性分销带给产品认知价值的影响。为了复兴迪克西兰爵士乐，贾菲不断说服昔日的爵士乐明星复出，并对他们进行专业培训和重新包装。在艾伦·贾菲看来，典藏厅爵士乐团的追求目标应该是艺术，而不仅仅是娱乐，所以他只允许乐团在艺术氛围浓厚、娱乐成分较少的场馆中进行公开演出。例如，乐团总是在 Tanglewood 或 Wolftrap 音乐节上亮相，却从不在舞台摇滚或爵士音乐会上露面。即使是上电视，也只会出现在 Bell Telephone 节目中，你绝不会在周末综艺节目或娱乐节目中发现该乐团的身影。如果你曾经欣赏过该乐团在 20 世纪 80 年代末或 90 年代初的表演，就肯定忘不了那位在纯黑人乐队中吹奏大号的矮胖白人，他就是艾伦·贾菲。该乐团传统而高雅的定位还体现在乐团大本营——新奥尔良波旁街区的典藏厅的装潢上："大厅"只是简单装修过，里面随意摆放着几把为观众准备的长凳，而且不供应酒水。因为表演者希望观众可以心无杂念地倾听爵士乐，从艺术的角度来欣赏它。就这样，此前有过 Gimbels Department 市场营销经验的艾伦·贾菲，将典藏厅爵士乐团的定位渗透到表演活动的方方面面，从而成功地推广了典藏厅这一特色"产品"。

## 增值分销商

许多 B2B 的产品都会通过选择性分销渠道得以上市销售。制造商经常会与增值分销商（value-added resellers，VAR）联络，委托他们为自己的产品附加其他产品及服务，以解决客户在产品使用过程中所遇到的问题。增值分销商与制造商的销售代表非常相似，本质上都是一种销售机构。增值分销商提供的附加值表现在，他们为客户提供了配套的产品或服务，成功地解决了客户所遇到的问题。对于那些需要配套使用的技术产品来说，往往需要借助增值分销商所提供的选择性的、坚持间接分销渠道的整体解决方案来进行销售。在实践中，终端客户都不愿意从制造商那里直接购买零配件，而是希望从增值分销商那里购买到整体解决方案。在这些情况下，增值分销商几乎等同于制造商的终端客户。因此，制造商需要认真领会增值分销商的需求，并向他们提供增值空间较大的产品。

**一个增值分销商的例子——Nice Systems 有限公司**

Nice Systems 是一家创建于以色列的创业型企业。1991 年时该公司总资产不足 1 000 万美元，通过在全球范围内实施增值分销商战略，到 2005 年已经拥有超过 2.7 亿美元的资产。长期以来，公司主要生产适用于语音电话设备的集成数码录音及质量控制系统。公司将语音声源转化为数码格式，并向客户提供电话历史记录搜索服务；公司产品可以满足呼叫中心、交易场所、航空交通管理、公共安全以及安保领域的市场需要。考虑到产品类型单一的实际情况，公司果断采取了选择性分销方案，并分别和不同市场中的增值分销商建立了合作关系。例如，对于交易场所，公司确定了英国电信（British Telephone）、西门子、IPC Information Systems 等几家企业；对于呼叫中心，则确定了阿尔卡特（Alcatel）、Aspect Telecommunications、罗克韦尔（Rockwell）、朗讯科技（Lucent Telenologies）等几家企业。总之，这样做的目的在于有效利用每一个增值分销商团队，使本公司产品顺利融入整个通信产品市场。Nice Systems 公司所取得的辉煌业绩充分说明，当初实施增值分销商战略是完全正确的。如果说这一战略还有哪些不足之处，那就是在确保终端客户对公司产品感兴趣的同时，更要确保增值分销商也对产品感兴趣。

当环境因素对产品包的认知价值影响十分显著时，应当采取选择性分销方式。创业者可以对潜在客户进行概念测试，以此来判断他们对产品的看法是否会随店铺的改变而改变。由于产品认知并非一成不变，因而适合在 Sharper Image 或 Neiman Marcus 出售的产品，也许并不适合在沃尔玛和凯马特出售。

## 动态分销管理

创业者应该认识到，一条与时俱进的分销渠道有时显得更有价值，对于那些经常实施变革，或者定期推出新款的产品系列来说，情况更是如此。新型产品所可能获得的美誉度，往往是现有产品所无法比拟的，因此需要我们适时改变分销渠道。"新潮"产品对美誉度及市场地位的追求，肯定会比上市很长时间的过气产品强烈得多，尤其是电子消费品与时尚商品，往往需要根据时期和项目的不同对分销渠道加以改变。如果学会用知名分销渠道来销售知名产品，用普通分销渠道（利润率较低）来销售普通产品，便有望形成企业和分销商双赢的局面。

保持分销渠道的与时俱进之所以有效，原因在于渠道成员不同的需要和价值。高端渠道成员（例如美国的 Sharper Image、Bloomingdales、Hammacher Schlemmer 等大型商场）更希望独家销售认知价值较高的产品，不愿意销售那些被低端零售商（如沃尔玛和凯马特）所看好的大众产品。他们认为，既然提供了更好的配套服务和购物环境，自己的产品就有理由卖更高的价格；何况他们没有像低端零售商那样采取批量销售方式，需要为每笔交易投入更多的固定成本，所以有理由追求更高的利润率。

低端渠道成员的想法则完全相反，可以和高端渠道成员销售同样的产品，是他们求之不得的事情；而且要广大消费者知道，高端商场里有的产品，他们也有，而且售价更低。创业者如果想保持渠道层级之间的微妙平衡，就得好好下一番工夫；只要计划更周密些、胆子更大些，还是很有希望实现这一目标的。接下来介绍两个例子——一个是在平衡分销渠道方面出现失误的 Superscope 公司；另一个是成功经营 15 年的富兰克林电子出版公司。

**无法实现平衡的 Superscope 公司**

20 世纪 80 年代后期，Superscope 购买了在高保真组件上使用马兰士（Marantz）标签的权利。马兰士音响公司当时是美国国内首屈一指的无线电收音机、扩音器、扬声器等高品质音响组件制造商，并拥有同样高端的选择性分销渠道。这是一条特殊的选择性分销渠道，只有各大城市中地位最高的音像"顾问"或批发商才能入选。马兰士的主打产品是高利润、低销量的高端音响材料，因此其产品定位和价格战略也围绕着这一细分市场展开。正是凭借着小范围、高利润的目标策略，马兰士伴随着高端音响市场的兴盛而茁壮成长，年利润率一直保持在 10% 左右。

Superscope 公司并不满足于马兰士的发展潜力。他们觉得，既然马兰士产品的品牌认知价值如此之高，只需进一步拓展分销渠道，增加广告预算，就可以实现更大的销量。当公司向大众产品零售商和分销商透露这个想法时，零售商和分销商们均对马兰士系列产品表现出浓厚的兴趣。比如说沃尔玛、凯马特或者美国电路城公司（Circuit City）等零售企业，更是乐意销售高品质、高利润的系列产品。打折促销、薄利多销是这些企业的惯用手法，有时为了吸引客流，甚至不惜赔本倾销。据估计，中端消费者多半不会错过以适当折扣价购买到高端产品的机会。

于是，Superscope公司着手实施一个雄心勃勃的计划，通过大规模扩张分销渠道来迅速提升马兰士产品的销量。他们开始供货给大众产品零售商，并鼓励对方采取豆腐块广告的方法，在传单和报纸夹缝中刊登马兰士产品的有关信息。电路城公司和凯马特等零售企业迅速响应号召，举办了一系列临时大减价及其他特惠活动。扩张计划在实施初期成效显著，公司两年内所卖出的马兰士产品是过去销量的两倍多，在规模经济的作用下，利润增长形势更是让人喜出望外。一年下来，Superscope已经成为纽约股市一家热门上市公司。

然而真正的噩梦才刚刚来临。高端的专营性零售商对于大众产品零售商的削价竞争和过度宣传十分不满。既然可以在凯马特花更少的钱买到同样的东西，世故的高端消费者自然无暇顾及高端零售商。应该怎么办呢？于是专卖店开始拒绝销售马兰士系列产品，转而投靠那些仍旧重视专营权的音响设备制造商。Superscope公司起初并不介意失去高端分销渠道，因为来自大众零售商的高额订单足以抵消这方面的损失。然而，高端零售商的联合抵制行动很快使该公司陷入信誉危机。他们开始诋毁马兰士品牌，说它是只配拿给凯马特超市销售的"掉价货"。伴随着店内产品的滞销，大众产品营销者也不再认可马兰士产品的高批发价。为了弥补批发价格下降所造成的利润损失，Superscope决定动用公司的海外资源，通过降低品质、减少成本的方式来增加利润。这场杀鸡取卵的变革为高端零售商"痛打落水狗"提供了更多口实，他们在马兰士产品的质量问题上大作文章。大众产品零售商也开始削减订单，逐渐放弃了对于马兰士品牌的支持。面对销量陡然跌落的局面，Superscope公司试图引进一款"金牌"马兰士产品，由美国国内制造商生产并且仅授权专营性分销商出售。但高端分销渠道对此不予理会，此前的背叛行为使他们不再信任Superscope公司，更不愿意在所谓的"金牌"马兰士产品上重蹈覆辙。至此，Superscope公司变得生意冷清，马兰士的品牌威望也大不如前。

Superscope 公司的错误在于忽视了分销渠道的长期价值。将过去的渠道伙伴看成是竞争对手，等于是对有功之臣恩将仇报。对高端零售商专营性分销权的剥夺，只能换来他们对该公司的失望。在降低价格的同时，品牌价值也随之下降。在赚取短期高额利润的过程中，长远的产品定位和认知价值也逐渐流失。正是这种短视最终扼杀了 Superscope 公司。

**富兰克林电子出版公司**

富兰克林电子出版公司的核心业务是生产词典、文选、葡萄酒指南等便携式查询产品。这些年来，虽然也有其他种类产品的零星生产记录，但始终处于低速增长状态，从而确保其主打产品能够获得最佳回报。该公司的成功主要归结于对项目的动态分销渠道管理模式。通过不断的尝试和改进，公司为从高到低的所有分销渠道提供了双赢的机会，无论是 Sharper Image、Bloomingdales，还是沃尔玛、凯马特，都能受到不偏不倚的对待。Sharper Image 等高端零售企业、高端零售商和网络零售商都期待拥有高端产品的排他性分销权。Sharper Image 绝不会因为 Hammacher Schlemmer 以同等价格销售富兰克林电子出版公司的同一款新型翻译机而惊慌失措；但如果同款产品放在凯马特或 Heartland 销售，而且价格比 Sharper Image 低 30 个百分点，高端零售商们就该着急了。

富兰克林电子出版公司对通过分销渠道上市销售的产品进行定期轮换，以此解决上述冲突。该公司先是将最新产品投放给特殊的选择性分销渠道，让高端零售商经营 6 个月左右，然后逐步放宽范围，再让 Radio Shack、梅西百货等中端零售商经营 6 个月时间，待期满后才将销售权扩大到沃尔玛和凯马特等大众零售商。按照该公司计划，每隔 6 个月就会有新品充实更高端渠道，以取代那些下放给低端渠道销售的产品，依此类推。此举迎合了 Sharper Image 等高端零售商的心理，确保他们总是首先享有最新及最先进的产品的经营权，通过特殊的选择性分销渠道赚取更多的利润。此举同时满足了中端零售商的心理，确保他们以低价购进不久前还在 Sharper Image 高价热销的产品。此举还深受大众产品折扣店的欢迎，确保他们以更加优惠的价格购进不久前还在百货公司高价出售的产品。

# 特许经营：另一种分销方案

不少创业者运用特许经营来加快收入增长。不过，特许经营作为一种分销方案，只适用于特定类型的产品及市场环境。本节首先会向大家介绍特许经营的概念，为创业型企业选择合适的特许经营类型；然后对不同类型的特许经营决策加以评估，揭示特许经营决策评估方法；同时，考虑到越来越多的创业者通过特许经营实现事业起步，我们也会站在特许经营权购买者的角度来分析问题；最后介绍特许人与特许经营者之间可能发生的冲突，并探讨一些常见冲突的解决方式。

**特许经营的不同类型**

特许经营权是特许人对特许经营者的一项授权特许，允许特许经营者在约定范围内销售某种产品或服务，双方通过特许经营建立一种稳定的关系：特许人需要提供组织、培训、销售规划、体系管理等方面的协助，特许经营者则需要支付相应的特许经营费用。据统计，特许经营目前已经占据了1/12左右的美国国内市场，其总收入超过1万亿美元。

特许权可以根据授权种类划分为不同类型，由于特许经营形式本身的变化和发展，所以这种划分并不是绝对的。但是，特许经营至少应该包含下列要素：

1. 生产型特许——特许人授权特许经营者在产品上注明特许人的名称和商标。该类型以软饮料灌装机最为常见，还包括使用统一零售商标签的私人品牌产品公司、使用设计者标签的时装生产商，等等。例如，Callanen钟表公司［如今成为天美时（Timex）有限公司的部门之一］获准生产Guess品牌的手表。

2. 制造商—零售商特许——在这种形式下，制造商授权特许经营者通过零售店分销其产品，包括加油站、大部分汽车销售代理以及大型购物中心里的众多销售专柜。

3. 批发商—零售商特许——在这种形式下，批发商授权零售商销售其所负责转销的产品，包括 Radio Shack（自己也进行生产）、Agway Stores、Health Mart 以及其他特许经营的药店。

4. 业务型特许——这种形式最为流行，由于借鉴了其他三种形式的特点，所以其综合性最强。它要求特许人向特许经营者提供名称、身份证明，以及一套完整而"可靠"的企业经营模式，包括汉堡王和麦当劳快餐店、必胜客比萨店和冰雪皇后（Dairy Queen）西餐厅、国际假日酒店集团（Holiday Inn）和 Best Western Hotels 旅店、7-Eleven 便利店，以及赫兹和安飞士这两家汽车租赁公司。

**从特许经营者的角度看**

对于特许经营者来说，上述形式也许可以为那些有创业抱负，却苦于缺乏眼界、创新能力、资源或者技术的创业者提供帮助。特许经营者可以分享大规模广告及营销投入所带来的市场势力，而这种大规模的营销预算来源于所有特许经营者的资源总和。许多特许人还鼓励特许经营者加强联合，并向他们承诺比单独授权情况下更加优惠的价格。特许经营的最大意义或许在于品牌所蕴涵的价值和权益，这是特许人多年奋斗的结果。此外，不同类型的特许经营也各有侧重。

就生产型特许而言，特许经营者往往可以独占一个受到充分保护的市场，有时甚至可以同时从多家公司获得特许权。例如，Callanen 钟表公司还获准生产 Monet 品牌的手表。对于特许经营者而言，拥有多重特许权能够有效降低风险水平，尤其是那些流行期较短的产品。Callanen 公司的考虑是，一旦 Monet 品牌市场萎缩，还能够指望 Guess 品牌来增强活力。

对于缺乏商业经验的特许经营者来说，加入业务型特许能够得到更多的好处，它有助于将特许人全部的知识和经验融入业务培训和运作体系，从而最大限度地消弭特许经营过程中的不确定因素。例如，麦当劳举办的"汉堡大学"之所以享誉世界，是因为在那里可以学到成功经营一家快餐店的全部技能。特许经营者不仅有机会分享到特许人及其他特许经营者积累下来的经验，还有权获得会计流程、设备管理、员工福利、商业计划、实际投产乃至选址、融资等方面的协助。以快餐、便利店等业务型特许经营为例，这些行

## 第4课
### 分销渠道策略：坚持具有可持续的竞争优势

业受商业周期影响较小，能够更为轻松地应对经济萧条期。此外，业务型特许还授予特许经营者一定范围内的自主定价权，甚至足不出户就可以实现特许经营，如健美操教学或者化妆品直销。

特许经营者通常具有下列优势：
- 更低的失败风险
- 成熟的产品或服务
- 来自特许人的经验
- 群体购买力
- 现成的知名度
- 统一高效的运营标准
- 会计流程、设备管理、员工福利等方面的协助
- 起步协助
- 选址协助
- 融资协助
- 全国性、区域性的营销实力

不过，成为特许经营者也有不利的一面：特许经营者不再是自己的老板。特许经营收益的获得，以牺牲大量自治权为代价。在绝大多数的特许经营中，特许经营者对于产品或服务没有多少控制权，更无法参与广告宣传、公共关系、店铺选址等营销决策的制定过程。比如说，特许人禁止特许经营者根据市场需求自行调整产品供应，还经常干预由特许经营者所控制的公共关系。特许经营者也可以通过合作管理组织，与特许人共同决定全国范围内的广告及促销政策，但是，由于每位组织成员手中只有一票，因而很难改变这种经营活动受制于人的被动局面。

除了自治权之外，成为特许经营者还有其他不利的方面。为了获得特许权，你需要支付一笔经营加盟费，并按比例持续缴纳特许权使用费及合作营销基金。该营销基金由特许人和特许经营者所组成的联合组织共同管理。请注意，你必须"无条件"缴纳各项费用，也就是说，特许人收取回报并不以特许经营者的实际盈利为前提。特许经营协议甚至对情况恶化时的特许权出售、业务转让等方面加以限制。另外，由于经营业务的好坏完全取决于特许人的成败，所以特许人的失误对经营者而言就意味着风险，在这一点上，

Arthur Treacher's Fish & Chips 和 Boston Market 公司就是很好的例子。

以下是购买特许经营权的弊端：

- 支付特许经营加盟费
- "无条件"持续缴纳特许权使用费
- "无条件"缴纳合作营销基金
- 不得自行调整产品供应
- 对于全国范围内的营销政策和策略没有多少发言权
- 严格遵守运营程序——即便你有更好的办法
- 成功与否主要取决于特许人
- 关键的特许人屡屡失误
- 可能限制特许权的出售
- 可能难以完成业务转让

除了认真权衡上述利弊之外，在选择特许经营之前，还应当仔细阅读《统一特许经营提供公告》(Uniform Franchise Offering Circular，UFOC)，以便客观评估各种类型的特许经营方案。UFOC是美国联邦政府要求特许人提供的一份文件，内容涉及作出特许经营决策所必需的信息，以及其他辅助性信息。该文件与公司首次发行证券时所提供的说明书类似，主要目的在于使公司在证券发行（这里指特许经营）时免于购买者的起诉。律师要求有关公司在出售特许权时，必须向购买者披露一切可能的风险。鉴于书写文件时"突出风险"的倾向，对文件的解读也应该采取特殊方式。如果总是拘泥于律师所罗列的风险名目，你就不会购买特许权或新发行的公司证券。你应该知道，律师犹如一位犹太母亲，唯有谨小慎微才能获得报酬。这些风险因素其实无处不在，你可以在许多类似的文件中发现其"身影"。不过，为了正确评估特许经营方案，不妨多多留意UFOC中所记载的关键信息，详见下文。

**UFOC中值得特许经营者重视的信息**

- 特许人及其子公司的业务经验
- 特许人董事及经理的资质
- 任何针对公司或经理的诉讼
- 任何关于公司或经理的破产信息

- 特许经营加盟费及其他相关费用
- 需要持续缴纳的费用清单
- 从特许人及其子公司处购买产品的有关限制
- 对特许经营者可以利用的商品及服务质量的限制
- 从特许人处可以获得的任何融资援助
- 对特许经营者获准销售的商品及服务的限制
- 对特许经营者销售对象的限制
- 对特许经营者经营范围的保障
- 哪些条件下可以采取下列与特许经营有关的措施
    1. 回购
    2. 拒绝续约
    3. 转让给第三方
    4. 修改
    5. 由第三方终止
- 提供培训计划的情况
- 特许经营中涉及明星及知名人士的情况
- 特许人的财务报表及历史数据
- 特许人制定特许经营者盈利方案的依据
- 实现方案目标的特许经营者百分比
- 其他可以提供意见的特许经营者姓名及住址
- 下列统计数据
    1. 目前的特许经营者数量
    2. 未来有望达到的数量
    3. 特许权被终止的特许经营者数量
    4. 特许人实施回购特许的经营者数量
- 特许经营合同复本

由于我们身边有不少"靠不住"的特许人，所以在购买任何特许权之前做足准备是非常必要的，其中包括认真对待 UFOC 文件，要做到逐字逐句地反复推敲。此外，从特许经营者的角度看，必须时刻牢记"买者责任自负"（caveat emptor）这句箴言（再次提醒各位购买者），从而免受特许权销售人员花言巧语的蒙蔽。

### 从特许人的角度看

正如消费者与其他渠道成员的看法经常不一致那样，在许多情况下，特许人与特许经营者的看法也有很大的差别。

### 特许人的优势

特许经营是一种应该受到更多创业者重视的分销方案，而且在很多方面非常有吸引力。特许经营使企业无须大量融资就能实现迅速扩张，既不会因为出售产权而削弱控制，又不会因为四处借贷而造成企业负担增加、资金流通受阻，这是任何其他扩张方式都难以做到的。成功的特许经营，相当于用少量业务的出租来换取特许经营者的资金、能力和企业家精神。这种迅速扩张又为特许人利用规模经济提供了条件。庞大的网络意味着集体购买力，有助于特许经营者同其他销售链条展开竞争，利用大笔订单博取卖主的赏识与支持。为了实现规模经济，特许经营者还常常在广告及促销方面建立合作。

规模经济也为企业利用房地产提供了更多的机会。单店业务很难赢得购物中心开发商、租赁代理以及体育馆、合同食品指定生产地等限入场所的信赖与接纳，因为业主看重的是知名品牌、消费者认知以及多店重复租赁业务。而特许经营彻底清除了这些准入障碍。

特许经营加盟者对于成功的渴望尤为迫切，因为他们正在用自己的投资冒险。在绝大多数创业型企业看来，成功扩张的关键在于招募、培训及留住优秀的经理人，而留住人才的唯一途径，就是让他们分享公司权益。特许经营恰恰做到了这一点，让经理人员分享到与投资相匹配的权益。换句话说，特许经营者总是在用自己的投资冒险，由此带来的时间及精力消耗，仅靠工资难以弥补，必须同时获得公司权益。另外，如果企业在运转过程中缺乏特别的技能，也可以在特许经营者里挑选出类拔萃的人作为雇员。

如前所述，特许人通常"无条件"地收取特许经营加盟费及特许经营者收入的一部分，这是一种比自己经营业务更有保障的资金来源。因此，即使特许经营本身无利可图，特许人仍然能够获取利润。利益的潜在冲突不仅是特许人与特许经营者之间的固有冲突，而且是双方不同动机之间的冲突；如果不能妥善处理，就会影响特许经营的顺利实施，带来一系列经济和道德问题。为了克服特许经营的固有冲突，实现特许人与经营者的利益共享，创业者必须拥有一套普遍适用的业务模式，让对方也能从中受益。

在相同条件下，特许经营通常比其他方式更易于销售。例如，有两家企业，一家是传统型企业，拥有50名经理人和分布于10座城市100个销售站的数百名员工；另一家则是特许经营企业，通过10名经理人员来负责100个销售站的50名特许经营者。相比之下，特许经营模式显然更能吸引局外人，而且比传统模式更便于实施退出战略。

**特许人的劣势**

特许经营也存在不足之处。首先，为了招揽更多的特许经营者加入，同时营造一种对创业型企业有利的舆论氛围，就要确保目前的特许经营者财务运转正常。在特许经营模式下，这部分管理成本必须从特许人的利润中扣除。当然，如果特许经营真正对创业型企业管用，作为投资回报的特许经营费自然就高于管理成本。其次，由于特许经营者属于独立实体，特许人仅拥有特许经营协议中明确规定的控制权，因而只能通过特许经营者来维护自身形象及定位。遗憾的是，对于那些没有履行维护职责的特许经营者，特许人甚至无权解雇他们，这跟企业无权解雇其独立销售代表是一个道理。就这样，特许人一刻也无法放松，总是想方设法地督促对方慎重处理上述问题，就像处理他们自己的事情一样——事实上，这原本就是他们自己的事情。成功的特许经营，应该将业务原则整理为操作手册，然后在培训中灌输给特许经营者，并通过他们将企业创立者的定位转达给终端消费者。

特许人还必须借助有效的体系和控制手段，确保特许经营者能够按时足额缴纳特许经营费。由于特许经营者总爱见缝插针地瞒报收入，因而在那些发生大宗现金交易的特许经营中，失控现象相当普遍。

特许人与特许经营者在定价问题上并不是一条心。特许人的目标是营业收入的最大化，因为他们收取其中的一部分作为回报。特许经营者则着眼于利润，试图通过抬高价格、减少收入的办法来增加利润。这类定价冲突只会加深特许经营关系的紧张程度。

对于特许人来说，改变分销渠道是不容易的，因为这些渠道不再属于你。一旦特许经营者认为后来引进的渠道有争夺生意之嫌，势必不会善罢甘休。以从事天然食品及草药生产的健安喜公司（GNC）为例，该公司在世界各地均设有特许经营店，之所以无法成功进行网上销售，根源就在于现有实体店铺的特许经营者的强烈反对。这类渠道冲突应当引起特许人的高度重视，有关对策详见本章随后的讨论。

特许经营的另一个潜在弊端是，今天的合作伙伴，可能变成明天的竞争对手。也就是说，特许经营者也许会通过特许人所提供的培训机会，用学到的本领另起炉灶。对此，特许人应当注重维护品牌定位、企业形象以及其他专利资产，从源头上遏制上述改名换姓的抄袭行为。

**一家成功的特许经营企业——Rita's Water Ice**

Rita's Water Ice 是一家成功运用特许经营的创业型企业。他们善于发挥特许经营的最大优势，同时将弊端可能带来的危害降至最低。罗伯特·塔莫罗（Robert Tumolo）是费城的一名退休消防员，他在 1984 年创立了 Rita's 品牌。罗伯特和他的母亲伊丽莎白对 Italian Water Ice（当地一种非常畅销的传统夏日饮品）的新配方进行了大量实验，并于同年（1984 年）5 月在费城的工薪阶层聚集区本塞勒姆（Bensalem）开设了首家冷饮店。按照 Rita's 公司网站的说法，该饮品"魅力势不可挡——简直是人见人爱。好评像刨冰一样火遍盛夏的街市"。就在第二年（1985 年），罗伯特的兄弟约翰·塔莫罗（John Tumolo）也加入经营者行列，第二家冷饮店也于 1987 年正式营业。直到 1989 年，公司终于决定实施特许经营。

对于刚开始只有少量资金的小型创业企业而言，特许经营更有助于为其提供所需资源。如果当初 Rita's 没有对外募集股本，也就不可能实现店铺的迅速扩张。为了取得 Rita's 新店的特许经营权，每位投资人都必须缴纳 13.5 万~24.2 万美元的首付款，具体包含特许经营加盟费、场所租赁费、店面装潢设计费、相关设备费用和一笔营运资金。截至 2005 年，Rita's 在美国东北部和佛罗里达州的分店已经超过 330 家。假设每家店铺最少需要 10 万美元资金才能开业，则全部 330 家店铺共计 3 300 万美元。同年（2005 年），塔莫罗家族完全掌握了 Rita's 公司的控股权，而且不再需要公开募集资本。与此同时，公司不仅可以一次性收取 330 余笔特许经营加盟费，还可以定期向各专卖店收取占销售收入 6.5% 的特许经营费。据该公司网站称，Rira's 计划卖出超过 3 000 万杯的刨冰，如果每销售 1 杯刨冰（还包括椒盐脆饼等产品）可以获得 1 美元左右的收入，公司整个销售体系的总收入高达 3 000 万美元，总收入的 6.5% 也有将近 200 万美元！由于成本低廉，能够取得如此高的年收益难能可贵。另外，特许经营者还需额外拿出收益的 2.5% 用作共同广告基金。不妨试想一下，如果用特许经营加盟费来抵消所支付的销售及经营启动成本，用共同广告基金来填补企业营销预算，那么剩下的 200 万特许经营费就跟净赚没什么两样。如此算来，选择特许经营渠道倒真管用！

Rita's 公司还开发出一套非常精明的收费方法，在收取特许经营费及共同广告基金时无须审计或监控。具体做法是，首先计算出各店铺所承销的每一加仑 Rita's 混合原料的销售收入，然后根据计算结果加收 9%（6.5% 的特许经营费加上 2.5% 的共同广告基金）的费用。特许经营者逃避缴费的唯一途径只能是从别家进货。对此，Rita's 公司方面采取抽样调查的控制手段，确保特许经营者使用该公司授权的原料进行加工。在实践中，特许人大多采用严密的控制体系，以督促特许经营者按期足额缴纳有关费用。

另一个制约公司自有店铺扩张的因素是发掘、留住并激励那些真正懂得如何经营店铺和服务客户的人才的能力。冷饮店并非年中无休——刨冰的销售旺季是从晚春到早秋这段时间（在美国东北部，冬天很少有人吃刨冰）。雇人打点饭店或是快餐店本来就很麻烦，更何况是处于歇业期的冷饮店。有鉴于此，要想获得 Rita's 产品的特许权，就必须满足该公司的一条不成文的要求，即申请者的家人也愿意留在店里工作。加盟 Rita's 冷饮店的一大收获是，特许经营者全家在忙完从晚春到早秋的店里活之后，就可以享受整个晚秋和冬季的休闲时光。可见，Rita's 公司出售给特许经营者的不仅仅是一种业务，更是一种生活方式。

和大多数特许经营一样，Rita's 公司也要妥善处理好两类（至少是两类）目标市场：一是来店里购买过刨冰的终端消费者，一是用积攒的血汗钱出资的特许经营者。出售特许权的过程并不轻松。最初的小部分特许权，是在 Rita's 自有店铺里通过口碑营销出售给公司的忠实客户的。为了走进费城以外的市场，Rita's 还必须向潜在特许经营者展示它的特许权"产品包"。于是公司每到一处，都会首先新开一家自有店铺，并移植费城的成功模式，运用口碑营销招揽客户，在销售冷饮店最终产品的同时，也在培养特许经营者后备力量。正如B2B产品要靠销售团队来完成大宗交易一样，Rita's也需要有一支特许经营销售团队来抢占市场先机。

对于特许人来说，正如绝大多数特许经营和其他分销渠道那样，只有维持特许经营关系的稳定性，才能促使特许经营者真正接受企业的价值定位，最终把自己看成是Rita's大家庭的一分子。这种"家庭成员"的归属感有助于减少特许人与特许经营者之间的冲突。在自我认同感的支配下，特许经营者还会自觉充当品牌宣传者，运用口碑营销吸引更多的特许经营者加入大家庭中来。任何优秀的创业者都不会否认，口碑营销是一种既有效又合算的营销工具。

Rita's顺利解决了特许经营过程中可能出现的一个难题。该公司从不担心特许经营者会另起炉灶，理由很简单，那就是公司对自身实力充满信心。用罗伯特·塔莫罗本人的话来说，Rita's的销售收入几乎是同一区域同行竞争者的两倍。而这种信心来源于公司产品良好的声誉、多样化的品种（包括意式果冻和意式冰激凌）以及竞争对手望尘莫及的合作营销活动。Rita's成就了特许人与特许经营者的双赢局面，创造了比独立经营更多的财富。上述成功实践充分说明，在有效开展特许经营的同时，还应该正确处理所有的分销渠道关系。

分析过特许经营之后，再来谈谈渠道管理的另一个问题——如何处理和预防渠道冲突。

## 渠道冲突的防范和处理

缺乏经验的创业型企业一旦被渠道成员视为竞争对手，就有大麻烦了。渠道成员早就适应了竞争对手的存在，并且将渠道内部的竞争看作"游戏的一部分"。例如，销售布鲁克斯品牌跑步鞋的专卖店习惯于在服务质量、店铺位置、花色品种等方面相互竞争，但一般不会进行价格竞争。如果布鲁克斯公司试图绕过零售渠道，利用宣传手册或者互联网直接向消费者推销其产品，就会使零售商惶惑不安，其中很多人甚至会放弃对布鲁克斯的支持。因

## 第 4 课
分销渠道策略：坚持具有可持续的竞争优势

为在他们眼里，该公司未经同意就擅自改变了游戏规则，这种行为是任何人都无法容忍的。

处理上述渠道冲突需要充分运用本书所涉及的营销概念。你需要界定每位渠道成员的角色，既不能相互矛盾，又不能晦涩难懂，还应保持与企业的市场细分及产品包的定位之间的协调一致。对于不同的目标市场而言，不同的渠道合作伙伴所具有的价值是有区别的，只有对号入座，每一位渠道合作伙伴才能发挥出最大的价值。当然，渠道伙伴渴望受到公平对待，也就是回报和付出成正比。

企业创业时期的渠道冲突，与中期改变游戏规则时的渠道冲突，在处理方式上有很大的不同。在企业创业时期，创业者在渠道成员变成伙伴前需要熟悉未来的角色，还要对于可能发生的冲突做到心中有数。如果成功界定了渠道成员在市场营销中的角色，并在签订合同时获得对方认可，就能有效避免渠道冲突的发生。只有渠道成员认定自己的角色没有改变，你也没有任何改变他们角色或竞争地位的举动，他们才会觉得自己如愿以偿地受到了公平对待。当人们的期望没有被改变并且有所满足时，他们会感到满足。尽管如此，如果企业在人们的期望得到满足后再去改变其角色，那就会出现严重的问题。

例如，当葡萄园开始网上供货给 Virtual Vineyards 和 Wine.com 等直销商时，原有的分销商和实体零售商都非常愤怒。他们当即向美国各州立法机构施加压力，要求确认网上售酒行为违法。于是，佛罗里达、佐治亚及肯塔基州均将直接售酒行为规定为重罪，另有至少 17 个州立法禁止此类销售。近来，美国联邦最高法院判定各州之前颁布的部分禁令涉嫌违宪，因为这些禁令竟然声称，一旦本州的葡萄园获准直接提供酒类给消费者，就会造成娱乐行业的萎缩。按照当时的说法，有的分销商认为自己的独家代理人地位动摇，于是不再支持那些网上售酒的葡萄园。其实，如果当初在与分销商签约时将网络零售商算进来的话，就不会遇上今天的麻烦。出于对分销商影响力和重要性的考虑，创业者只好想出新办法来安抚分销商情绪，从而实现对渠道的改变或者更新。互联网的出现使得创业者在最大限度地利用网络资源的同时，也要想方设法地应对渠道冲突。

对于创业者而言，不妨为全体分销伙伴重新设计角色，以便增强渠道成员的生产能力和创造性，从而形成最为理想的双赢局面。为了实现这一目标，赫尔曼·米勒（Herman Miller）有限公司对分销渠道进行了重组，借助网络优势服务于新的细分市场。公司主要生产符合人体工学设计的高级办公家具，并以总额折扣方式供货给大宗合同客户。对此，《销售与营销》（Sales and Marketing）杂志是这么说的：

> 关键要在"大"字上做文章。公司拥有一个由 250 多家合同经销商组成的关系网，与客户签订为期五年的购买合同，并承诺提供工作站组件设计、运输及安装的一条龙服务。公司总是设身处地为客户着想，要求经销商提供家具翻新、工作站改装及搬迁、人体工学技术咨询等配套服务。

考虑到单靠销售几把椅子或者几个工作站不怎么赚钱，大经销商常常无暇顾及家庭办公（SOHO）市场。为了服务好 SOHO 市场，公司在 1994 年向 Office Depot 等零售商投放了多个产品，1998 年 6 月又引进了功能齐全的在线商店，以满足 SOHO 客户的需要。由于公司管理层事先没有进行有效沟通，也没有讲解在线商店的使用方法，因而激怒了其核心经销商。网站创建之初，经销商误以为该公司在明目张胆地抢生意，幸而赫尔曼·米勒公司很快从失误中清醒过来，开始积极寻求经销商的谅解，并一再重申 SOHO 在线客户不会影响到当前的利益格局，而且他们也能利用网站引擎与其他经销商谈生意。通过自主定制个性化的内部网络，经销商可以改进产品配置并提高产品售价，同时显著降低运营成本。

"即使他们对新业务不感兴趣，也能通过系统显著降低运营成本，因为相同信息只需输入一次，"公司主管分销的高级副总裁加里·坦恩·哈姆塞尔（Gary Ten Harmsel）说，"以往经销商的平均成本为 16%～18%，借助系统则可降至 12%。请不要小看这 6% 的成本节约，如果将其中一部分让渡给客户，自己留下一部分用作未来投资的话，就能让所有人都受益。"

有时你无法准确划分目标市场，继而无法选择与之相适应的分销渠道；基于这个原因，在你计划改变渠道时（例如，准备引进网上直销），最好将原有渠道伙伴一并纳入现有渠道中来。另外，不少长期采取特殊的选择性分销方式的企业也逐渐意识到，绝不能忽视网络渠道可能带来的深远影响，伊桑·艾伦公司（Ethan Allen）就是其中的代表。该公司拥有 25％ 的自有店铺及 75％ 的特许经营店，除了让特许经营者分享网络资源之外别无他法，否则会使这些将该公司视为唯一供货商的特许经营者心生不安。对此，该公司 CEO 卡什瓦伊果断出击："为了弥补公司在线业务的损失，由特许经营者负责产品运输、退货及常见细微损伤的维修。"并鼓励特许经营者密切关注网站访问者，以及主动联络那些寻求装修帮助的人。

卡什瓦伊先生很清楚，必须使其经销商尽快认识到自己所扮演的网络新角色。在该公司网站开通前，他还以私人身份专程拜访了每一位经销商（团体）并承诺"以伙伴关系来开展在线业务……我们不希望绕过您"。

对于拥有专营性分销渠道的老牌企业来说，伊桑·艾伦公司的做法具有很高的参考价值。反过来说，如果公司当初没有明确界定经销商的业务领域，此前建立的伙伴关系就很难落到实处。只有在同一地区拥有多家经销商，该公司才能及早适应彼此竞争的环境，也就不会对新加入的网络竞争者看不顺眼了。例如，汽车公司就是这样成功处理了网络零售商问题。

## 对渠道成员进行概念测试

创业者在确定最佳分销战略和战术时，即使运用本章前面所提到过的概念和模型，也未必能够成功。如果分销渠道成员没有做好分内的事，就会把整个计划乃至你的企业搞得一团糟。对于新推出的产品或服务来说，获得渠道成员的反馈甚至比获得终端消费者的反馈更加重要。对于同产品发生现实接触的消费者而言，进行概念测试是最佳选择。同理，也应该让渠道成员尽可能接触到你的理念，并在现实中对他们进行概念测试。为了传播你的理念，你需要向渠道成员提供印制精美的产品宣传册或者说明书，公布试用品及产品的建议零售价，并清楚地告诉对方你希望他们怎么做。如果此前对渠道成员的客户进行过概念测试，就不妨从测试结果中提炼出强有力的、令人信服的理由，用来说服分销商承销你的产品。

和终端消费者一样，渠道成员也需要回答类似的问题："你购买这项产品或服务的可能性有多大？""你欣赏该理念的哪些方面？""你认为哪些方面还有待改进？"只要大家都回答"很有可能"购买并销售你的产品，你就会对实施分销渠道方案信心十足，反之就意味着需要对产品理念加以改进。正如对消费者的概念测试有时会带来意想不到的收获一样，对渠道成员的测试甚至会产生更有价值的效果，往往有助于发现产品包的不足之处并加以完善。

## 结语

本章所提到过的概念、方案及实例，无不提醒创业者应当充分重视分销渠道决策，并根据不同时期和项目来确定合理的渠道战略，例如，直接分销、专营性分销、选择性分销或者密集性分销。当然，不同的分销方案会带来产品认知上的差异，而这些差异又会对企业的最终盈利水平造成巨大影响。因此，不仅要对终端客户进行概念测试，还要对渠道成员进行相同的测试，并用较低成本实现对主要分销方案的"现实检验"。

# 第 5 课

# 产品发布：使产品和服务的终身收益最大化

营销最关键的时刻当属新产品或服务首次发布之时。因为"第一印象根深蒂固"，对于一个创业型企业来说，产品的成功发布是至关重要的。事实上，在当下互联网蓬勃发展的社会中，首次发布的成败能够直接影响公司市值数十亿美元的出入。其实，提前掌握市场动态也不是没有可能，完全可以借助"beta 测试"程序来收集反馈信息，同时启动赢得客户的程序。这就意味着在产品正式发布前的数月、数周或者互联网时代的数日之内，应当完成最佳参考客户选定、媒体发布会准备、产品瑕疵处理等工作。最重要的是，必须赢得主要参考客户的好评及推荐。

为了精确策划和实施产品发布，需要借助营销活动来确认发布日期。只有做到开发与营销环环相扣，才能确保产品发布有序进行。遗憾的是，问题接踵而至、缺陷层出不穷、供应商屡屡变卦，发布时间只好一拖再拖。因此，营销人员有责任做好开发日程的协调工作，下面就是对有关协调措施的总结。

**产品发布检查表**
- **确认并监控产品开发时间表**
- **确保初始参考客户的参与**

1. 确定目标参考客户
2. 制订参考客户沟通战略
3. 为初始客户提供有利条件

   a. 初始客户在产品功用之外还能获得哪些收益？
   b. 你期待初始客户给予怎样的回报？

4. 制定内部资源计划以确保成功实施

a. 销售

b. 客户支持

c. 技术支持

d. 拓展流程

e. 产品/经验反馈程序

5. 执行

● **确保对产品的外部支持**

1. 分析师

2. 业内专家

3. 顾问

● **规定合作条件**

1. 增强产品能够获得成功的可信度

2. 提升产品的上市机遇

● **让你的渠道/分销商参与产品发布**

提供营销宣传材料及样品

## 参考客户

  有效的参考在任何产品的销售过程中都能起到最大的帮助，对于那些价格高昂、技术领先或者有风险的产品而言更是如此。企业软件就是一个很好的例子。你可以通过广告或手册向客户宣传产品的价值定位，但要想取得客户的信任却实属不易。然而，如果同样的评价出自其他有该产品使用经验的客户之口，就更容易获得客户的信赖，因为他们相信那些既有用户没有理由在产品的优缺点方面说谎。参考客户足以形成一种有组织的口碑营销效果，如此一来，当媒体和关键目标客户需要倾听公司之外的意见时，自然会找到这些既有用户。

  公司可以通过优秀的参考客户获益良多——赢得参考客户周围人的信赖，获得免费的媒体代言人，在广告和公关活动中也有人现身说法。实际上，你所做的就是在打造"牛铃"（cow bell）型客户。所谓"牛铃"型客户，就是你想让全世界都知道对方是你的客户。这样做旨在造成尽可能大的声势，让世人皆知那些客户选择了你的产品。因此，在选定理想的参考客户时需要慎之又慎。选择怎样的初始参考客户，会给产品的市场认可度（以及接受与否）带来深远的影响。比如 Trust-Aid（详见本章后面的例子），如果初始参考客户是被同行视为技术革新榜样的银行，那么 Trust-Aid 的销售进度就要快得多。

绝大多数行业都有自己的技术应用先行者，包括个人或实体。如果率先获得这些行业带头人的认可，就会比选择其他人作为参考客户更容易开展业务。医疗市场也许是最有代表性的范例。新配方药物或者新型医疗设备的首批用户是谁，将直接决定着经营的成败。建议按照"啄食顺序"（pecking order）选择名望较高的医生作为参考客户，只要新发明获得业界德高望重的医师首肯，其他医生就会群起效仿。

**与目标参考客户接触**

一旦确定了参考客户人选，紧接着就需要制定战略来和这些客户接触。除了利用既有人脉网络以外，还要不遗余力地利用董事会、投资者、顾问甚至会计师等相关者来同你的目标客户建立联系。

正当很多创业型企业借助人脉网络获得首批客户时，也有不少企业对此无动于衷，这简直让人无法理解。向投资者或董事会成员打听客户名单既不够专业，又未必奏效。公司必须对潜在参考客户名单进行逐一筛选，在通过筛选之后，再向自己的人脉网络询问他们能否帮助推荐。不宜通过电子邮件发送名单来完成询问，因为人脉网络通常受到法律的保护。另外，在请求别人推荐的同时，同时也是在请求对方承担风险。这种风险就是，你是否拥有值得他们推荐的资质，以及你是否有能力提供令客户满意的产品。

律师事务所及会计师之类的相关者，也可能成为合格的推荐人，他们的专家团队往往遍布绝大多数行业和地区。就算他们本人难以提供帮助，也有办法替你找到其他能够胜任的人选。既然你是他们的客户，他们就会想方设法替你排忧解难。

**提供诱人的条件**

在确定初始参考客户之后，企业必须尽力防止客户流失。只有目标参考客户认为有充分的理由，才会甘愿冒风险成为产品的首批用户。他们需要了解自己能够获得哪些利益，以及公司期待他们给予怎样的回报。请记住，提供给参考客户的利益必须吸引力十足，否则他们绝不会抢在别人前面选用你的产品，甚至可能干脆转向你的竞争对手的产品。这些利益的形式通常包含低廉的价格（至少维持较长时间的初始阶段）、更多的培训机会以及比后来的客户更为快捷有效的支持（但愿产品瑕疵越少越好，这样寻求支持的可能性自然就越少）。

还应当重视和目标参考客户之间的沟通，最好在合同中写明你希望对方为产品发布做什么。否则当你成功发布产品之时，才猛然发现对方公司明令禁止同供应商联合召开媒体发布会，那就悔之晚矣。你可以要求参考客户提供的营销支持包括：

- 发布联合公告，宣布使用该产品
- 在宣传资料和网站上公布其产品用户身份
- 参与突出产品优势的案例分析研讨会
- 参与研讨会或网络研讨会
- 接受媒体及预期客户的采访咨询

有的时候，初始客户的价值不容小觑。20世纪70年代，沃顿商学院的一名MBA学生开发出一款分时计算机程序，由于该程序实现了信托会计流程的自动化，所以被后来改名为SEI集团的银行优先采纳。这名学生希望将程序软件以及向银行信托部门提供的关联服务商品化，而当时的对手主要是银行记账机和手工计算。在产品（后来被叫做Trust-Aid）问世之前，每逢IBM公司宣布股息时，工作人员只好手动查询各信托账户，仔细核对有关数据。从概念上讲，Trust-Aid软件具有很高的使用价值，肯定会受到银行信托部门的广泛欢迎。但这名学生很快就发现，没人愿意把"家珍"般重要的信托账户交给一个缺乏安全保障的系统程序来管理。于是他转而向自己的老师，也是本书作者之一请教，这位老师的建议很简单：

"你需要找到一位信誉度较高的参考客户，就算免费供货也无所谓，反正不会吃亏。"就这样，学生总算找到了他的首位客户，并向对方提供了全年的免费软件和服务。尽管一年下来颗粒无收，但是为了公司（如今市值高达数十亿美元）起步，发明者别无选择。

首位客户一用就是9个月，而且不再将老式手动系统用作备份，随后这名学生收到了他的第一份有偿使用订单（仍是以优惠"租价"）。没想到这位客户不愧为值得信赖的参考客户，不仅将其信托部门的"家珍"全权委托Trust-Aid软件及其配套服务来处理，还彻底停用了手动系统。直到这个时候，才出现了真正意义上的参考客户，他们不再同时运行两个系统（当Trust-Aid正常运转时），并对这款软件及其配套服务的可靠性充满信心。

**制定内部资源计划，确保产品发布顺利进行**

SEI集团的例子告诉我们，必须确保你的首位客户对你的产品和公司完全满意。但这一切并不是偶然发生的，为了确保产品发布顺利进行，需要事先制定公司的内部资源计划。

计划从销售开始。绝大多数首批用户都愿意成为行业带头人，直接同公司建立合作关系，以减少中间商环节所带来的额外风险。无论你的分销渠道决策如何，直接向潜在参考客户征求意见都是最合适的途径。如果大多数初始客户渴望直销，你就应该考虑组建一支销售团队，或者由创业者或其他高管直接负责销售业务。

杰弗里·穆尔（Geoffrey Moore）在他著名的《跨越鸿沟》（*Crossing the Chasm*）一书中，也提议建立一支小型的顶级销售团队，专门负责与被他称为"有远见卓识"的创新者之间达成交易，以便在产品销售及使用初期满足对方的期待。

考虑到满足期待的可能性，拥有一支小型的顶级直销团队，是跟有远见卓识者打交道唯一有效的方法。在销售周期的初始阶段，你要靠这支团队来了解有远见卓识者的意图，使他们对我公司充满信心。在销售周期的中期，鉴于你逐渐适应了有远见卓识者的议事日程，因而必须在作出承诺时加以灵活应付。在销售周期临近结束时，你需要在谈判中时刻保持谨慎，始终立足现实，切勿接受在规定时间内难以完成的任务。这种成熟稳重的工作风范是公司成功的必备条件。

在完成销售以后，公司必须制定计划为客户提供技术支持。负责初始销售的人员通常负责随后的账户支持，他们必须设法优先满足初始客户的期待。但是，销售人员往往更为关注直接的经济利益刺激，换句话说，他们更加在意任务创收能力的大小。该阶段的重点除销售业绩之外，还应按照客户满意度向销售人员支付报酬，具体而言，可以根据客户是否同意成为参考客户进行衡量。许多公司都忽略了这一措施，因此无法理解销售人员为何只顾开发新客户，却疏于对既有客户的管理。

首批用户的赞誉和推荐是公司的生命线。初始销售人员即使不是公司高管，也应获得 CEO 的直接授权，从而竭尽所能地满足客户的期待。同理，工程及开发部门也必须对有关技术问题作出迅速反应。

创业者时常会犯一个错误，就是对于连续出现的问题不够重视，没有及时将客户反馈意见上报公司。实际上，收集产品使用情况及完善建议的重要性，丝毫不亚于确保产品质量与宣传相符。

有一家成功经营北美业务的以色列高科技公司，通过增值分销商（VAR）及大型设备供应商向呼叫中心销售其产品和服务。当一款与众不同的、面向大型企业安保部门的新型产品问世的时候，该公司本打算继续沿用增值分销商策略，以此来推荐新型安保产品和大型设备供应商。尽管如此，在访问过潜在初始客户后，公司不得不改变最初的营销方案。原来，这些锐意进取的潜在初始客户不喜欢与中间商打交道，更愿意同该公司直接交易。于是，该公司很快组建起一支顶级销售团队，并顺利完成了新产品的发布任务。由此可见，潜在初始客户的意见直接影响着产品能否成功上市。

## beta 测试程序

绝大多数产品从概念到最终版本之间经历了多次修改。引起变更的原因通常是真正的用户给工程及产品管理团队的反馈意见。beta 测试程序有助于实现这种变更。该术语普遍应用于工程硬件及软件领域，通常将产品的首个版本称为"alpha 版",供客户测试使用的首个版本称为"beta 版",接近最终版本的产品称为"候选发布版",最终版本则称为发布品。

在各个阶段,会有越来越多的用户或客户陆续收到产品,产品管理团队也会源源不断地获得反馈意见。工程部门既是这一过程的实施者,又是受益者;只要加以妥善处理,肯定会给产品营销带来很大的帮助。

在当今的互联网时代,当产品或服务对外公布之后,beta 版用户随即开始传播产品使用信息。以往的 beta 测试通常局限于少数几位或数十位客户,而现在 beta 用户的数量已猛增至数万人。微软 Windows 95 就有超过 10 万名 beta 用户,而在一般情况下,Netscape Communicator 多数时候也推出 beta 版以及发货版(稳定版)供用户下载。

客户参加 beta 测试计划之后,通常愿意花最少的时间试用产品、填写有关产品特点及功能的调查问卷,并随时向媒体或者其他客户答疑解惑。作为交换,这些客户所提出的问题会得到最优先的解决,他们本人将成为同行眼中的精神领袖,他们的名字也会经常出现在与产品有关的报道或文章中。

选择恰当的参考客户至关重要,因为他们不仅会影响媒体,而且会在危急时刻发表最令人信服的反馈意见。相反,一旦所选择的参考客户仅代表少数人的需求,他们的产品描述就会使人陷入误区。在软件行业中,beta 客户通常只从先前购买过产品的老客户中挑选。作为公司的忠实消费者,参考客户在产品使用中无论遇到任何疑问,都有权获得额外的支持及协助。

网上至今仍有不少未经客户使用就推出的全新产品。为此,不妨事先列出一份主要目标客户的名单——《财富》500 强企业、发展速度最快的 500 家新公司或者其他特定客户均可。然后从中选出对新产品性能感兴趣的目标客户,通过公关活动让他们意识到成为先行者的好处,包括享受价格优惠、短期竞争优势等。消费者网站除了打折促销外,还可以给予"抢先注册"的用户其他形式的奖励。

iExchange.com 是一个供股民分享股市建议并根据预测的准确度为提建议者评分的网站。该网站之所以必须进行 beta 测试,主要有两大原因:一是日常问题的处理,例如,保障程序正常运转、保证服务器没有超过负载等;二是不断预测股票走势,为新老用户提供有价值的内容。作为一家 Idealab!

的下属公司，iExchange.com 首先发动了 Idealab！大楼全体人员（约 150 人）上网发帖提建议，奖品是免费比萨饼和 T 恤衫。结果两周下来总共收集到数千条建议，该公司又给这些人发送电子邮件，让他们邀请身边的亲朋好友一起来参加 beta 测试，并承诺给予参与者奖励。

在 beta 测试期间，公司定期向用户征询有关用户界面、互动效果的意见，以及对于网站外观、使用感受、任务和有效性等方面的整体评价。各类网站活动均有软件跟踪监测，可以显示连续点击次数并确定用户离站时间。产品经理和开发人员当天就会收到反馈信息，因此可以在延长访问时间、提高单次访问页面浏览量的同时，提升整个网站的建设水平。

在 beta 测试后期，关键要让好友及批评家一起参加网站或新产品测试。与友情来访者不同，真正对产品有需求的人更倾向于直言不讳。最为严厉的批评意见中经常闪烁着智慧的火花，这会让你的网站越办越好。

InsiderPages.com 是一家被誉为"朋友们所制作的黄页"的网站，人们可以在上面表扬或批评当地零售商，他们的朋友和陌生人都可以浏览这些评价。页面上评论帖子的数量越来越多、涉及范围越来越广，网站的价值也越来越大。慕名而来的新用户纷纷发表看法，使网站内容变得更加丰富多彩。为了让用户能够更加方便地留言，需要对网站开展 beta 测试。例如，对系统进行人性化设计，使你可以从 Outlook 通讯录中轻松搜索到医生、工程师、管道工等关键词。为了使搜索过程变得简单直观，测试人员在 beta 测试中又多次重试了代码。

整个测试过程都要求收集用户的反馈意见，并全程监测用户使用系统的情况（针对 InsiderPages.com 内部用户）。数周后，内部用户有权邀请 InsiderPages.com 和 Idealab！社区的好友加入。增加用户的过程同样受到了严格监测，有关意见也被及时反馈给了产品开发团队。为此，公司还专门制定了一项营销计划，向前 3 名评论人送上了价值 5 美元的星巴克消费卡。当该网站在洛杉矶的评论人（约 5 000 名）及用户（约 2 000 名）达到一定规模后，产品随即完成了 beta 测试程序并正式对外发布。虽然产品在 beta 测试阶段经历了数次修改，但公司从不担心任何一次修改可能会引起大量用户的不满。

欧特克（AutoDesk）是一家卓越的从事计算机辅助设计及生产的软件

制造商，它深知参考客户的重要性。公司内设有一个部门，专门负责对 beta 测试期间所产生的每一条意见、建议或疑问进行跟踪调查。该部门负责同参考客户展开沟通，弄清楚对方为什么会提出这样的建议。真正有价值的建议或反馈意见，将在发布品中有所体现。即使建议未被采纳，也应告知参考客户不予采纳的理由。然而，由于担心得罪重要的参考客户，许多企业都不愿意主动履行告知义务，殊不知主动告知也是一种获得客户信任的方式。有效管理参考客户、果断实施 beta 测试，正是欧特克维持行业领军地位十余载的重要原因之一。

对于 B2B 产品或服务来说，找到参考客户的过程明显要困难一些，因为新业务存在较大的风险，而且无法保证一定能够成功。有鉴于此，唯有实力雄厚的创新者或者早期的采用者才能胜任参考客户的角色。当然，对这些称职的参考客户采取最佳营销方案也是至关重要的。

选择参考客户的依据是产品，而不是公司。参考客户的确认应该与新产品的推广保持同步。购买者不会提供有关整套系列产品的参考意见，他们只想了解其他成功的使用者如何评价自己感兴趣的产品。MetricStream 是一家质量及合规软件供应商，并长期向大型公司出售业务管理合规软件，如 FDA、ISO9000 及六西格玛（Six Sigma）标准等。尽管辉瑞制药、日立和赛百味等多家企业已经成功使用了该公司软件，但在发布 Sarbanes-Oxley 合规程序模块之前，还需要继续寻找其他有价值的参考客户。他们制定了一份特许客户计划，旨在提供价格折扣、更多支持以及咨询服务。该计划最终给 MetricStream 带来了 Sarbanes-Oxley 程序模块的首批用户。

这类实践并不局限于小型公司。IBM 等大型公司也会制定销售团队及参考客户激励计划，并由此获得新产品的首批客户。销售人员通常在新产品售出后得到奖金或者奖励。同样，早期使用者也可以获得相应的折扣或者特殊礼品。

## 确保对产品的外部支持

除了拥有强大的参考客户之外，获得第三方的外部支持也很有价值。

许多行业都有自己的分析师，他们的意见会对潜在客户的购买决策产生影响。因此，分析师的好评有助于提升产品信誉。

分析师可以为公司产品发布提供现实依据，其服务对象主要有两类：供应商和需要参考意见来选择产品的公司。大多数分析师都会提交分析报告，同时列出推荐者名单以供决策参考。他们还会替公司寻找合适的买家，并提供购买动态、营销导向和竞争形势等方面的信息。

在此之前，你首先应该让分析师知悉公司战略、产品性能以及业界行情。身为业界专家，他们没兴趣听你具体陈述产品优点，而是更关心公司产品能否有效满足市场需求。即使你不是付费客户，有时也会受到分析师的关注。原来，为了掌握市场动态及同行竞争者状况，分析师每年都会主动和那些非付费公司碰头。

业界专家是需要考虑的另一群体。在产品宣传难以收到预期效果时，可以通过其他途径来提升信誉。在产品发布的关键时期，不妨邀请业界专家发言，也可以考虑请他们来担任董事会成员或者顾问委员。NorthPoint 的例子就很能说明问题。NorthPoint 通信公司是一家电信 DSL 提供商，于 2001 年被 AT&T 公司收购。在成立之初，NorthPoint 迫切需要在电信行业创建信誉。该公司当时的竞争对手是赫赫有名的 Baby Bells 公司及其他新贵公司。为了提高公司信誉并在这场角逐中脱颖而出，NorthPoint 成功聘请了前 FCC 主席里德·亨特（Reed Hundt）加入公司董事会，从而间接为公司带来了令竞争对手望尘莫及的认可和知名度。

## 联合发布

英特尔或微软公司在新产品问世时，都会公布一份支持新平台或处理器的公司名单。这些合作伙伴不仅有利于产品的成功销售，更有助于大公司客户进行选择。其他用户的使用经验减少了大公司客户的顾虑，让他们不再过度担心产品质量或售后服务问题。

对于规模较小的公司而言，同样可以在产品公布公告中附上主要战略合作伙伴的联名推荐，以此提升产品发布的成功机会。

当 Viewpoint.com 准备发布一款兼容低带宽流量内容的新型 3D 格式时，希望借助实力雄厚的合作伙伴为其产品提升信誉。在发布前的两个月时间里，公司全力争取与那些同意出席发布会的合作伙伴签约。微软、英特尔和美国在线公司都非常看好网络 3D 业务的市场前景，因为英特尔的超强处理器、微软的 IE5.5 浏览器以及美国在线的电子商务都可以从中受益，此外，连耐克、索尼和 CBS 也加入了新技术使用者行列。

所有合作伙伴不但获得了较高的媒体曝光率，还巩固了自己作为行业领导者、远见卓识者和技术革新者的地位。合作伙伴的光芒也给 Viewpoint.com 带来了荣誉，它的故事成为《纽约时报》、CNBC 等美国国内知名媒体报道的焦点。

与直接营销和销售团队相比，业务开发及技术组织对这种合作关系更加依赖。诚然，技术本身的成功是第一位的，然后才可能实施成功的营销及公关活动。协议签署以前的考察期是漫长的（一般为 2～3 个月），最好提前与可能的合作伙伴建立事实上的伙伴关系。

## 分销渠道

在拟订产品发布计划时，千万不能忘记你的渠道分销商。如果用得着这些渠道商的话，就应该尽早将其纳入计划中来，让他们有机会参加你组织的培训活动，有时间准备营销资源和上市方案，从而为你的产品发布提供有效帮助。

渠道分销商还意味着宣传机会，包括发布联合公告、公共关系策划及出席产品发布会等。他们有时甚至比你的公司更有实力，更能引起媒体的广泛关注，从而有助于实现你的战略目标。可见，这种合作不仅为产品成功上市创造了条件，还令你和渠道成员之间的关系变得更加牢固。

## 结语

声势浩大的产品发布奠定了成功的基础，同时缩短了赢得客户和占领市场的时间。在制定计划时，应当在发布前预留充分的准备时间、选择最佳的参考客户、重视参考客户的需求，并从运行良好的 beta 测试程序中获得足够的反馈信息。虽然可以适当加快网站或网络业务的推广速度，但仍有必要对消费者进行测试，以观察他们对网站各个部分的反应。

# 第 6 课

# 有效的广告：要模糊正确不要精确错误

广告很可能是各种创业型企业最容易滥用（和误解）的营销工具。正如我们在本章中所讨论的那样，不少创业者及管理人员都认为，很难对广告的成本及其收益进行评估。于是创业者们纷纷以大型消费品公司为榜样，模仿其广告方法。这些广告方法都包含一系列"规则"，这些"规则"有助于企业及其广告代理商制定广告管理决策。以下是"规则"的一部分：

1. 没有必要计算广告所带来的增量收入，也不要尝试去计算。

2. 假设某地区或细分市场贡献了收入的 $x\%$，那就应当获得 $x\%$ 的广告曝光率——这就叫做"公平分配"。

3. 如果你希望占有市场份额的 $x\%$，就必须维持超过本行业竞争对手广告费 $x\%$ 的广告预算。

4. 你应该定期投入广告费用，这样才能在各种竞争中获胜。

5. 你的广告至少需要展露三次，才能对消费者施加一定影响。少于三次则没有效果。

6. 广告产生效果需要一个较长的时间，尽管很难估测广告的长期效果，但它的确存在。

7. 如果你认同电视广告的作用，那么多利用电视广告肯定比少用好。

上述"规则"成为许多企业的理想模型乃至经验方法，能够让广告决策的制定变得更加容易。许多企业对于这些规则的推崇程度，简直可以与宗教信仰相媲美。因此，许多广告决策都建立在"信仰"的基础上。

遗憾的是，创业者不可能依靠"信仰"来开展业务。他们必须对稀缺的资本资源进行分配，以实现企业利益的最大化。广告仅仅是稀缺资源的利用方式之一。促销、公共关系及销售团队等营销要素，会与运营资本、新型生产设备等其他用途争夺资源。读过本章就会知道，评估广告的潜在增量收益与成本是完全可行的。创业者可以将广告收益与其他稀缺的资源利用方式进行比较，从而实现资源的最佳配置。后文将会提到，尽管上述评估方法不够精确，却是现有条件下的最佳选择。与严格按照规则行事的"精确错误"相比，这种"模糊正确"的方法更为可取。

为了弄清楚广告为什么容易被误解，尤其是被那些"资深"大型企业所误解，我们试图从最新发表的研究成果中寻找答案，看看专家们对于电视广告的增量销售业绩有何高见。然后介绍一些对创业者有用的广告决策方法，以便在粗略分析广告收益的同时，将它与稀缺资源的其他利用方式加以比较。

肇始于搜索引擎营销领域的高测量性在线广告，是现代广告商手中的一张王牌，2005年的广告费用超过150亿美元。那么，对于当前的创业型企业来说，应该如何利用这场变革来实现自身发展？

## 大型企业也会浪费大笔广告经费

两篇进行过深入研究的文章指出，有充分的证据表明，就连超大型电视广告商也懂得如何提高其广告效率。这项调查的发起人都是些大型消费品营销商，他们运用信息资源公司所提供的行为扫描系统实施测试，先后分析了有线电视1年内播放的近400条广告。

行为扫描系统是一个由3 000余户家庭所组成的购物平台，这些家庭来自6个不同的地方市场，从统计学的角度来看具有相当的代表性。监控器能够按户记录所有家庭在超市里的每一笔消费，从而确保对购买行为的精确测量。

此外，考虑到家庭住户都是通过有线网络来接收电视信号，一种具有广告锁定能力的新技术也被开发出来。由于这种技术能够严格控制实验条件，因而被广泛用于对媒体影响力、媒体规划等广告变量的测定。

具体测试过程是，让各组实验对象在1年内收看不同层次的电视广告，以便观察广告投放量的差异带给增量收入的影响。调查结果表明：一方面，在知名品牌的电视广告中，只有33%带来了统计上显著的销售额增长；另一方面，

第 6 课
有效的广告：要模糊正确不要精确错误

电视广告的播出会产生巨大的规模效益（销售额平均增长 18%），这种效益不仅来得快（多数情况下是在 6 个月内），而且能够持续超过 2 年时间。广告宣传能否奏效，主要由活动所采用的版本来决定。这就是为什么小品牌广告的效果通常比大品牌广告好，而"创新求变"型广告的效果通常比"维持现状"型广告要好一些。由此可见，"你说了什么"远比"你说了多少遍"更为重要。

测试结果对本章开头部分所介绍的"规则"提出了质疑，通过实验得到的增量销售额与电视广告的对应关系，与这些"规则"的描述也不一致。

## 创业者提高广告效益的途径

重要的广告决策通常被归入预算（我该投入多少广告费）、媒体策划（我该在何时何地做广告）以及宣传内容（我该在广告里说些什么）中。对此，不少专著都介绍过所谓的最佳决策方法，只可惜绝大多数理论对创业者帮助并不大，更不用说把这些稀奇古怪的理论都尝试一遍了。那么，为了在资金和时间有限的情况下做得更好，不妨采纳下面的概念和方法。

一般来说，企业都是从某个人（企业主、雇员、代理商、客户、朋友或者顾问）那里获得广告或促销活动的创意。这里的"活动"通常是指媒体、宣传内容与预算的结合。例如，"我们通过广播广告来发布新型汽车配件"，"我们面向刚竣工的新办公楼进行宣传，同时附送本店菜单及免费饮料券"。最后需要做的是，找到一种评估此次活动能否带来足够增量收入的方法，以便计算增量收入所贡献的增量利润能否超过广告及促销支出。只要能够比其他资金利用方式（除广告外的任何活动）获得更多的收益，这项活动就值得继续开展下去。

接下来的问题是，应该如何评估活动所带来的增量收入，以及如何制定更为有效的活动方案。我们首先会向大家介绍有关评估增量收入的概念和方法，然后讨论在评估之前如何对活动方案加以完善。需要强调的一点是，这些评估步骤虽然在精确性上不如其他资本利用方式的评估手段，但不失为现有条件下的权宜之计。其实，这就是所谓的"模糊正确"与"精确错误"之争。前面提到过的"规则"，就是运用"精确错误"方法来制定广告或促销方案的例子。虽然这些规则使用起来很方便，计算结果也很准确，但归根结底不过是纸上谈兵的东西，根本催生不了能够带来增量收入的活动。下面就介绍几种比较实用的评估方法。

## 活动评估
——"模糊正确"与"精确错误"之争

如果你仔细观察每日收入，并且自觉或不自觉地将它与当前的广告及促销活动联系起来看，就会发现这些活动对很多业务都有增量效应。如果业务直接针对客户，并且对方的购买行为受到了广告或促销活动的影响，那就不妨向来访、来电或登录公司网站的客户咨询情况。你必须预设一个与实际收入具有可比性的数字，用来表示"如果没有这次广告或促销活动，收入又该是多少"。在对数字进行"模糊"预设时，可以参考活动区域不同时期之间、活动区域与非活动区域之间的收入差异。在掌握统计数据的基础上，还可以对活动前后各周的收入进行纵向比较，并对相同数目的活动区域与非活动区域的同期收入进行横向比较。

打个比方说，如果整个5月仅在克利夫兰市开展活动，且该月各周销售额比前3个月增加了25%，你也许就会初步估计活动带来了25%的销售额增长。不过，接下来需要了解的是：非活动区域在5月的销售业绩如何？你的比较对象可以是美国的其他任何地区，也可以是你觉得与克利夫兰市情况相似的地区，如底特律或匹兹堡。如果底特律5月的销售额增加了5%，匹兹堡为7%，美国其他地区为3%，你就有理由认为，活动带来了20%左右的销售额增长。当然，适用上述评估程序还必须满足一个重要条件，就是已经排除了所有可能造成收入差异的其他因素。例如，克利夫兰市内会不会有别的因素导致销售额增长，如竞争行为、天气状况、公关活动等。至于作为参照物的非活动区域，也存在相同的问题：参照物的设置，会不会只是"虚假实验"的"虚假安排"？在这种"虚假实验"中，由于没有根据随机分配来确定活动区域与非活动区域，所以无法排除其他因素带给销售额以更大影响的可能性。

奇怪的是，至今仍有为数不少的企业，无论规模大小，甚至不打算采取简单而必要的步骤来分析活动的相关影响。如果不保留相关统计数据，就无法实施任何评估；如果不实施任何评估，就无法完善有效的活动、终止无效的活动。鉴于此，企业应当忠实记录各项活动每天的进展情况，一并放在存有销售收入数据的电子文档中。

## 一个例子

下面是美国国内一家消费类电子产品零售商所记录的数据，内容为该企业广告及促销计划的实施情况。在数据编排方式上，这份记录和“市场状况报告”没什么区别，便于管理人员查明每个工作日的任务进展情况。不过，这些由电脑存储的数据只有经过进一步的处理，才能用来全面考察广告或促销计划的增量效果。图 6—1 是由电脑存储的数据形态。

| | | | | | |
|---|---|---|---|---|---|
| ELEMENT | ADVERTISING SCHEDULE | PLAN PD | 5 | PAGE | |
| ACCOUNTABILITY | ADV DIRECTOR | MEETING | PLANNING | VERSION 12/06/89 | |
| MARKET | | | | | |

| WEEK NO | 1 | SUNDAY 8/20/89 | MONDAY 8/21/89 | TUESDAY 8/22/89 | WEDNESDAY 8/23/89 | THURSDAY 8/24/89 | FRIDAY 8/25/89 | SATURDAY 8/26/89 | WEEK 1 |
|---|---|---|---|---|---|---|---|---|---|
| HOLIDAY | | | | | | | | | |
| EVENT | TY | /-----SUPER SALE------/ /-1 DAY SALE-/------/ | | | | | | | |
| | LY | /-----BACK TO SCHOOL ROP------/ /-----ENDLESS SUMMER 8 PAGE TAB------ | | | | | | | |
| ACTIVITY | TY | AM (6X18) 6000<br>TV 195 PTS. 8000 | RADIO (100 PTS.) 3000 | PM/<br>TV | (6X18) C<br>TV | | | AM (6X18) 7500 | |
| TOT EXP | TY | 14000 | 3000 | 0 | 0 | 0 | 0 | 7500 | 24500 |
| | LY | 8700 | 0 | 0 | 0 | 0 | 19644 | 0 | 28344 |
| SALES* | TY | 50 | 56 | 43 | 46 | 30 | 42 | 58 | 325 |
| | LY | 40 | 56 | 32 | 47 | 25 | 60 | 84 | 344 |
| | BGT | | | | | | | | |
| | HPF | | | | | | | | |
| A/S | TY | | | | | | | | 0.0754 |

| WEEK NO | 2 | SUNDAY 8/27/89 | MONDAY 8/28/89 | TUESDAY 8/29/89 | WEDNESDAY 8/30/89 | THURSDAY 8/31/89 | FRIDAY 9/01/89 | SATURDAY 9/02/89 | WEEK 2 |
|---|---|---|---|---|---|---|---|---|---|
| HOLIDAY | | | | | | | | | |
| EVENT | TY | /-----END OF MONTH CLEARANCE SALE------/ /-----LABOR DAY EOS ROP------ | | | | | | | |
| | LY | /-----ENDLESS SUMMER------/ /-----LABOR DAY EOS ROP W/RADIO------ | | | | | | | |
| ACTIVITY | TY | AM (6X18) 9500 | | RADIO (200 PTS.) 6000 | (6X18) C | | AM/PM (6X18) 5605 | | |
| TOT EXP | TY | 9500 | 0 | 6000 | 0 | 0 | 5605 | 0 | 21105 |
| | LY | 6700 | 0 | 0 | 0 | 5200 | 10200 | 0 | 22100 |
| SALES* | TY | 44 | 38 | 43 | 48 | 35 | 43 | 83 | 334 |
| | LY | 54 | 53 | 46 | 55 | 42 | 47 | 72 | 369 |
| | BGT | | | | | | | | |
| | HPF | | | | | | | | |
| A/S | TY | | | | | | | | 0.0632 |

*in '000 $

**图 6—1　电脑存储的历史数据**

加工整理之后，上述数据被调整为电子表格形式，见表 6—1。

**表 6—1**　　**调整后可供分析的数据**　　单位：美元

| 日期 | 星期× | 销售额 | 电视 | 印刷品 | 广播 |
|---|---|---|---|---|---|
| 1 | 星期日 | 50 000 | 8 000 | 6 000 | 0 |
| 2 | 星期一 | 56 000 | 0 | 0 | 3 000 |

续前表

| 日期 | 星期× | 销售额 | 电视 | 印刷品 | 广播 |
|---|---|---|---|---|---|
| 3 | 星期二 | 43 000 | 0 | 0 | 0 |
| 4 | 星期三 | 46 000 | 0 | 0 | 0 |
| 5 | 星期四 | 30 000 | 0 | 0 | 0 |
| 6 | 星期五 | 42 000 | 0 | 0 | 0 |
| 7 | 星期六 | 58 000 | 0 | 7 500 | 0 |
| 8 | 星期日 | 44 000 | 0 | 0 | 0 |
| 9 | 星期一 | 38 000 | 0 | 9 500 | 0 |
| 10 | 星期二 | 43 000 | 0 | 0 | 6 000 |
| 11 | 星期三 | 48 000 | 0 | 0 | 0 |
| 12 | 星期四 | 35 000 | 0 | 0 | 0 |
| 13 | 星期五 | 43 000 | 0 | 5 605 | 0 |
| 14 | 星期六 | 83 000 | 0 | 0 | 0 |

通过对数据进行完美的正态回归分析，就能大致估算出企业广告的增量销售效果。在该分析中还会用到大众化的微软 Excel 软件，同样有助于节约评估成本。如果统计分析超出了你的能力范围，不妨让附近大学统计学专业的研究生代劳，对方只会象征性地收取少量费用，而且打心眼里喜欢从事这类分析。

回归模型将日销售总额与当天及上周每天的印刷品、广播及电视广告相关联，与去年的同一天的销售额相关联，并与当天正常营业的店铺数量相关联。这种分析会告诉你在星期日报纸上投入的 1 美元广告费，如何在下周按日嵌入增量销售额中去（见图 6—2）。

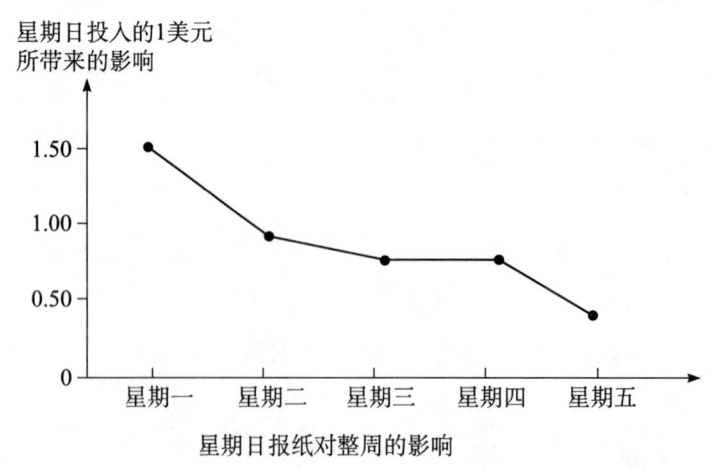

图 6—2　星期日的报纸广告对星期一至星期五销售额的影响

通过分析可以估算出，在不同媒介上每投入 1 美元，所产生的平均增量收入是多少（见表6—2）。

表6—2　　　　　　　　每1美元广告费可能带来的增量收入

| 星期日的电视 | 12.07** |
| --- | --- |
| 整周的广播 | 5.91* |
| 整周的电视 | 5.27** |
| 星期日的印刷品 | 5.06** |
| 整周的印刷品 | 不显著 |
| 星球六的广播 | 不显著 |
| 星期六的印刷品 | 不显著 |

\* $p<0.10$
\*\* $p<0.01$

了解不同媒体工具在一周中各天的相对影响力，对于企业制定以后的活动方案大有帮助。由表6—2可知，星期日应该多用电视广告，少用印刷品广告；工作日应该多用广播广告，双休日则应该少用广播广告。

前面用自然出现的实验的方法，对广告活动给增量收入所带来的影响进行了评估。在统计分析中，为了与未开展的广告活动的情形进行比较，评估者还特意将各家店铺上一年的销售额作为参照对象。其实，如果用人为实验来代替自然实验，评估效果会更好。

**"模糊正确"的创业营销实验**

实验方案背后的基本理念非常简单。你希望能在市场的子区域中开展活动，并通过比较活动区域与非活动区域的方式，对不开展活动时的收入情况进行评估。为了让你对"模糊正确"的评估充满信心，实验应当具备5个理想特征。作为一位创业者，你无法进行完美的实验，其实也没有必要强求完美。实验需要达到的目的，只是帮助你继续开展有效的活动，尽快停止无效的活动。在设计市场测试或实验时，应当具备以下5个特征：

1. 应当随机分配成为实验组或对比组（无差别）的机会。抛硬币或掷骰子都是符合要求的好主意。

2. 除了用于测试的活动之外，其他因素都不会对实验结果造成显著影响。

3. 实验结果可以被用来预测企业在开展活动时的真实营销状态。
4. 实验活动必须先于活动可能实现的增量效果。
5. 必须同时设置不开展活动或开展不同活动的对比组。

其中，最重要的特征是第 1 条——随机分配。一旦缺少这个条件，实验组和对比组就随时可能受到其他因素的影响。

**事先评估比事后评估更管用**

就理论而言，如果活动无法创造高于机会成本的增量收入，就失去了开展下去的意义，不如将这笔钱用到别的地方；如果在活动全面开展之前就找到了评估方法，就可以只开展那些有利可图的活动。人为实验就是这样一种方法，它用市场样本来代替市场整体，在活动全面开展之前就完成了评估。当然，如果评估的成本高于依据经验判断得出的价值，就可以不进行实验，直接开展那些从经验上来说最可能有效的活动。大型消费品企业通常会在这个问题上难以取舍；对于真正的创业者来说则相对简单，因为你只需要考虑在活动完全开展之前，如何进行合理的评估就够了。

在直接邮寄、电话销售、网上购物等采取"一对一"营销方式的领域，可以首先利用选定样本对活动进行测试，然后只开展那些所获取收入高于机会成本的活动。对于直接邮寄而言，与其向名单上所有的客户投递广告，不如运用等距（如每隔 $n$ 个人）抽样法随机挑选少量客户作为测试对象。对于广播、电视、杂志、报纸等覆盖面较广的媒体工具来说，可能要花更多的精力来选择样本。如果企业同时在多个大都市区域开展业务，就可以将其中几个区域作为实验组，另外几个区域作为对比组。实验中最为关键的地方在于，找出预期收入相当的地区，并从中随机决定实验组与对比组。如前所述，抛硬币或掷骰子都是好主意，用这种纯概率的方法所选出的实验组与对比组，更能体现出广告活动与收入差异之间的相关性。下文是关于富兰克林电子出版公司成功运用市场对比实验，对所选媒体及活动方案进行事前评估的例子。

### 富兰克林电子出版公司的广告实验方案

以下摘录了富兰克林电子出版公司在最终确定活动方案之前，对公

第 6 课
有效的广告：要模糊正确不要精确错误

共电视、有线电视及广播这三种媒介开展的广告测试。

### 富兰克林 BOOKMAN 广告测试

● 目的：评估广告对富兰克林公司的产品，特别是富兰克林 BOOKMAN 系列产品的零售情况的影响。

● 方法：通过人为实验来评估下列各项计划。

1. 400 万美元的公共电视计划。如果成功实施，根据对保修卡收入的测算，该计划可覆盖全美30％左右的地区，预示着影响力巨大的零售市场与高度发达的富兰克林市场的结合。相信这些市场可以在广告市场内实现95％的到达率、7 次以上的播出频率。

2. 400 万美元的有线电视计划。如果成功实施，该计划可以覆盖全美所有地区，并在广告区内实现60％的到达率、6.6 次的播出频率。

3. 300 万美元的广播计划。如果成功实施，该计划可以覆盖全美所有地区，且每周滚动播出约 100 次。

富兰克林公司的营销经理还对回报标准进行了认真细化。

● 衡量成功的标准。

只有在偿还广告投资后，实验组经调整后的单位销售额增值仍有富余，才能视为成功。以目前的销售额为基础，可将该成功换算成约20 万个单位的增值，或者年销售额11％的增长率。应当测量所有富兰克林产品的销售额增长情况——而不仅仅是 BOOKMAN 系列。

● 阅读测试结果的评价标准。

应当对实验组与对比组加以调整，从而反映下列因素：

1. 季节性；

2. 市场力量；

3. 仅部分实施整个媒体策划；

4. 对全国性计划，尤其是有线电视市场的计划加以转化：购买除公共电视插播广告外的所有到达率及播出频率。与在本地有线电视上购买产品相比，理想的广告时间应该包含更多的黄金时段和周末。

● 市场回报标准。

萨克拉门托市（400 万美元有线电视）：

20 万个单位/年×0.72％的覆盖率÷1.32 的系数×0.60 日程表的一

半×0.60（4月/5月的季节指数）÷12个月×2（5月/6月）

萨克拉门托市两个月的销售额增长应该比对比组多54个单位。

波特兰市（400万美元公共电视）：

20万个单位/年×0.84％的覆盖率÷1.28的系数×0.60日程表的一半×0.60（4月/5月的季节指数）÷12个月×2（5月/6月）÷0.85（调整为仅利用电视插播广告的地区）

波特兰市两个月的销售额增长应该比对比组多77个单位。

贝克尔斯菲市（300万美元广播）：

15万个单位/年×0.25％的覆盖率÷1.45的系数×0.60日程表的一半×0.60（4月/5月的季节指数）÷12个月×2（5月/6月）

贝克尔斯菲市两个月的销售额增长应该比对比组多13个单位。该测试方案由3个实验组及1个对比组构成。

测试结果显示，公共电视活动带来了比对比组高66％的销售额增长，其效益高于有线电视和广播。

不过，由于配备公共电视的店铺数量较少、周销售额较低，现实情况应该比实验所预测的销售额波动性更强，因而公共电视活动的效果不如对比组的可能性也是很大的。可见，将公司资源投入这类活动的胜算并不大。

## 测试前对活动加以完善

下面介绍的是，应该如何对投入测试程序的广告活动加以完善。

### 活动方案

全力确保活动的顺利开展，对于整个测试程序来说无疑是有益的。创业者们可以采取一系列步骤来改进计划中的活动。

首先也是最重要的一步，就是确保所有活动与企业自身定位及市场细分战略之间的一致性。在每个机遇面前，你都应该不断追问："这次活动真的能够提高企业的知名度吗？真的选对了细分市场吗？"

只要活动与战略保持一致，你就可以着手研发出尽可能多的活动方案，然后对其加以评估。事实上，找到一个真正有利可图的方案犹如海底捞针，并且备选方案与创新战略也可能带来截然不同的增量收入。一些活动的确能够带来销售额的大幅度增长，而另一些活动（拥有相似的预算）却毫无效益可言，甚至还会造成销售额的下降。从理论上讲，你应该开发出若干有明显差别的活动方案，分别测量它们的潜在增量收入，从中选择最佳方案并付诸实施——只要最佳方案能够促使利润增长，同时补偿机会成本（包括比当前活动更为有效）。

然而实践比理论要复杂得多，广告流程管理要求创业者对现实加以权衡。许多广告管理决策关联性极强，存在一种相互依存的关系，必须同时加以解决，具体包括：应该策划出多少种不同的活动？应该为这些活动方案投入多少成本？是否应该聘请一位广告代理商？应该请谁来策划新的活动方案？只有聚集起大量的时间和资源，才能对上述决策作出最有价值的回答。绝大多数创业者没有这个实力，于是只好采用"模糊正确"的方法。下面列举的是选择活动方案时值得考虑的事项。

尽可能让更多的活动方案具有如下特征：

- 活动方案的开发成本更低
- 每个活动方案的评估成本更低
- 评估方法的有效性更高
- 评估方法的可靠性更高
- 活动方案之间的差异性更大

严格说来，创业者必须做好的事情只有一件，就是将最有效的活动方案付诸实施。活动方案的数量越多、差异性越大，从中找出最佳方案的可能性也就越大。如果我们借助现有的评估方法不能选出最佳方案，就会放弃这些方法，因此必须关注评估技术的有效性及可靠性。同样地，活动方案的策划或评估成本越高，需要策划或评估的活动方案越多，活动所具有的创收能力就会逐渐降低。

在评估活动方案时应该更多地关注：

- 评估方法更加有效和可靠

121

● 策划出来的活动方案差异性越大，创业者就越有可能获得更高的销售额

● 每个活动方案的策划及评估成本更低

很明显，如果每个活动方案的策划及评估成本低廉、评估方法切实可靠，而且都有可能影响活动收入的话，就有必要策划出若干不同的活动方案并逐一评估。

对于真正的创业者来说，最好的办法就是增加活动方案的差异性。可以考虑增加活动方案策划者的数量。策划者人数越多，提出的活动就越多，从中选出的最佳方案就更有可能实现销售额增长。那么，怎样才能获得更多的策划者呢？这就需要动员所有可能为创新过程提供帮助的人：你的雇员和客户不但熟悉业务，还会时不时地提出非常有创意的方案；与你共同探讨公司业务的亲朋好友，很多情况下也是创新的来源之一。

遗憾的是，这些都不是创业者在开展广告活动时的"常规"做法。相反，许多创业者会聘请广告代理商来负责活动方案的研发和实施。这些代理商会优先完成自己的创意研发及媒体策划任务，然后才会宣布将其活动方案"卖"给创业者，而你能做的事情只有接受或者拒绝，至多要求对方重新提出新方案。实践证明，运用这种方式策划出来的活动方案对销售额的影响可谓大同小异。

只要将广告代理商的创意功能与媒体功能彼此分离，就能使业务变得更加高效。经验告诉我们，代理商总会设法让自己所推荐的创意方案得以付诸评估，并收取相应报酬。结果，最终选定的活动方案只能是步人后尘的旧点子。如果受条件所限，你很难获得多位代理商的协助，就不妨实施第二种方案，让代理商提供多支自主创新团队来独立设计活动方案，然后从中选择增收效果最强的方案并付诸实施。

事实上，不宜将业务只交给传统的广告代理商负责。在代理商那里打零工的自由职业者、当地的广告与营销专业大学生以及艺术院校的艺术特长生都能够胜任这项工作。所谓"好广告"必须具有艺术价值的说法，也不过是未经证实的假设而已。创业者与典型的广告业界专家对"好广告"持不同看法。对于收听或收看广告的消费者来说，通常不会被广告微妙的艺术氛围所打动（也不在意）。专家们看重的是广告能否给自己带来荣誉（如获得 Cleo

奖),而不是广告增收效果的大小。这种将绝大部分经费用于追求广告(特别是电视广告)艺术价值的做法,在经济效益方面是很成问题的。

作为一位真正的创业者,你或许会产生困惑:"既然绝大多数方案都不会付诸实施,为什么还要支付这笔庞大的开发及评估经费呢?"其实理由非常简单,这会比你通过"常规"手段制定出来的方案增收效果更强。一条好广告所带来的增收效果,往往是常规广告的5~10倍,因而值得为最佳方案的研发与评估进行投资。

例如,MetaCreations 公司为了推销一款新型计算机图形操作软件,在霍华德·斯特恩(Howard Stern)主持的广播节目中插播广告,邀请听众们登录该公司网站或拨打800免费电话来订购产品,并要求霍华德用充满诗意的语气朗诵宣传内容。其实,如果授权霍华德自由发表即兴评论,就会大大降低广告成本。

这次活动创造了10倍于活动成本的增量收入。每当"商业广告"在该广播节目中播出时,电话受理量及网站访问量都会大幅增长,这就为公司随时评估活动效果提供了方便,同时给公司带来了前所未有的销售业绩。接下来我们假设,印度斯坦利华公司之所以会坐失提升效益的良机,恰恰是由于该公司 Lifebuoy 系列产品的成功上市。

**坐失实验良机的 HLL 公司**

正如第1课中对营销战略的讨论,现在假设 HLL 公司在重新定位、重新确立目标以及重新推出对抗痢疾杆菌等致病细菌的 Lifebuoy 系列健康香皂的同时,也失去了提升营销效益的机会。尽管该公司在企业定位、目标确定及分销渠道方面极具创新精神,但在实施乡村传播计划时却显得相当保守。他们基本上只同一家名为奥美的广告代理商合作,在严格甄选的基础上确定最佳方案并直接付诸实施。这种做法可以刺激代理商开发出大量不同的创新方案,然后将其作为早期发布品测试内容的一部分。

如前所述,我们建议开发和评估更多的活动方案,同时给出具体标准。先来看其中的一条:如果研发成本较低,就应该提出更多的活动方案。对于HLL 来说,既可以委托其他广告代理商制定活动实施方案,又可以让"思维活跃"的人来碰碰运气。例如，负责乡村事务的政府工作人员没准会有不错的创意，村民自身也能创造出行之有效的传播手段。既然可以很方便地从这些人那里获得灵感，新方案的开发成本自然降低不少——同有效活动所带来的增收效果相比，还会显得更低。

接下来的三条标准说的是，如果每个活动方案的评估成本更低、评估方法的有效性和可靠性更高的话，就应该开展更多的活动。对于 HLL 来说，可以随机确定实验样本库，从条件相当（如 Lifebuoy 的当期收入及竞争实力）的村子中随机挑选实验组和对比组。在活动评估方面，可以先从各村独立销售商或分销商那里收集销售额数据，然后分别比较实验组在活动前后的销售额。由于测试对象通过随机分配方式产生，除了测试中的传播活动之外也没有其他影响因素，因此测试具有较高的表面效度（face validity）。考虑到营销传播团队所涉足的村子数以千计，每次活动从中提取200～500 个样本应该不是什么难事。样本的大容量也增加了评估结果的可靠性。另外，方便的网上选择、庞大的样本数量以及低廉的实施成本，极大地提升了实验的可行性。

最后一条是说，活动方案之间的差异性更大，就更有可能从中选出增量效果最显著的方案。为此，公司员工及业内人士应当充分估计这种可能性。我们相信，那些评估收益高于当前方案的活动方案，往往能够带来比目前更好的增量效果。考虑到村民从未接触过任何类型的营销传播，应该尽可能地开展一些形式新颖的宣传活动，以便获得村民及独立销售商的广泛关注。

至于 HLL 当初为什么没有采纳上述方案，我们就不得而知了。作为一家实力雄厚的大公司，盲目求变往往会造成严重的政策问题，所以即使对于创新传播计划的实施，遵循先例也不失为好的选择。当然，目前的代理商更不愿意面临随之而来的竞争威胁。

这个例子告诉我们，那些有志于进行全球扩张的创新型企业，只要在广告传播方面多一点开拓精神，少一点墨守成规，同样能够从新方案中获益。

### Synygy 公司高效低价的广告方案

有时，并不是只有耗资巨大才能开发出有效的方案。Synygy 是一家管理复杂激励性薪酬（incentive compensation）计划的创业型企业。该公司拥

第 6 课
有效的广告：要模糊正确不要精确错误

有一家以传统方式运作的广告代理商。该代理商所提供的广告将在平面媒体上展示六个月之久，以便公司的目标读者群（高级销售管理人员及行政人员）进行浏览。广告宣传的目的则是为了在销售人员中树立榜样。广告活动每周都会通过电话或公司网站介绍 2~5 个榜样。图 6—3 就是这家代理商所提供的广告样式。

图 6—3 某代理商所提供的广告样式

公司创始人兼 CEO 马克·斯蒂夫勒（Mark Stiffler）收到了一份构思出众的平面广告模型，其设计者是一名公司雇员（绘图师）。马克授意这位雇员将模型改造成可供打印的广告（如图 6—4），用来替换原有的广告，借此对这则新广告进行测试。

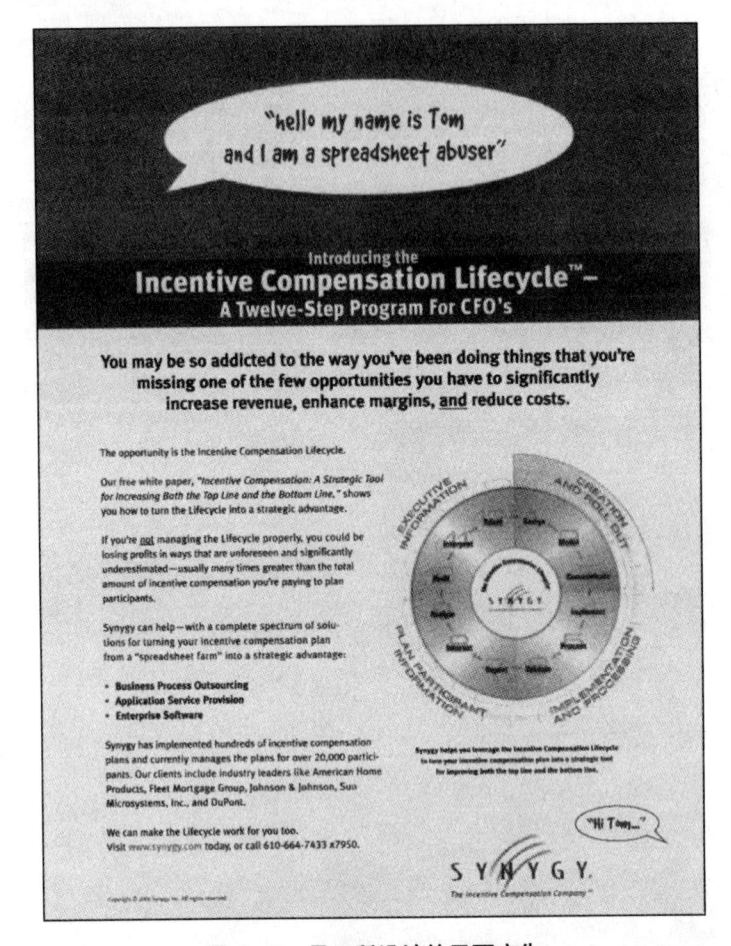

图 6—4　员工所设计的平面广告

　　新广告比原来的广告要好得多——咨询项目按照重要性大小排列，在结构上让人一目了然。于是该公司开始在平面媒体及邮寄刊物中全部使用新广告。新活动在最初的六个月内开展得如火如荼，咨询频率达到了每周 67 人次。在媒体预算或媒体策划没有丝毫改变的情况下，新活动所创造的效益至少是原来活动的 15 倍。花费更少的测试成本，实现更大的效益，还真是让 Synygy 公司抓住了机遇！从审美的角度来看，新广告并没有令人惊叹的质量。然而，为创业型企业服务的广告不是一件艺术品，而是一种创造咨询量和销售量的方法。

第 6 课
有效的广告：要模糊正确不要精确错误

**VS 公司的广告及测试战略**

VS 品牌的广告活动不仅和销售额挂钩，而且和定价挂钩。

在 VS 品牌的广告活动中，直接邮寄和网上销售占了很大一部分。该公司根据这些媒体来衡量销售额的增长，又根据所创造的增量利润来验证媒体本身的合理性。有了整个基础设施来满足网上销售的需要，VS 网站从一开始就是盈利的。由于网上销售只是商品目录直接邮寄的在线延伸，因此对电视广告的管理至关重要。

VS 进行了大量区域性及地方性的广告测试，同样将作为测试对象的店铺分为实验组和对比组。他们发现，虽然短期内销售额的增长很少超过电视广告费用，但是电视广告与单位零售价格之间的确存在一种正比关系。具体而言，电视广告有助于降低客户对价格的敏感度，赢得并增强人们对 VS 品牌的认同感，这对于新产品系列的成功发布可谓意义重大。尽管公司在电视媒体、成本预算及创新内容等方面还有待完善，但管理层认为开发新产品系列更有价值，因而将大部分精力投入到这类活动的开展上。

## 媒体策划

即使你对活动的创新及评估不以为然，至少也会对媒体选择问题感兴趣。如前所述，"与众不同"的活动方案更有机会创造增量收入，同样地，从差别巨大的不同媒体方案中挑选出来的最佳方案，同样很有可能创造增量收入。媒体策划的重点是，找出每 1 美元投入可以带来最多增量收入的媒体方案，也就是进行所谓的"每 1 美元的效果"分析。请注意，这里遇到的问题并不简单，必须在媒体方案的研发及评估过程中考虑各方面的因素。通过三十多年的经验积累，我们总结出一整套"模糊正确"的选择方法，在此仅供创业者决策时参考。

再说一遍，媒体选择要靠企业的市场细分及产品定位战略来推动，任何违背企业基本战略的方案都将被淘汰。事实上，媒体选择可以成为实施市场细分战略的绝佳途径。Tandems East 取得成功的原因之一就在于，公司借助低成本的目标媒体来影响目标客户。另外，媒体选择还应该有效传播企业的广告信息。例如，《皮条客》或《花花公子》杂志虽然可以成为人寿保险产品的目标客户，却不适合充当有代表性的人寿保险产品广告的宣传载体。这类杂志的男性读者通常不会过多地考虑保险的意义，或者不会在享受乐趣时有兴趣听你说教。

在评估媒体选择时，不仅要看哪些人有可能接触到广告，更要看宣传方案的潜在影响力到底有多大，最终可以吸引多少目标群体。因此，媒体选择与即将实施的活动息息相关。即使是相同的活动方案，也会因为选择了不同的媒体而产生不同的效果。再次强调，这不是一个简单的问题。幸好我们已经研发出相对简单的分类评估方法，只需完成对备选方案"每1美元的效果"的评估，就能从中挑选出最佳媒体方案。这种方法关注的是不同细分市场的相对价值、不同目标群体接触广告的实际概率以及媒体工具本身作为激励因素的恰当性。

**媒体评估的样本模型**

媒体方案评估的第一步，是按照相对价值标准对细分市场进行分类。由于需要预测细分市场对媒体受众的划分方式，因此实际操作并没有看起来这么简单。我们通常会按照年龄、性别以及其他统计变量来对媒体受众进行划分。就细分市场本身来说，有的与企业相关性更强，有的与媒体受众相关性更强，这就需要在分类过程中认真权衡。有时根据媒体策划目标的不同，将细分市场大致划分为"我的目标群体"和其他群体两类，接着就可以对目标群体进行方案评估了。

在此，假设创业者已经将目标受众细分为以下三类：高收入的年轻男性；高收入的年轻女性；其他的所有成年人，详见表6—3。下一步就是对群体人数的评估，如A栏所示。表中B栏则是对"获得群体中的一个人，能带来多大的相对价值"的回答，应当根据广告目标、细分市场潜力等因素作出判断。由于这种人均评估采用的都是相对值，我们所关注的也是群体中每一个人的相对价值，因此B栏中的数字10、4、1可以分别替换为100、40、10。C栏则是通过将前两栏数据相乘得到的群体相对潜力。

表 6—3　　　　　　　　　　　媒体评估数据

| 样本细分市场 | A<br>细分市场人数 | B<br>细分市场权重＝细分市场中每一个人的潜力 | C＝A×B<br>细分市场潜力 |
| --- | --- | --- | --- |
| 25～49 岁、收入＞35 000 美元的男性 | 2 000 000 | 10 | 20 000 000 |
| 25～49 岁、收入＞35 000 美元的女性 | 2 000 000 | 4 | 8 000 000 |
| 其他成年人 | 10 000 000 | 1 | 10 000 000 |

表 6—4 给出了不同媒体方案所需覆盖的人数及评价。样本对四种媒体工具进行了评估：网络广告、广播广告、出租车后座前端广告以及报纸广告。开发出大量的备选方案是很有必要的，哪怕只能对某些待评对象进行粗略的、"模糊正确"的判断。有创意的媒体方案不但有助于提高销售额，而且能够让你拥有与竞争对手相区别的定位。

表 6—4　　　　　　　　　　　更多媒体评估数据

| 媒体工具<br>方案样本 | D<br>给定频率下的成本 | E<br>特定受众接触广告的概率 | F<br>媒体权重＝播放广告的相对价值（判断或实验法） |
| --- | --- | --- | --- |
| 普通城市网络一周的广告（网络 X） | 每周 100 美元 | 0.6 | 1.0 |
| 经典摇滚电台 30 秒广播节目——驾驶时间（广播 X） | 每周 150 美元 | 0.6 | 1.5 |
| 出租车后座一周的广告（出租车 X） | 每周 50 美元 | 0.8 | 1.0 |
| 城市报纸财经版 1/4 版面的广告（报纸 X） | 每条 800 美元 | 0.3 | 1.5 |

表 6—4 中的第一栏（D）表示各种方案每次的宣传成本。接下来的 E 栏，表示对那些被算作"受众"的人实际接触广告的概率估计。该估计根据的是对每种媒体工具"受众"人数的测算方式。可以肯定的一点是，广告只有呈现在潜在消费者眼前才会有效。仅仅成为媒体工具的受众，却没有注意到广告的话，就一点作用都没有。例如，读报纸的人如果没看到财经版上的广告，那么对你的业务就毫无帮助。因此，E 栏是对实际接触广告的受众人

数的估计。

最后一栏（F）中每种媒体工具的权重也许最难估计，但同时也最为重要。它回答了这一问题：与另一种媒体工具相比，我愿意花多少钱让一位很棒的潜在客户接触当前媒体工具所宣传的广告？评估出来的数据以相对值形式表示即可。评估的最佳方式就是任意指定一种媒体方案的 1 美元价值（X）。对于其他方案而言，请你继续回答下面的问题：如果我花 1 美元就能通过媒体工具 X 实现广告宣传，那么，要是换成其他媒体工具，还是只花 1 美元吗？在表 6—4 的例子中，根据评估，广播和报纸广告的实际 1 美元价值，要比其余两种媒体工具高出大约 50%。

表 6—5 给出了各种媒体方案在不同"受众"中所占的份额。这些统计数字来自企业联合调研，通常表示哪些人收看、阅读或收听了多长时间的广告。由于所有媒体方案在确定"受众范围"时都会用到这一概念，因此必须加以正确把握。举例来说，对于电视而言，受众的概念就是那些家中有电视，并且收看播出广告的频道的人。当然，这与受众是否真的在收看你的广告还不是一回事，后者是表 6—4 中的 E 栏所解决的问题。例如，在表 6—5 中，据估计有 25% 的高收入年轻男性会成为报纸财经版的受众，而表 6—4 的 E 栏则认为，在这 25% 的受众中，事实上只有 30% 的人会阅读我们所策划的 1/4 版面广告。

评估的下一步是将 C 栏中的细分市场潜力与表 6—5 中的受众在市场中所占份额相乘，计算过程详见表 6—6。M 栏是根据细分市场对于企业的重要程度，计算出来的不同媒体方案的受众总人数。

**表 6—5　　　不同媒体工具的受众在不同细分市场中所占份额**

| 媒体工具 | G<br>细分市场 1：高收入的年轻男性 | H<br>细分市场 2：高收入的年轻女性 | I<br>细分市场 3：其他成年人 |
| --- | --- | --- | --- |
| 网络 X | 0.04 | 0.02 | 0.01 |
| 广播 X | 0.08 | 0.06 | 0.05 |
| 出租车 X | 0.03 | 0.02 | 0.005 |
| 报纸 X | 0.25 | 0.15 | 0.10 |

表 6—6　　　　　媒体受众中细分市场潜力的相对值　　　　　单位：人

| 细分市场 | $J=G\times 2\,000$万 高收入的年轻男性 | $K=H\times 800$万 高收入的年轻女性 | $L=I\times 1\,000$万 其他成年人 | $M=J+K+L$ 总数 |
|---|---|---|---|---|
| 网络 $X$ | $0.04\times 2\,000$万 $=80$万 | $0.02\times 800$万 $=16$万 | $0.01\times 1\,000$万 $=10$万 | 106 万 |
| 广播 $X$ | 160 万 | 48 万 | 50 万 | 258 万 |
| 出租车 $X$ | 60 万 | 16 万 | 5 万 | 81 万 |
| 报纸 $X$ | 500 万 | 120 万 | 100 万 | 720 万 |

下面的等式将媒体受众潜力、广告接触概率以及相对媒体价值等各项因素结合起来，共同组成"效果"。该"效果"除以广告播出的每次成本，得到"1 美元的效果"。在我们的例子里，广播 $X$ 最为有效，然后是比它少不到 17% 的出租车 $X$。据测算，另外两种方案的潜在效益还不及广播 $X$ 和出租车 $X$ 的一半。

$$1\text{ 美元的效果} = \frac{M\times E\times F}{D}$$

网络 $X=636\,000\div 100=6\,360$（美元）

广播 $X=2\,322\,000\div 150=15\,480$（美元）

出租车 $X=648\,000\div 50=12\,960$（美元）

报纸 $X=3\,240\,000\div 800=4\,050$（美元）

应该运用上述媒体策划模型来对方案进行审查：可以在市场环境中实施并加以评估，也可以在模拟市场中测试并评估。前面提到过的富兰克林电子出版公司所实施的媒体测试就是很好的例子。

在广告方案的实施过程中，创业者必须对增量收入进行实时评估。随着时间的推移，回报的减少会带来增量收入的下降。当这种情况发生时，就应该尝试采取其他新方案。即使在搜索引擎营销中，最终也会出现这种现象，不过对于许多创业型企业而言，它同时也代表着一种非常可行的解决方案。

## 搜索引擎营销革命
——评估并最大化"1美元的效果"

近年来,搜索引擎营销之所以会成为发展最快的广告媒介,其理由非常充分。与搜索引擎活动相关的在线广告比2003年增长了50%,达到39亿美元,占2004年整个互联网广告收入(96.3亿美元)的40%——搜索已经成为在线广告的第一大单品。

究竟什么是搜索引擎营销呢?其实就是促使广告主为自己的网站购买关键词排名,使其在搜索结果中排名靠前以便使用者查询的行为。该行业目前最大的两家运营商是谷歌和雅虎。页面排名通过拍卖方式出售,出价最高者排名最靠前,出价次高者紧随其后,依此类推。搜索引擎(通常是谷歌或雅虎)按照搜索页面上的网站点击量收费。

同其他大型广告媒体相比,这种"按效果付费"的方法显得不同寻常。在其他大型媒体中,只有广播和电视时而采用的"在线询价"计划与之相类似。当电视台或广播台、网络或有线系统具备超额容量时,往往会面向直销人员开展"在线询价"业务,并按广告效果(通常是电话接听数或网站访问量)收费。这类在线询价业务被广播及电视媒体视为权宜之计,认为开展总归要好一点。一般来说,广播台和电视台在线询价业务的收费远远低于常规价格。另外,由于搜索引擎营销建立在按效果付费的基础上,因而对于许多广告商来说,其潜在价值不可小觑。

搜索引擎营销的工作流程与企业的性质密切相关。企业是直接面向消费者(B2C),还是面向其他企业(B2B),这两种条件下的工作流程不完全相同,如图6—5所示。

搜索引擎营销与本书所提到过的其他概念互为补充,是在不断适应边际收入与边际成本这对矛盾中产生的。正是看到这一优势,很多各种规模的、业绩不俗的创业型企业竞相运用搜索引擎营销来实践本书中的理论,并不断创造出可观的新利润。

搜索引擎营销为广告的有效运用带来了一场革命。尤西·希伯(Yosi

B2C：

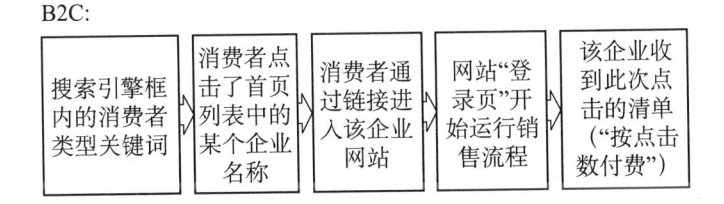

搜索引擎框内的消费者类型关键词 → 消费者点击了首页列表中的某个企业名称 → 消费者通过链接进入该企业网站 → 网站"登录页"开始运行销售流程 → 该企业收到此次点击的清单（"按点击数付费"）

B2B：

搜索引擎框内的企业类型关键词 → 该企业点击了首页列表中的某个企业名称 → 通过链接进入该企业网站 → "登录页"尝试收集潜在分销商的相关信息 → "排名靠前的企业"与合适的分销商进行接触 → 分销商与"热门"企业签约 → 该企业收到此次点击的清单（"按点击数付费"）

图 6—5　付费搜索如何运作

资料来源：Yosi Heber Communication，2004.

Heber）公司在其"希伯公司的广告关联模型"（见图 6—6）中，完美展现了搜索引擎营销的独特优势和巨大潜力。

我们可以从图 6—6 中清晰地看到这一新型媒介带给营销商的便利。凭借搜索引擎营销，企业可以将相关信息准确传递给潜在客户，而消费者则可以通过广告查询到所需要的产品或服务。

搜索引擎营销的另一个显著优势是，消费者感到自己拥有比其他广告媒介更多的控制力。他们认为广告的出现不是一种打扰，而是由广告商所提供的问题解决方案。截至 2005 年终，尤西一直担任 Entertainment Publications 有限公司的首席营销官（CMO）（IAC/Interactive 公司的子公司），后转入 Oxford Hill Partners 公司担任总裁。他总结了搜索引擎营销在实践中所实现的收益，具体如下：

● 它为企业带来了更多的消费者和客户

● 它是可测量的

● 它的成本相对较低（每位客户 0.29 美元，直接邮寄则为 10 美元）

● 它的投资回报率相对稳定

● 它的风险非常低，你只需要"按效果付费"，也就是按"点击量"付费，可以视收入情况决定使用与否

**图 6—6　希伯公司的广告关联模型**

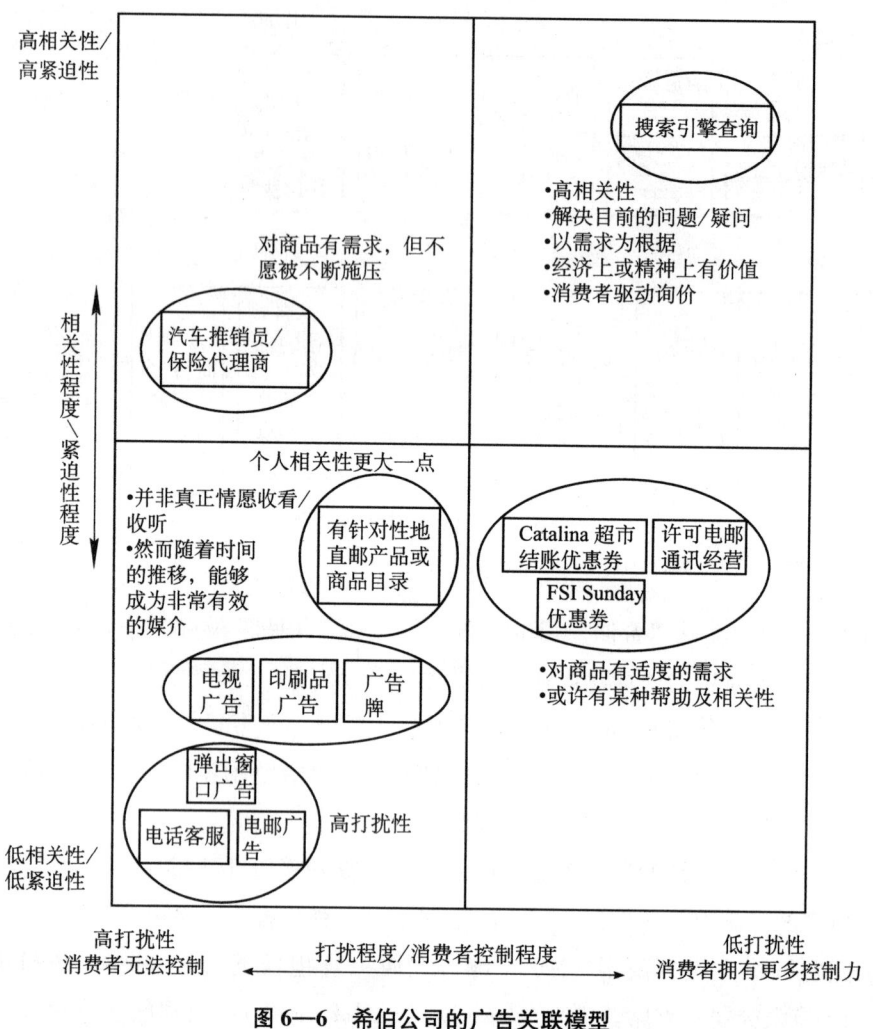

资料来源：Yosi Heber Communication，2004。

- 在 B2B 情况下，与电话购物相比，销售团队所提供的服务更加温馨

在上述媒体评估模型中，广告能够准确到达目标细分市场，与其他传统媒体相比，通常会带来更强的群体影响力。毫无疑问，你通过搜索引擎找到的高收入潜在客户，肯定比不进行搜索的普通高收入者的价值更大。

搜索引擎营销还影响着媒体评估模型的另一个要素，那就是广告播放的相对价值。换句话说，让正在搜索你公司产品的目标消费者看到广告，肯定比对你公司产品没兴趣的人看到广告有用得多。搜索引擎营销不仅便于操

作，还能让营销人员在使用之际持续不断地评估 1 美元的增量效果，从而免除了他们单独开展繁琐实验或评估活动之苦。

**搜索引擎营销收益评估**

营销人员应该如何评估搜索引擎营销的实际效果？当我们为营销活动（特别是其他媒体及广告评估）推荐资源分配决策时，必须尽可能准确地评估增量收入，以便同活动的增量成本进行比较，搜索引擎营销也不例外。应当按照客户生命周期来评估新客户的价值。

在典型的 B2C 情况下，需要监测每条检索词、每个网站的点击者中有多少人转化成了客户，也就是"点击者变成客户"（clicks to customer）的比重。然后用该比重除以"每次点击成本"（cost per click），以获得与每 1 美元成本相对应的客户数量。再用每 1 美元的客户数量乘以客户价值，其乘积就是营销回报（ROM），然后除以每次点击成本，得到的就是营销回报率了。举例来说，假设你每次点击成本为 0.10 美元，"点击者变成客户"的比重为 5%，客户价值为 10 美元，则每次点击收入就是 0.50 美元，也就是用 0.05 的"点击者变成客户"的数量乘以 10 美元。于是，此次广告投资的回报率就是 5 或 500%，也就是用 0.50 美元的收入除以 0.10 美元的成本。其中，新客户的客户价值与"点击者变成客户"的比重是这一分析中的关键数据。

在典型的 B2B 情况下，需要给上述分析过程增加一个例外。"点击者变成客户"的比重被替换为两个数据的乘积形式——通过点击成为合格经销商的比重（"点击者变成经销商"的比重），以及经销商在同销售团队接洽后成为客户的比重（"经销商变成客户"的比重）。

显然，如果记录下每条检索词的具体客户的收入方式，就可以使上述计算过程变得更加精确。需要注意的是，不同的关键词会招来拥有不同购买力的客户，搜索广告的版本不同也会引起客户、经销商乃至二者之间的不同反应。有鉴于此，在有效控制活动成本的前提下，可以考虑开发一个反映检索词、广告的具体的收入业绩关系的信息网络。由于这些信息往往会带来比收集数据的成本高得多的收益，因而在最初网站的设计和创建过程中，不如将更多的精力投入数据的获取和分析中。

**提高搜索引擎营销回报的方法**

提高搜索引擎营销回报的方法再简单不过，那就是：测试，测试，再测试！

考虑到测试成本低廉、业绩上升空间较大，对所涉及公司网站的检索词、搜索引擎、标题摘要、广告版本及促销活动进行测试通常是值得的。本章前面所介绍过的那些与活动方案有关的概念，也同样适用于搜索引擎营销。

应当评估更多的活动，只要：

1. 方案的研发成本更低（搜索引擎广告文案通常只有短短几行内容，无须任何专业技术即可轻松更改）。

2. 每个方案的评估成本更低（如果信息系统已经到位的话，该成本甚至可以忽略不计）。

3. 评估方法的有效性更高（按效果付费的做法，使每个方案的单独评估成为可能，其有效性可想而知）。

4. 评估方法的可靠性更高（每条检索词、每个方案点击数的样本容量越大，评估方法的有效性或可重复性就越大）。

5. 方案之间的差异性更大（我们在测试中发现，即使对于搜索广告中的同一组检索词，不同广告版本所创造的收入也相差15～20倍）。

如前所述，策划出来的方案越多，方案之间的差异性越大，从中挑选出最佳方案的可能性就越大。因此，你应该不断测试、研发、再测试、总结、再研发、再测试，直到当前实施的最佳方案已经没有改进余地为止！

## 结语

尽管本章对活动和媒体的讨论是分别进行的，这并不意味着二者毫不相关。事实上，活动和媒体之间存在相当明确的对应关系，活动的改变通常意味着需要对当前媒体方案加以重新评估；与此相似的是，媒体的改变也要求对当前活动方案加以适当调整。

# 第 7 课

# 如何运用公关创造最大价值？

在购买你的产品或使用你的服务之前，人们首先需要知道有这样一个东西存在，并且需要知道如何获得它。更重要的是，如果他们在同类产品中进行过选择，你应该让他们感觉自己是赢家。恰当地运用公共关系和公众宣传，与推动一个全国范围内的大型广告（一个创业型企业也许难以负担这样的广告）活动相比，所耗费的成本要低得多，而且还让这种感觉来得更快。

在互联网领域，在新类别产品的市场上迅速获得领先地位的关键因素之一是制造"声势"——也就是"你是赢家"的感觉。雅虎、微软、谷歌等公司都得益于此。你要在用户的头脑里占据一定位置，这样他才会习惯性地先访问你的而不是你的竞争对手的网页。接下来，这一位置很快就会转化成市场份额。安·温布莱德（Ann Winblad）是汉默·温布莱德风险投资公司（Hummer Winblad Associates）的合伙人，同时也是一个极其成功的风险投资者。正如她所言："这是拉拉队战略，在比赛开始之前就向世界宣布我们是赢家，这个方法很适用于互联网领域。"博客的出现为信息的迅速传播增添了一条新渠道，从而给这个游戏带来了一些变化。例如，远在启用网址之前，ePinions.com 就在《纽约时报周日杂志》（The New York Times Sunday Magazine）上发表过文章，并且拥有较高的社会知名度。这篇文章给人的感觉是：它的管理团队经验丰富，它是最棒而且是最优秀的，而且它肯定会成为共享观点领域里的领军人物。事实是，尽管 About.com 拥有数千名用户和数百万次浏览记录，并且这些也都在为 About.com 进行宣传，但也挡不住 ePinions.com 为自己造势。领军人物的感觉很快就变成了现实，因而

ePinions.com 能够以比较合理的高价出售给 Shopping.com。网景公司首次推出自己的浏览器 Navigator 时，Spry、Quarterdeck 以及 Spyglass 都已经拥有自己的产品，其中一些产品在技术上还处于领先地位。但由于该公司周密细致的公关活动，以及游击营销战术（在第 10 课里会讨论到的营销战术）；还有专业刊物对其进行了大量报道，报道宣称 Navigator 是最出色的浏览器。很快，它就获得压倒性的市场份额，从而使成功的感觉变成了现实。

## 获得领军人物的认知

如何获得用户认知上的优势？我们要清楚绝大多数用户是如何决定登录哪个网站或者购买哪一种高科技产品的。他们一般会询问自己所信任的人——这些人是他们的组织或个人生活中的信息把关人，或者他们会在时事通讯、展销会或大众刊物上读到一个值得信任的消息。如此一来，获得认知优势的关键就是影响这些影响者，即信息把关人。不过，信息把关人从哪里获得信息？从他们所信任的更少数的影响者那里。这就像一个水池，将一块石头投进池子中央，会有涟漪不断地向外扩展开来，涟漪的直径越来越大，最终到达岸边。

你需要接触以下群体：

**领军人物**——关键的业内人士

**影响者**——关键的专业刊物和商业刊物，行业分析师

**决策者**——重要的领头买家，能够进行决策的人

**摇头者**——那些总是说"不"的人

**大众购买者**——那些总是跟随主流的人

在每个行业里，都有一些人被认为是业内专家或者领军人物。当行业内有重要事件发生的时候，《商业周刊》、《福布斯》、《财富》、《华尔街日报》等报刊的文章通常会援引这些人的评述。在过去，他们会发行高价的时事通讯并召开只有持邀请函才能参加的会议，邀请业内各公司的 CEO 参加。在 20 世纪 80 年代和 90 年代，在个人电脑领域，业内专家有斯图尔特·艾尔索普（Stewart Alsop）、埃丝特·戴森（Esther Dyson）和理查德·谢弗

(Richard Shaffer)。在新的 10 年中期，克里斯·安德森（Chris Anderson）从理查德·索尔·沃尔曼（Richard Saul Wurman）那里接管了 TED 会议（TED 是科技、娱乐和设计三个词的首字母缩写），克里斯·希普利（Chris Shipley）成功主持过多次 DEMOfall 会议，约翰·巴特利（John Batelle）负责 Web 2.0，而蒂姆·奥赖利（Tim O'Reilly）则负责颇有影响力的 eTech 和 Foo Camp 会议。找到这些人，让他们的通讯报道你出席他们的会议，你会立即在关键的业内买家、合伙人和关键的风险投资者（这些人可以为你的创业型企业提供创业资金）当中制造出立竿见影的声势。

在当今的新媒体世界，博客在信息传播中起着很大的作用。最优秀的公关团队会努力找到针对某一话题的关键性博客，因为他们知道其他的影响者和媒体会读到这些人的评论。有选择地渗透进具有影响力的博客与引进专业刊物同样重要。在最近的一次 DEMOfall 会议上，媒体列表包括了三页的报纸杂志记者和一页博客用户的名单。与相对来说更有思想的记者相比，博客用户会以更快的速度传播信息（通常是在几个小时之内）。Technorati、Feedster 和 Pubsub 的出现使博客搜索变得容易，而且它们还会在博客更新时给予提醒。

Riya 是一家新公司，在过去的几个月里它一直在其创建者 Recognizing Deven 的博客上介绍其产品的开发进度。这种开放的交流不仅为该公司的最终上市进行了有效的宣传，而且为该公司吸引了一些风险投资者。与此相似的是，任何一款新手机的面世都会首先出现在 Engadget 和 Gizmodo 上，这是两个关于尖端科技产品的重要博客。

电信通讯、半导体、数据库软件以及应用软件部门都有自己的行业领导人物、通讯和会议。这对于生物科技、能源以及我们考察过的其他领域都是一样的。在每个行业的核心位置都是少数几个颇具影响力的人，他们向外界阐述其观点的同时也传达了新的创意、产品和服务，这些观点通常都是一个产品或服务问世第一年内成败的晴雨表。

讨论过领军人物，接着要说到影响者，这包括重要的大众专业报刊和商业报刊领域的作家和编辑。在计算机领域，Ziff Davis 出版的刊物《电子周刊》、《个人电脑杂志》等与 IDG《信息世界》和《电脑世界》等报纸在决策者当中的覆盖面最广。你需要针对每一种出版物打出足够的时间提前量，以便使你的信息在各种出版物上得到同时段曝光。也就是说，如果你想在五月发布一个关于新产品的信息，对于月刊来说，你需要提前两三个月联系确定；对于周刊杂志来说，只需提前两三个星期；而对现在每天更新的电子杂志（在线杂志）来说，你只需在发布日期前提前几天预定即可。

对于以客户为关注焦点的产品来说，关键的大众专栏作家可以在产品发布的过程中产生巨大的推动作用。沃尔特·莫斯伯格（Walt Mossberg）是《华尔街日报》个人科技专栏的专栏作家，他的一个前期访谈可以成就或毁掉一个新产品。他每周会收到数百个请求，而且他有自己的过滤办法；关于这一点，优秀的公关公司都明白。他会要求获得产品的首家报道权，通常这一要求不会被拒绝。他喜欢提前很久就开始着手准备，以便能仔细研究产品并提供反馈意见。例如，富兰克林电子出版公司和海星软件公司（Starfish Software）推出 REX 软件时，在双方签订了适当的禁发协议书之后，莫斯伯格提前了一年时间投入此项工作。他在早期测试版中的投入对后来更为优秀的产品的问世起到了非常重要的作用。他关于新产品的评论在其早期的销售过程中起到了关键作用，同时这些评论在帮助宣传这样一个广告投入较少的产品方面也可谓举足轻重。

此外，《新闻周刊》的史蒂夫·利维（Steve Levy），《商业周刊》的史蒂夫·怀尔德斯特罗姆（Steve Wildstrom）和《电脑周刊》的迈克尔·米勒（Michael Miller）也都凭借自己的独到见解在读者中享有一定威望。对于这些影响者，最好不要仅仅把他们当作信息传播者，而是要把他们当作非常有见识的、有助于改善产品或服务的设计和特性设置的用户来看待。很明显，在当今世界，你不仅要关注纸质媒体，而且要关注电视、广播和网络等媒介。毕竟，是来自互联网的马特·德鲁奇（Matt Drudge）而不是《新闻周刊》最先披露了莱温斯基事件，后者当时还在等更为确切的消息。

电台频道的过剩也给广大公司带来了宣传机会，它们可以制作短小的（30 秒到 2 分钟不等）视频新闻发布（VNR），这些视频通常会被地方电台或特定的有线电视所采用。这样的短片出现在电视上，通常会伴有当地新闻主持人或科学报道记者的解说，具有不可低估的影响力。例如，MetaCreations 发布其产品——消费者形象图像处理趣味软件时，其视频为十几家电视台所采用，随后销量激增。CNN 的《今日科学》频道经常报道一些非常有趣的产品。能源创新公司（Energy Innovations）接受了CNN关于其新的太阳能开发计划的采访之后，其网站在接下来的几周内一直存在网络堵塞现象。

如果直接营销定位明确并且伴随特定事件发生，产品就会以最为恰当的方式到达决策者那里，这一点在第10课会详细论述。不过，总体来说，你所获得的关于产品的正面评价越多，那些摇头者对抗主流意见和说"不"的可能性就越小。

**代言人/发言人**

公关的其中一项关键任务是帮助公司里的一个人（或者至多两个人）与业内领军人物建立一对一的私人关系。在绝大多数情况下，公司CEO和技术负责人应该与这些业内领军人物建立并培养这样的关系。公司需要在"巡回发布会"上会见这些业内领军人物，请他们试用预先发布的（试用版）软件或硬件，并且向这些人提供大量的技术援助，以确保每一个产品都能顺利运行。你应该明白这个过程是双向的：如果不能获悉最新的产品动态，业内领军人物也会名不副实。而且每个人都喜欢了解秘密，或者比别人早一些知道消息。如果这样一种关系建立得足够早的话，在通常情况下，业内领军人物可以帮助公司改善产品，使它变得更便于用户操作；并且，由于已经对产品投入了感情，他们更有可能认同该产品是同类中的佼佼者。

需要与媒体见面的发言人需要举止优雅，并且对公司及其产品了如指掌。同时，对于涉及上市公司的筹资问题或私人公司的"欺诈"问题，要足够敏感，知道什么该说什么不该说，以避免惹祸上身而承担法律责任。重要的是，不要对媒体或影响者说谎——尽管编造谎言是可以接受的并且很常见。最大的错误莫过于在一个产品还不具备某种功能时，却说："是的，这个产品可以如何如何。"此外，在向受众介绍产品时，要提前安排好整个过程，注意尊重受众有限的时间。一些关于公众演讲的训练，像桑·乔斯（San Jose）向准备进行路演的创业者们提供的那种演讲技巧，会非常有用，可以纠正一些典型错误。不当的肢体语言、回答问题时过于犹豫，以及其他的类似问题，都会给业内领军人物留下一个不当的印象。记住，在绝大多数情况下，第一印象会起到决定性作用。

关于公司及其产品的介绍应至少分为三部分："电梯故事"、15 分钟演示和 30~45 分钟的路演。电梯故事，即在电梯运行过程中你和旁边的陌生人讲话的时间里能讲完的故事——一般大概要花 30 秒到 2 分钟。你需要让他们对你的话题感兴趣并且还想进一步倾听。电梯故事有几个典型的套路，目前最流行的说法是"我们要成为×××中的亚马逊"。如果×××指的是 eToys，举例来讲，那么就是说 eToys 打算成为玩具业中的亚马逊。遗憾的是，亚马逊已经与玩具反斗城公司联合成为亚马逊玩具，所以这个说法需要改变。如"REX 的功能几乎相当于一个信用卡大小的掌上电脑，并且可以作为与笔记本电脑同步的无线网卡加以使用"。

15 分钟的演示很容易理解。首先花一两分钟介绍发言人和公司——说出一些可以增强可信度的人名（顾问委员会成员、董事、投资者），然后进行演示，让受众对产品有切实的了解。高科技领域的绝大多数业内领军人物其实都很迷恋小玩意儿，他们就是早期用户的缩影——就像沃尔特·莫斯伯格——他们试着把自己放在普通用户的立场上去考虑问题。如此一来，不管是 CEO、CTO 还是一个普通的营销沟通人员，都会希望你成功。不过向他们展示产品还是很有必要的，因为他们可以向别人宣传。

最终，如果还有很多时间，应该准备一个幻灯片（PPT 之类），你可以迅速调整它以针对特定的受众。幻灯片的内容应该包括公司历史、融资情况、产品发布方案、广告方案、合作协议（这一点在互联网公司中很普遍）以及产品本身。

**与融资的关系**

对那些也需要融资的创业型企业（几乎所有的都是这样）来说，公关有两个作用——使产品看上去很优秀并且促进融资。另外会有一部分影响者来关注这个群体，并且他们的反馈会在很大程度上影响到核心业内领军人物和影响者对于这些企业的风险资本支持。一个由克莱纳·珀金斯公司（Kleiner Perkins）所资助的企业，因其合伙人是最成功的风险投资公司之一并享有很高的可信度，与一个不知名的公司相比，专家持怀疑态度的可能性较小。

第 7 课
如何运用公关创造最大价值?

在这一领域,最先有一些出版物发展势头很旺,但最后几乎全军覆没。《红鲱鱼》杂志后来重新出版,并再次占领了部分市场。在这些刊物中对一个公司进行大规模宣传不仅可以帮助公司吸引影响者,还可以吸引一些本来可能持观望态度的高姿态目标客户。

与此相类似,《红鲱鱼》杂志对于某个公司的报道,也许会帮它打开硅谷沙丘路(Sand Hill Road)那扇已对它关闭的大门。绝大多数风险投资者都想给别人留下一种印象——自己在跟赢家合作,这种印象会像香水的味道一样吸引投资者的注意力。

**公关机构**

关于公关机构所能带来的实际价值,长期以来,一直存有争议。一些小公司认为他们自己就可以获得业内领军人物和影响者的认可,而花一大笔钱(往往如此)请一家公关机构也许并不值得。但根据我们的经验来看,只要你最初设定的期望合理,并加以适当的管理,公关方面的投资会给你带来几倍的收益。公关机构有如下三种基本功能:

**创造**——定义信息

**执行**——传播信息

**花名册**——知道该找哪些人,并且有能力让他们倾听

虽然关于如何实现前两种功能,不同的机构之间的差别很大,但真正能把少数顶级机构同其他机构区分开来的却是第三种功能。部分机构(Alexander Ogilvy, Cunningham Communications, Connors Communications, Blodgettcomm)在接待客户方面已经变得十分挑剔,并且它们的要价也非常高——正如华盛顿特区的那些成功的游说者那样,把向权力群体提供帮助作为其实现自我增值的一部分。

对公司进行合理定位,并把它的相关信息以最为合适的方式传达给各类群体主要是公司高管的任务。但公关机构可以并且应该对信息的语言组织和措辞加以引导,以便信息能以迅速并且令人印象深刻的方式传播。Idealab! 新近推出的搜索引擎"Snap.com"所采用的信息是"给你真正想要的搜索结果",并且该公司所有的管理人员都接受了"专注于信息"的培训。伟大

143

的政治家的显著标志之一就是专注于他们所要传达的信息——创业者们也应该掌握这一点。

一旦新闻稿、宣传资料袋和评估或演示软硬件准备妥当，公关就开始进入执行阶段。最为优秀的公关机构都会有一份详尽的、包括编辑和其他影响者的联系方式在内的邮寄名单。每个公司必须创建属于自己的联系人名单，并且需要在公司内部保留这些名单。这样，即使将来他们更换服务机构或者在自己公司内部建立公关机构，也可以继续跟进这些联系人。公关机构通常都有直接进入美通社（PR Newswire）、美国商业新闻社等媒体的便捷渠道，因而可以迅速地发布信息。它们也更清楚，在各种期刊中，最近谁被指定来写某个具体范围内的内容，以及哪一位证券分析师比较青睐民营公司。

对于公关的成效，需要用尽可能量化的方式来衡量。优秀的剪辑服务可以帮你计算出公关的努力为公司在专栏上赢得了多少英寸的版面，以及在电视和广播领域赢得了多长时间的报道。在日立数据系统公司（HDS），我们有一个电子数据表来记录在绝大多数关键的期刊上刊登广告的价格，据此我们可以推算出做广告所需支付的相应费用。尽管如此计算出来的数据并不是十分精确的，但如果长期进行下去还是很有用处的，至少更便于公司处理广告宣传方面的事宜。如果可能的话，可以用一个优秀的追踪系统来查出是哪篇报道带来了来电垂询、网站访问或者顾客来信。有些公司会以交易为起点一路回溯，找到最初的那些导引，从而再次证明公关的真正价值之所在。

与绝大多数的雇佣服务一样，面试和征信调查是挑选公关机构的关键步骤。你需要调查它们跟与你类似的客户合作的情况。给它们的CEO或营销主管打电话，问问与那些客户合作的情况。对为你服务的人员一定要具体到人——他们会指派一些资历较浅的员工，这很正常，不过要确保他们的监管人员是你所信任的人并且在负责此事。通常情况下，这些企业的名义合伙人主要都在外面从事营销业务，并没有进行实际的公关运作——尽管他们会反驳，认为他们在努力巩固与影响者的关系，这会使你的公司受益。

第 7 课
如何运用公关创造最大价值？

**时间选择至关重要**

公关的时机选择和顺序安排对赢得最大化的市场收益可谓至关重要。从理论上来讲，这是一个渐进的过程。先是为公司壮大声势，接着为具体的某个产品造势，然后请业内领军人物和关键的影响者谈论该产品，随着以大众日报和专业刊物为主导的各种媒体对它进行大规模报道，将产品宣传推到了顶峰。在接下来的两三个月里，每月都在月刊、广播和电视上对它进行进一步的推广宣传。

PayMyBills.com 公司是由沃顿商学院的一个项目发展而来。这个项目参加了他们的年度商务规划大赛，随着赛事的深入开展，该项目跻身八强。一家处于领先地位的互联网企业决定资助它发展成为一个成熟的公司。几个共同创始人被带到 Idealab! 公司在帕萨迪纳市的总部，他们被告知有 60 天的时间来创办公司和开展业务。商务规划大赛为公司提供了造势的机会，因为主要的媒体都对该赛事进行了报道，在《纽约时报》、《费城》杂志还有其他报刊上都有文章专门报道此事。这给公司初期的人才招聘和融资提供了很大帮助。

这几位创始人于 5 月 19 日进驻 Idealab!，10 天之后，他们雇用了 10 个人，这些人主要是通过招聘会和网络招聘而来，他们在报刊上和行业标准互联网在线时事通讯上了解到此事。3 个星期之后，Idealab! 利用声势以相当高的估价为公司筹得 400 多万美元，如果没有公关的努力，不可能获得如此有利的估价。公司还雇用了与 Idealab! 长期合作的 Alexander Oglivy 机构为其产品的发布进行快捷的准备。他们制定出接受专业刊物、商业刊物和广播等媒体采访的日程表，把焦点放在产品的发布日期上——7 月 19 日（比预定的 7 月 4 日延后 15 天）。公司还举行了与《华尔街日报》、《洛杉矶时报》、《电脑周刊》和其他报刊的媒体见面会，目的在于发布当日对产品进行集中报道。

此外，公司还买断下了好几个城市的点播广播，包括霍华德·斯特恩的脱口秀节目的广告时间，为产品发布之后的 2 周进行准备。所有这些努力为公司赢得了一些媒体访谈和一大批客户，并且公司逐渐被认为是这个新领域的领军人物。尽管它的两个竞争者 PayTrust 和 Cyberbills 的资历更深一些，但都还没上市，处在摸索阶段。通过积极发挥公关的作用来宣传产品发布，PayMyBills.com 公司现已在同行中处于领先地位，并在不到 1 年的时间里获得了 5 万名客户。后来它与 PayTrust 公司合并，合并之后的公司后来卖给了金融服务领域的一家知名企业。

一个公司在积极推进公关战略的同时，还必须保证产品的上市跟得上进程，这两者是分不开的。Boo.com 公司是由路易·威登集团总裁伯纳德·阿诺特（Bernard Arnault）出资创建的一个关于奢侈服饰的网站，在公关阶段，综合公共关系的各种努力为公司制造了轰动效应，但是网站推出的日期却一再延迟（最终推出时间比宣传中所说的晚了八个月），这让人们对它产生了怀疑。等它真正推出后，网速又特别慢，让人用起来很痛苦，公司在公众心目中的形象在逐渐变坏。要改变这一不利的形象，网站需要重新推出并有所改善。

### 危机管理

公共关系的关键应用之一就是在危机管理方面。每一个公司都会遇到自己的名誉和发展出现危机的状况。英特尔奔腾处理器的计算引擎出现问题时，最初的宣传就前功尽弃了。英特尔居然将要成为不能计算一加一等于二的公司，这是多么难堪的事情。在这种情况下，公共关系可以发挥它的作用。

危机出现时，有效的公关会确保公众知道公司在迅速地、努力地应对危机。它可以证实公司采取行动的可信度。当一位顾客在温迪快餐连锁店的辣豆汤里发现断指时，其公关部门的反应就特别迅速，而且覆盖面非常广。它让公众知道公司如何与警察当局和卫生当局进行合作调查，并向公众解释为什么这不太可能是温迪的过失。罪犯被捕之后，公司又动用公关来表明公司站在正义的那一边，并且店内的客流量比以前有所增加。

在每一次危机事件的处理中，有一个规则是显而易见的：要讲实话。不管危机有多严重，都要对公众讲实话；如果一味地欺骗，从长远来看，会让事情变得更糟。

第 7 课
如何运用公关创造最大价值？

## 结语

正如《纽约客》杂志上那幅有名的漫画（画上有一只狗在敲击键盘）所展示的那样，"在网上，没有人知道你是一只狗"。同样，如果你不采取一定的措施去给公众这样的感觉，并把这种领袖的感觉转化为现实，也没有人会知道你公司的存在。在各种影响者当中来回斡旋是让公众迅速对你的公司产生积极感知的最佳途径。这种领袖的感觉不仅能帮助公司销售产品或服务，还能在招聘和融资方面为创业型企业提供帮助。

# 第 8 课
# 通过销售管理实现增值

销售管理是一本创业营销书的关键部分。尽管销售和营销有很大区别，但二者不可避免地要相互联系。写一本关于营销的书而不包含销售管理方面的内容，相当于还没有一个初始设计就去建造房子。当然，这一对连体婴儿所面临的挑战是两者都认为自己居于主导地位。没有营销，销售就没有了向导和保证；而没有销售，交易就不可能实现。这样，摩擦自然就出现。有没有见过两个人跳舞同时都想领舞的情况？因而，必须要明确定位销售人员的角色和执行方案。本章的内容结构如图 8—1 所示。

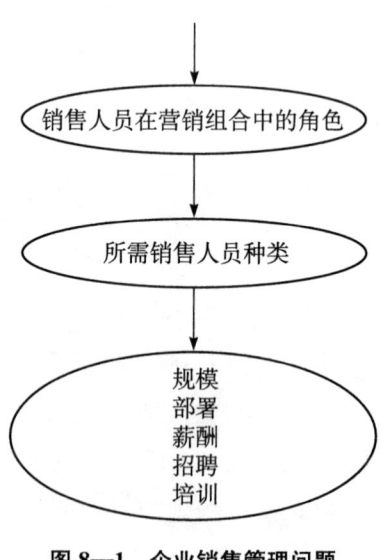

```
        ↓
  ┌─────────────────────┐
  │ 销售人员在营销组合中的角色 │
  └─────────────────────┘
        ↓
  ┌─────────────────┐
  │  所需销售人员种类  │
  └─────────────────┘
        ↓
  ┌─────────────────┐
  │      规模       │
  │      部署       │
  │      薪酬       │
  │      招聘       │
  │      培训       │
  └─────────────────┘
```

图 8—1　企业销售管理问题

## 销售人员的角色

营销组合中的所有元素都应该基于企业的营销驱动型战略。销售人员的决策必须保持一致性，并且要以作为战略核心的定位和市场细分方面的决策为依托。值得一提的是，定位和市场细分的存在通常意味着，在营销组合中，销售人员是产品定位的一部分，并且是一种实施部分市场细分目标的机制。

例如，Tandems East 公司以其所有者梅尔·科恩布卢为首席推销员。对潜在客户来说，他的价值主要在于他专业的洞察力、关于 Tandems 自行车的经验和他满足潜在客户需求的意愿。另外，他也会通过在与潜在客户初次交流时询问资格问题来实施企业的部分目标定位功能。不过，一些电子商务公司在其市场组合中并无人员销售这一项。亚马逊公司的客户在进行购买评估时就没有与任何销售人员进行交流。不过，亚马逊公司所提供的信息和它所开发的个性化软件都基于对真实场景的模拟，这让它的客户感觉就像走进一家优秀的书店并在向一名经验丰富的销售人员询问信息和建议。戴尔根据客户的喜好采用了在线销售和人员销售结合的模式。戴尔的一些客户觉得跟一个真人打交道会更舒服，并且可以据此评估销售人员解决问题的能力。戴尔的一些大客户认为，他们应该享有更优惠的价格或者在一些特殊情况下享受人性化的服务。

公司需要回答的问题是：根据公司的定位和市场细分战略，为了最有效地实施它，销售人员需要为它增加哪些认知价值（如果有的话）？如果公司思路清晰，并且在市场细分和定位的过程中进行了周密细致的调查研究，那么销售人员的角色定位通常就会水到渠成。

首先需要审查并理解以下几点：

1. 客户以何种方式购买公司所提供的产品和服务？
2. 产品的价格卖点。
3. 期望中销售周期的长度。
4. 销售的复杂性。

重要的是，要确保公司所选择的销售途径与公司对上述问题的回答相一致。例如，你无法给一个卖20美元/件商品的销售人员发20万美元的年薪，就像以前的亚马逊公司那样，你负担不起如此高昂的费用。与此相类似的是，选择一个价值数百万美元的企业软件方案时，客户总是期望获得比从网上自助购买和电话购买那里得到的更多的服务。

## 所需销售人员种类

除了要与产品与市场动态保持一致之外，一家公司总希望采取性价比最高的销售模式。如果通过电话就可以有效地销售一个产品的话，就没有必要派推销员到外面对客户进行面对面的推销。下面让我们来审查产品到达终端用户的基本销售途径：

● 直接到达终端用户——公司雇员或系统直接向终端用户出售产品或服务

1. 网站——用户自助购买（如亚马逊公司）
2. 电话销售（如里昂·比恩产品目录）
3. 直接销售代表（如 IBM）

● 分销商——把产品原封不动地转售给终端用户的公司（如百思买）

● 增值分销商——把产品改进之后出售给最终使用者的公司（如 ATT 转销雅虎的 DSL）

● 特约销售代理（代表）——代表公司销售产品的销售个体户（如独立保险代理人）

直接到达终端客户销售指的是由公司直接把产品销售给产品使用者的销售模式。戴尔就是采用直接到达终端客户销售模式的例子。客户只有通过戴尔公司才能购买到它们的产品。直接销售模式包括网上销售、电话销售和直接销售代表。这种直接销售模式有以下优点：

1. 公司可以完全控制终端客户在销售过程中的体验；
2. 可以直接获得客户反馈；
3. 直接销售模式可以更好地应对变化，如产品价格、销售战略、信息传输等方面的变化；

4. 公司产品是销售的主导。

它的缺点包括以下几方面：

1. 销售启动成本高；

2. 由于资源有限，快速扩展销售渠道比较困难；

3. 人事管理方面的问题。

分销商指的是把你的产品原封不动地转销给终端用户的公司。他们一般从多家公司那里获得产品或服务供应，然后转销到一系列目标市场，从中获得购买成本和销售价格之间的差价。百思买就是一个范例，它购买康柏电脑然后转销给顾客。采用这种销售模式具有以下优势：

1. 把你的产品更快地推向市场；

2. 通过最大限度地发挥既有分销商在营销和销售方面的努力，把产品推向更广阔的市场，从而获得更多的客户；

3. 较低的启动成本；

4. 获得接近分销商的客户基础；

5. 分销商需要对完成一个交易所涉及的过程和文书工作负责。

同时，它的劣势在于：

1. 需要建立营销和支持程序来支持这个销售渠道；

2. 在销售过程中，创业者失去了对客户体验的控制力；

3. 创业者仍需负责培训销售人员。

经销商模式需要特定的销售和营销支持，这种支持以多种形式出现：关于产品方面的培训、销售产品所需的工具/辅助材料、技术上的支持以及订单下达或管理支持。启动这个销售渠道很简单，不过它非常需要你自己运作销售所需的那些支持。不同之处在于，你需要向分销商提供可以纳入他们自身系统的模块化的东西。例如，向分销商提供 PDF 格式的产品列表，以便他们可以将其纳入自己的产品目录中。同样，你也许希望在你的网站上设置一个特别版块，在那里经销商可以很容易看到信息、辅助材料、自主培训等信息模块，如此可以降低支持此销售渠道的成本。在网站上设置一个附有适当答案的常见问题版块，会给这个销售渠道提供有效帮助。这里讨论的支持方案也适用于增值分销商，接下来将讨论到这一点。

增值分销商指的是把你的产品改进后再出售给终端用户的公司。MetricStream 就是范例，它是一家质量审核软件公司，把甲骨文公司的数据库软件产品作为其部分解决方案来转销。客户购买 MetricStream 公司的 Sarbanes-Oxley 合规解决方案以确保他们遵守了美国证监会（SEC）的规定。由于 MetricStream 的软件解决方案需要甲骨文公司的数据库，所以说，终端用户购买的是甲骨文公司的产品，不过这个产品可以帮他们解决合规方面的问题。这种销售渠道的优缺点和分销商销售渠道一样。

特约销售代理，即制造商销售代表，是指从代理销售中获得佣金并自己承担所有销售费用的独立公司。这些公司通常是覆盖一个明确区域范围的地域性销售实体。他们一般不销售其他厂商的具有竞争性的商品，而且他们与委托人所签订的合同一般都不是长期的。他们的角色是取代或者在某种情况下辅助直接销售人员。不过，这些销售代表无法替代分销商。他们没有存货，不拥有货物的所有权，没有发票或货船，也不会因销售居功。

这些销售代表所具有的优势在于他们与客户的关系。在许多情况下，他们会连续很多年向他们的客户提供产品。优秀的销售代表可以获得他们客户的信赖并且能深入细致地理解客户的需要。他们还可以把你的产品同他正在销售的其他产品捆绑在一起以达到整合销售的目的。同时，由于捆绑产品所带来的便利，与直接销售人员相比，一名销售代表一般可以拜访少量的客户或多次拜访同一个客户，这样可以节省开支。由于其优势在于他们与客户的关系，他们一般比直接销售人员更为固定且流动性较小。销售代表一般比直接销售人员付出得多，可以将其销售团队保留得更长久。他们会非常灵活，专注于销售，并且对销售成本很敏感。他们也能为公司增加广阔的弹性空间——由于开销少（包括几乎所有的可变成本），他们可以很容易预测到销售成本并在收入比预期要低的时候采取措施以降低成本。另外，终止代理要比裁减内部销售人员容易得多。

不过销售代表本身也存在一些不足。由于他们有很多委托人，对这些人的产品都要处理，因此要专注于你的产品也许有些困难。另外，这些销售代表也许因为过于多样化而无法给予那些在你产品中发现价值的客户以足够的关注。一些产品也许没有既有的、合适的销售代理网络。另外，你的竞争对手也许已经启用了真正优秀的销售代表。不过，你最需要权衡的是对于这个过程的控制力的丧失。这一点适用于所有非直接销售渠道。

**控制力问题**

如果你的企业雇用了销售人员，从理论上来讲，你可以让他们做任何你想做的事。而在现实中，由于企业所采用的薪酬和监督系统的不同，控制力的实现呈现出一个连续的渐变过程，如图表8—2所示。

```
控制力弱 ─────────┬─────────────┬─────────────→ 控制力强
                销售代表        赚取佣金的      赚工资的
              分销商/增值分销商    销售人员        销售人员
                                监管力弱        监管力强
```

图8—2 控制力连续体

这个图强调了公司支付薪酬的方式与对销售人员的控制力之间的关系。如果你的销售人员没有或只拿很低的底薪，从而完全依靠佣金，控制他们会有些困难。如果你让一个收取佣金的销售人员去做一些他觉得不会增加自身佣金的事情，他就不想去做。控制销售代表就更困难了，毕竟他们有很多委托人，并且他们为各个委托人所做的事情之间可能会存在冲突。从另一方面来讲，如果你给销售人员支付一些额外工资，你就可以期望他们做一些与佣金无关的事情作为回报。

控制力的重要性取决于产品的定位和市场细分以及销售人员的恰当角色。如果你的销售方案需要许多见效不明显的活动，代理销售机构或纯佣金制就很可能不合适。如果你的产品需要销售人员特别加以关注，那么采用销售代表也许就不合适，而纯佣金制的销售人员也许是一个可行的选择。

**哪种情况适合直接销售与代理销售？**

在一个十分有趣的研究中，埃琳·安德森（Erin Anderson）分析了13家电子元件领域的公司在159个销售区域和产品组合中如何在代理销售和直接销售之间作出选择。从日用品到新的、有创意的、炫目的产品，这些公司的产品覆盖范围非常广。当他们在代理销售和直接销售之间徘徊时，一般会选择代理销售，而且在一些"常规"的、不具任何特征的情况下也会选择代理销售。不过，在许多情况下公司还是选择了直接销售，这些情况包括：

1. 一些很难量化销售人员的销售成果的场合，例如：

a) 销售结果的测量不准确；

b) 因为客户所受到的是多方面的影响，因而很难把销售成果归功于某一方面；

c) 销售人员的长期表现远比一时的销售结果更为重要，例如，长期的参与之于短期的销售额。

2. 很难掌握产品和应用方面知识的重要和复杂的情况，主要包括：

a) 高度复杂、不寻常或非常难以理解或解释的产品；

b) 高度复杂、不寻常或非常难以理解或解释的应用。

3. 一些涉及高度机密信息的情况，销售人员需要了解关于公司和客户的机密信息。

4. 一些支持性活动起到关键作用的情况，例如，营销调研、展会参与、售后服务以及售前技术支持。

有一种情况销售代表比直接销售人员更适合，那就是全球扩张。一位创业者计划把业务扩展到不同的国家时，可以利用当地和目标国家内部的销售代表来缓解业务开展所面临的种种风险。其中一个最大的风险是招聘。作为一家外国公司来招聘员工，意味着你需要面对外国的劳动法、税务规定以及处理这些事务时所需要的法律和咨询费用——更遑论在许多国家招聘员工时，如果招聘过程出现错误所耗费的成本以及所引发的法律风险了。

**选择销售代表**

决定选择销售代表之后，选择什么样的销售代表就非常重要，一定要慎重考虑。因为除了销售代表以外，你还购买了其市场信誉、客户关系以及在互补性产品中的地位。在选择销售代表时，有两个标准可供参考。第一个是

## 第 8 课
## 通过销售管理实现增值

销售代表在市场中的地位。他在市场上销售的是顶级品牌还是不那么受欢迎的产品？第二个标准是，与其正在销售的产品相比，销售代表是否有足够的资源并运用这些资源来推销你的产品或服务。最优秀的销售代表也许不会花足够的时间来推销你的新产品，尤其是这些新产品相对于他们的其他代理产品来说利润较小的时候。从另一方面来讲，如果你的产品的确非常新颖且很有价值，销售代表可能会通过向他们的目标客户介绍这一新的、有价值的产品来获得更多接近客户的机会。

如何有效地获得足够的信息来加以权衡？其方式类似于本书所推荐的其他方法，即与市场参与者沟通。具体来说，作为新产品或服务的概念测试的一部分，你应该去问目标市场更倾向于从哪些销售代表那里购买产品。绝大多数市场参与者都很乐意向别人推荐他们所偏好的销售代表。确认销售代表之后，想要弄清楚他如何推销你的产品，不是一件容易的事。弄清楚销售代表对你的产品的热忱度，相当于知道终端用户是否会购买你的产品。概念测试将会大展身手。你应该与可供选择的代理销售机构会面，向他们展示你的产品、试探性的辅销品以及任何关于产品的广告。你想在代理销售机构面前展示产品最好的一面。然后你要观察代理销售机构的反应，比较所有与会代理销售机构的反应。对你来说，最理想的选择是对你的产品会如何帮助他扩展业务非常感兴趣以及被市场普遍认为能够为你的产品拓展市场的那些代理销售机构。在与可供选择的代理销售机构以及作为样本的市场参与者交谈之后，创业者会根据自己的判断作出恰当的选择。

这里要提醒一点——代理销售机构的选择对公司的许多业务的财务可行性至关重要，因而不可草率。最重要的是，选择代理销售机构时不应该抱着侥幸心理。不要选择第一个联系你的代理销售机构。投入时间和资金来选择最佳代理销售机构会给企业带来丰厚的回报。在决定选择一个对你的企业有着长期显著影响的代理销售机构之前，哪怕投入的时间和资金都非常有限，也应该先从市场参与者那里了解一些有用信息。

**有效地管理代理销售机构**

决定要使用销售代表之后，如果没有慎重考虑如何管理他们，他们就难以取得成功。销售代表是另一个需要营销给予关注的群体。像终端客户一样,你需要了解销售代表的工作情况:他们的目标是什么?你所提供的产品如何给他们带来认知价值?安德森、伦纳德·洛迪士和韦茨研究了71家独立的代理销售机构如何在不同委托人的产品之间分配时间。他们发现,一般来说(这一点也不奇怪),销售代表时间的分配以从委托人那里获得尽可能多的佣金为最终目的。不过,销售代表也会偏离那些可以使他们获得最大化佣金收入的分配方式,而去照顾那些被他们认为是与其目标相似、沟通顺畅并且相互信任的委托人。销售代表也偏爱那些积极参与代理销售活动的委托人。这些发现暗示着一些具体的策略可以帮助你赢得销售代表更多的关注,现总结如下:

1. 让你的产品更便于销售代表销售。使它的价格和认知价值更适合终端用户。为销售代表提供销售培训。开发并实施面向终端客户的促销举措,以便销售代表可以利用它更有效地进行销售。

2. 提高佣金率会促使销售代表更努力地销售你的产品,不过如此获得的收益是递减的。

3. 销售代表喜欢那些可以与他现有的其他产品结合起来构成销售组合的产品。

4. 委托人应该与代理销售机构建立高度信任的关系。

5. 除了向代理销售机构提供关于计划、详尽的目标以及正面的反馈等各方面的信息之外,委托人还应该通过融入活动、产品培训和提供咨询来深化与代理销售机构的沟通。

6. 对代理销售机构放手不管的委托人会耽误产品的销售。

7. 在代理销售机构管理过程中,即使是提供关于产品的负面反馈信息也会更有利于产品的销售。

**代理销售机构管理与认知价值主张**

创业管理者应该注意到前面所讨论过的各种策略要么花钱多(如终端客户促销活动、销售培训),要么使利润率降低(如改善性价比,提高佣金率)。如果你有一个完美的商务规划,里面包括定位战略,能使你在竞争中成功地提升与终端用户有关的产品的认知价值，那你就有了与这个销售渠道的外包中间商分享其中部分价值的"空间"。

富兰克林电子出版公司生产一种便携式电子工具——具有拼写校正、词典等功能。在过去的18年里，通过运用代理销售机构，其产品在电子消费领域销售得很成功。尤其值得一提的是，在创业初期，他们的资源很有限，但是凭借一种独特的新产品（王牌拼写校正器），代理销售机构在该公司的营销方案中发挥了关键的作用。因为这个校正器能够以相当高的价格出售给消费者，制造商（即富兰克林电子出版公司）就可以从中获得高额差价。这样该公司就可以与他们的代理销售机构和零售商分享其中的一部分利润。代理销售机构在销售过程中可以获得很高的佣金，而且，相对于那些还在为稀缺的货架资源和陈列空间竞争的同类产品，零售商也能从这个产品中获得更高的利润。

富兰克林电子出版公司的例子，强调了把营销组合中的所有元素纳入初始商业方案中的重要性。定位和市场细分决策对企业活动的可行性影响很大，原因之一是它们对营销组合的其他元素具有重大影响力。定位和市场细分决策的影响力非常关键，可以影响到公司活动的方方面面，而对代理销售机构的管理只是其中的一部分。

## 直接销售：人员销售 vs. 电话销售 vs. 网络销售 vs. 其他非人员销售

人员销售并非明显适用于各种销售场合。在营销和销售过程中，电话、互联网和其他媒介也许能更有效地完成既定任务。你首先应该弄清楚销售过程中的每个步骤所需要完成的任务和活动，然后，估算出采取不同的方式完成这些销售任务所需的成本及可获得的收益。表8—1和表8—2展示了一家企业对两种销售过程的评估。表8—1所评估的是人员销售过程，表8—2所评估的是如何用电话销售来完成同样的销售过程。这些都是真实事例。

表 8—1　　　　　　　　以人员销售为导向的销售过程

| 销售活动 | 剩余潜在客户 | 实现方式 | 已用时间（周） | 活动成本 | 总成本 |
| --- | --- | --- | --- | --- | --- |
| 1. 新线索 | 100 | 邮件/电话 | 0 | $25 | $2 500 |
| 2. 宣传品处理 | 100 | 邮件 | 1 | $10 | $3 500 |
| 3. 潜在客户定位 | 100 | 电话 | 2 | $15 | $5 000 |
| 4. 初期会议 | 30 | 实地访问 | 4 | $200 | $11 000 |
| 5. 电话跟进 | 20 | 电话 | 5 | $15 | $11 200 |
| 6. 产品展示 | 10 | 实地访问 | 7 | $250 | $13 700 |
| 7. 建议书 | 5 | 昼夜服务 | 8 | $100 | $14 200 |
| 8. 后续跟进 | 3 | 电话 | 12 | $50 | $14 350 |
| 9. 成交/购买 | 3 | 电话 | 16 | $10 | $14 380 |
| 10. 售后服务 | 3 | 电话 | 20 | $30 | $14 470 |

表 8—2　　　　　　　　以电话销售为导向的销售过程

| 销售活动 | 剩余潜在客户 | 实现方式 | 已用时间（周） | 活动成本 | 总成本 |
| --- | --- | --- | --- | --- | --- |
| 1. 新线索 | 100 | 邮件/电话 | 0 | $25 | $2 500 |
| 2. 初始宣传品 | 100 | 邮件 | 1 | $10 | $3 500 |
| 3. 客户定位电话 | 100 | 电话 | 2 | $15 | $5 000 |
| 4. 第二份宣传品 | 30 | 邮件 | 3 | $10 | $5 300 |
| 5. 咨询/销售电话 | 30 | 电话 | 4 | $25 | $5 800 |
| 6. 回收率工作表 | 20 | 电话 | 6 | $5 | $5 850 |
| 7. 配置电话 | 10 | 电话 | 6 | $10 | $5 950 |
| 8. 建议书 | 5 | 昼夜服务 | 8 | $100 | $6 450 |
| 9~12. 后续跟进 | 3 | 电话 | 12 | $100 | $6 750 |
| 13. 成交/购买 | 3 | 电话 | 16 | $10 | $6 780 |
| 14. 售后服务 | 3 | 电话 | 20 | $30 | $6 870 |

我们可以把表 8—1 中的创业者想象成是一个叫萨拉的人，她在表中对典型的人员销售过程中的销售漏斗进行了估测。她从 100 名潜在客户开始，估测每一个活动结束之后的剩余客户。例如，100 名符合条件的潜在客户，在资格审核电话之后只剩下 30 个。她也估测了每个活动所耗的时间和成本。通常情况下，很容易准确地估测各种销售活动和销售电话所耗费的时间和成本。最难估计的是每个活动的成功几率，即漏斗中哪一部分客户会继续出现在下一阶段。例如，可以假定 10 个客户里面有 5 个，也就是会有 50% 的潜在客户，会在产品展示之后索要建议书。但在业务开展之前，较为务实全面地估测这种几率确实比较困难。不过，业务开始运作之后，从概念上讲，通

过跟踪漏斗中不同阶段的客户数目、客户在销售过程中所受的待遇以及任务完成后继续留下来的人数，就可以很容易地获得这些百分比。其中的挑战在于记录新产品或服务上市过程中所出现的数据。

应该注意到，在表 8—2 中以电话销售为导向的销售过程中出现了一些与众不同的活动。在不同的阶段，这个漏斗的成本和客户数目也各不相同。不过，如果这个案例中的假设都成立的话，在完成销售任务方面，电话销售要比人员销售效率高得多。尽管人员销售也许会从 100 名潜在客户里得到更多的终端客户，不过完成交易的总成本却比电话销售高 50% 以上。通过这一例子来看，只有在潜在客户数目非常有限的情况下，采用人员销售方式才比较合适。

这些例子要说明的是，设定销售过程中的所有阶段，并估测通过不同的方式完成这些任务所需的成本和所得的收益，是非常重要的。在许多情况下，没有销售经验就无法创建如表 8—1 和表 8—2 那样的漏斗。所以，在开始业务运作时，你需要将那些需要优先考虑的销售方式进行试验。在销售进行的过程中，要记录下每个阶段漏斗中的潜在客户数目以及所耗的时间和成本。经过一段时间之后，你就可以推断出哪些销售方式是最有效的，并把它们运用到当前业务中。

评估销售过程中的各种选择是非常重要的。不必让每一名潜在客户都经历同样的销售过程。一些市场细分可能会对不同的销售过程作出不同的反应。在某种情况下，根据销售成本和潜在价值，也可能针对不同的市场细分来试验不同的销售流程。另外，视情况而定，一些潜在客户也许希望选择自己喜欢的销售流程。

美国 IndyMac 银行（IndyMac Bank）* 开发了一项技术——e-MITS 系统，可以使房贷的担保和风险定价流程实现自动化。IndyMac 银行的管理人员把用户分为两种——"低科技＋高接触"型用户和"高科技＋低接触"型用户，然后采用两种不同的方式分销和出售这项技术来为不同的用户注入资金。第一种类型的用户比较喜欢由具体的中介人员来帮助他们申请并操作整

---

\* IndyMac 银行于 2008 年 7 月因挤兑事件倒闭，不久，该银行改头换面，以 IndyMac 联邦银行名义再度开张。——译者注

个房贷流程。因此，一名房贷经纪人（个人销售人员）就跟客户坐在一起，为他们输入建议贷款项和贷款申请人姓名。5 分钟之内，IndyMac 银行的 e-MITS 系统就会导出一个担保协议书和贷款价格，这个价格是根据潜在购房者的信用记录及其他相关情况量身订制的。这个系统还会在电脑上打印出完成一笔贷款所需要的所有材料。

e-MITS 系统还被应用在银行网站上，这是 IndyMac 银行为第二种"高科技＋低接触"型用户所准备的、直接面向用户的网站。这个网站的功用几乎和房贷经纪人从网络上所获得的技术的作用一模一样。不过，它直接面向那些不依赖房贷经纪人，有足够的自信来自己申请并完成房贷流程的用户。这些用户可以减少房贷开支，因为他们不需要付给房贷经纪人佣金。

其他一些有创意的创业者也意识到，一种销售或分销系统也许不能适用所有客户。正如应该根据市场细分的需求来提供产品和服务一样，销售和分销过程作为终端消费者最后所看到的结果的一部分，也应该视需求而变化。巴诺公司就采取了与 IndyMac 银行同样的措施。它不仅有销售人员在书店里协助售书，还在 BarnesandNoble.com 网站上卖同样的书。它的竞争对手博德书店没能充分利用这种市场细分的机遇，从而将大量潜在业务拱手让给了亚马逊公司和巴诺公司。

## 销售团队规模、部署和组织

### 销售团队规模和部署

确定要采用人员销售之后，你的决策之路才刚刚开始。你马上就会面临几个问题。销售团队应该有多大规模？如何组织部署这些销售人员？单单从字面上很容易回答这些问题。投资于销售团队与创业者投资在其他方面并没有什么区别。如果向销售团队加大资源投入是运用有限资金获得最大收益的最佳方式，那么就应该对销售团队进行投资，并且应该一直投资下去，直到它不再是使公司获得最大收益的最佳投资方式为止。当销售团队中"最后一个加进来的人"所带来的利润与投资在其他任何方面所获得的收益都一样的时候，销售团队的规模就达到了最佳。

在许多情况下，还可以根据目标的市场细分以及与销售人员相关的边际成本和边际收益来确定销售团队的合适规模。在许多情况下，销售渠道对销售人员的期望是他们对公司的期望的必要组成部分。例如，如果你想通过如百货商店和超级市场之类的零售商来销售产品，就要明白这些百货商店和超级市场已经从他们的供应商那里对销售条件和服务形成了一定的期望。通常情况下，你无法改变其他供应商对零售商形成的惯常期望。通过与零售商的主顾以及他们的销售人员（销售代表）交流，你可以获得足够多的信息来大致估测出与潜在客户所需的各种活动相关的销售时间。然后你也可以估测出这些活动所带来的增量收入。接下来，就可以计算出销售人员相关活动的边际收益和边际成本。

在其他销售场合，评估销售活动更可取的方式是直接估测销售电话对客户或潜在客户所带来的收入的影响。例如，可以提问这样的问题："如果我们每个季度打 4 次而不是 2 次电话，一个典型的 A 型客户所带来的收入会有什么变化呢？"在对其他规模的销售团队和部署方式进行评估时，也应该提出类似的问题。一旦能估测出与不同的销售模式相关联的收入，则其边际收益和边际成本就可以用来大致确定适应不同客户或潜在客户的销售人员规模和部署方式。

有三个办法估测不同的电话频率下的销售情况。销售人员与其经理（可能是创业者）一起所作出的判断要比销售人员不考虑不同的电话投入所带来的销售情况的变化所单独作出的判断更为恰当。通过估测针对不同客户群体的、不同程度的电话投入对销售额的影响，就可以直接把时间分配给那些可以产生最大边际收益的区间，然后继续往这一部分区间加大时间投入，直到其边际收益等于边际成本。在开展业务之前，经验和客户细分部署方面的指导方针，也许是确定最佳销售团队规模的唯一方式。没有经验的话，竞争对手的活动可以提供一个不错的参考。第 11 课会讨论到一个资源分配模型，这对确定销售团队的规模具有一定的指导意义。

一旦企业开始运作，创业者就可以评估那些可能会自然发生的各种试验。这些试验之所以出现是因为在相同的市场区间，不同的客户获得的是不同程度的销售投入。如果你计划创建的信息系统可以在记录销售人员通话报告的同时记录销售额，那么你就可以估测出不同程度的销售投入可以在多大程度上导致销售额的变化。不过这个过程存在的问题是，在同一个市场区间，销售人员也许会根据其他因素，如优先关系或关于客户情况的特定信息，来决定在某位客户身上投入时间的多寡。如此一来，经过分析所得出的、引起销售额变化的原因也许是错误的。最准确、毫无偏颇的估测方式是第三种，即分析试验中不同程度的销售投入对销售额的影响。

与不同程度的销售投入所导致的销售额的变化自然发生所不同的是，把不同程度的销售投入随机分配给同一市场区间里的不同客户，将会非常有价值。如果真正把不同程度的销售投入随机分配给客户，这种随机性会减小其他可能导致销售额变化的因素发挥作用的可能性。我们所讨论过的、在广告决策的试验设计中所需考虑和关注的问题，同样也适用于关于销售人员的试验。更多详细信息请参考第10课"促销和病毒性营销"。

**部署有限的销售人员**

许多创业者没有条件评估我们前面所提到的、关于销售人员的不同规模以及合适的部署方式。他们的资源非常有限而且雇不起大量的销售人员。在这种情况下，"取其精华"非常关键。在运用前面所提到过的判断方法的时候，创业者必须把他的销售人员投在能创造最高边际收益和利润的地方。不过，记录下销售投入的程度以及相关的边际销售额，可以充分有效地向你的融资渠道展示，更多的销售投入会带来怎样的回报。第11课将讲到的资源分配模型和相应的软件将有助于实施这些方案。

**销售团队的组织成本和差旅成本**

销售团队的组织一般指如何针对不同的市场和地理区域来组织销售团队。从概念上来讲，很容易权衡可选的不同组织方式。派销售人员专门负责一个或多个市场区间所带来的销售投入的专业化，是否比与此相关的成本增加对公司更有益？市场细分专业化所带来的销售成本一般指旅行费用和旅途所费时间的机会成本。对拥有自己销售团队的小型创业来说，组织销售人员的恰当方式可谓显而易见。如果他们只有一个目标市场，那么唯一合理的选择是区域性销售组织。一个区域性销售组织可以覆盖许多地理区域，其中每个销售人员负责一个区域范围内的客户。如果他们有多个市场区间，另一个选择是在每个区间分配一定的销售人员。每个区间的销售人员又都有自己所负责的区域性组织。这样，在每一个地理区域就可能有多名销售人员，并且每一位销售人员拜访不同市场区间内的客户。销售人员的专业化程度越高，每一位销售人员要覆盖的地理区域就越大。

在作出有关销售人员规模和资源方面的决定时，旅行成本和招待费用也要考虑在内。如果一些客户所处的地理位置使额外的旅行变得必要，那么应该把旅行成本按比例分摊给这个旅行过程中要拜访的那些客户。如果不同的销售人员需要在同一地理区域内拜访不同的客户，如何组织销售团队也会影响旅行成本。

# 薪酬

### 相匹配的激励机制

薪酬问题是一直让绝大多数高级销售管理人员头疼的问题之一。作为一名创业者，如果本章中有什么是你需要记住的内容，那就应该是：人们（尤其是销售人员）在工作时间内会从事他们认为给自己带来最大化利润的事情。你的薪酬体系应该确保你和你的销售人员有相匹配的激励机制。如果你们双方在做同一件事情，那么你就很难察觉你的销售人员做错事的那些情况。合适的薪酬方式也取决于销售人员的角色。例如，如果一名销售人员在控制价格方面有一定的控制权，那么你的薪酬措施就应该能够促使他像你——创业者或业务经理——一样砍出一个漂亮的价格。汽车经销商是这方面的典型代表。在绝大多数汽车销售领域中，跟顾客协商价格的销售人员可以获得一份基于汽车销售毛利（＝销售价格－可变成本）而不是销售价格的回扣。如果只是基于销售价格拿佣金的话，销售人员很可能会通过压低价格并销售更多的车辆（薄利多销）来使自己的收入最大化。

这也适用于你的销售人员同时销售多种商品的情况。如果每种商品所贡献的利润不同，那么针对你的销售人员的激励机制应该建立在所贡献的利润（＝收入－可变成本）而不是总收入的基础上。在多种商品一起销售的情况下，创业者不必真的与销售人员分享毛利。不过，需要让所有销售人员知道一个产品相对于另一个产品的收益率（并以此为基础建立激励机制）。创业者可以把销售薪酬建立在每种商品的"利润点"上。这些"点"只需要相对正确就可以，也就是说，如果针对每1美元的销售金额，产品甲是4点，而产品乙是2点，就意味着产品甲的毛利是产品乙的2倍。销售人员不必知道确切的毛利数目从而把精力放在每小时能给他们带来最大化利润的地方。许多公司没有以这种方式向销售人员支付薪酬，而且由于没有把不同产品所带来的收入加以区分对待，从而损失了不少利润。我们曾发现一些极端的例子，有些公司把销售奖金发给那些创下最高销售额的销售人员。经过分析发现，这些人其实一直在给公司赔钱。因为把销售成本考虑进去之后，他们所售出的那些产品根本没有任何利润。

销售人员会拜访那些他们觉得最可能对其所销售的产品感兴趣的客户。如果销售人员努力寻找那些最可能会出高价（产生高利润）来购买产品的客户，那么销售人员和公司双方的激励机制就是吻合的，而且销售人员自然会倾向于关注那些能给公司带来最大化利润的客户。

澳拜客牛排在竞争激烈的餐饮行业一直非常成功。它成功的原因之一就在于它给门店管理者支付薪酬的方式。每位门店管理者为他的店投入2.5万美元，作为回报，他可以分得本店所获利润的10%。门店管理者的上面是区域经理，区域经理也会进行相似的投资并从他们的管辖区域里所有门店的利润中抽取一部分作为回报。这样的激励措施搭配得十分完美。这些管理者会运用他们手中的所有资源使自己的收入最大化，而这与澳拜客牛排公司的收入是成正比的。通过尽可能地增加自己的收入，这些管理者同时也在使母公司的收入实现最大化。这种薪酬方式创造性地把特许经营的一些方面和公司的控制措施结合在一起。如果管理者离职的话，要买回他在公司的股本权益，则需要支付预先设定好的附加值。

**激励 vs. 控制 vs. 时间范围**

上面所提到的澳拜客牛排的例子指出了创建激励机制中重要的一点。利

## 第8课
### 通过销售管理实现增值

润可能是长期的也可能是短期的。你脑海中对于时间范围的概念和你的销售人员也许不同。即使你们双方都在千方百计地使利润最大化，销售人员所需要的也许只是短期利润，而你作为创业者，也许更需要长期利润并且创建公司的自身价值。一些销售人员的活动也许有助于创造长期利润，但同时也减少了短期利润。这包括市场调研和财务报告等。根据我们的经验，比较容易的解决方式是，你可以从这个销售人员的薪酬中抽取一个固定的部分作为他从事这些活动的报酬。这样你就向你的销售人员说明，在做市场调研或填写财务报告这类事情的时候他们也是有报酬的。绝大多数销售人员看不到这些活动在将来会给他们带来的收入，因而他们需要看到做这些事也是有直接回报的。

应该在建立雇佣关系的初期就让员工形成这种期望。如果销售人员在受雇的时候就知道完成财务报告和其他的日常文书工作所得的报酬是他基本工资的一部分，他就会觉得这是他工作的一部分，并且通过从事这些工作得到应有的报酬。基本工资还可以用来控制销售人员，让他们去做一些也许不会使他们的短期收入最大化的活动。你也许想让你的销售人员去拜访一些可能还没有准备好购买你的产品的客户，因为你需要他们对于下一代产品或服务设计的反馈。

正如在讨论销售代表时控制力是一个问题一样，在薪酬方面也存在同样的问题。你对佣金制的依赖性越大，你的控制力就越弱。根据我们的经验，对许多企业来说，可以把销售人员基本工资的一部分作为一个正当的理由，以此要求他们做一些也许不会在短期内使其佣金收入最大化的活动。如果没有销售人员的合作，本书中许多针对营销组合的不同因素而不断进行的试验将无法顺利实施。从本质上来讲，试验会表明有些活动比其他活动更富有成效。如果你的销售人员所经历的试验恰好比不上另一种，你不会希望他们觉得自己在受惩罚。你需要在一开始就让他们做好心理准备。你应该告诉新近加入的销售人员，他们将要加入的是一个创业型的、不断完善的、不断学习的并且在不断实验中前行的公司。就实验的性质而言，一些实验会比别的效果好，销售人员应该能预料到这一点。如果你让他们知道其基本工资是根据这些学习性的、试验性的活动而支付，那么你就可以避免将来可能出现的问题。

**开拓新客户所获薪酬 vs. 维持既有客户所获薪酬，一个可能会让人苦恼的问题**

许多创业者在创业初期都会采用单纯的佣金制，这样可使可变成本最低。如果涉及多种产品，每种产品佣金率应该和毛利率成一定比例。不过还有一种绝大多数创业者都没有注意到的、与纯佣金制有关的现象，直到它开始影响企业的发展和收益。但到那个时候已为时已晚，解决起来会比较困难。

如果佣金足够高并且产品的市场潜力足够大，一个纯佣金制激励方案可以激发出惊人的销售投入和动力——到某一个点为止。为你销售产品的首位销售人员（再次把她叫做萨拉）一般会全力以赴地在自己的区域内开发许多客户。她会把这看做一个发挥创业能力的机会并把这些客户发展成为她"自己的小业务"。不过，她心里很清楚要怎样做才能"过上好日子"。一旦她所负责区域的客户为她带来的佣金足够她"过上好日子"，她就会毫不费力地维护着这些既有客户并且防止他们被管理层划分给其他人。

保持客户总比开发新客户容易。当到达某一临界点时，赚取佣金的销售人员就只满足于保持既有客户，而不再去努力开发新客户。这已经被一千多位参加过沃顿商学院执行程序课程的销售管理者确认为销售人员管理中很典型的情况。

关于这个问题的解决方案之一就是针对开发新客户和保持既有客户采取不同的佣金率。这样，与某位客户交易的第一年佣金率会比较高，而在接下来的几年里会逐步降低。或者，当佣金率与以往持平时，一些企业会采用不同的佣金率，同时销售额也会大幅增加。

## Shadow 广播服务公司的案例

Shadow 广播服务公司（此书的合著者之一洛迪士是它的一个小股东和咨询顾问）的创业历程，可以为我们在本书中所讨论过的许多问题提供案例。Shadow 公司所面临的不仅仅是在前面章节中所提到的销售人员的薪酬问题，而且它的商业模式和提供产品供应方面的决策也被运用到此书中提到的其他范例中。

## 第 8 课
## 通过销售管理实现增值

**Shadow 的初始商业模式**

Shadow 最初是一家设在纽约和芝加哥的创业组织。它的商业模式最初是运用飞机、直升机、警用步话机、兼职司机以及市民志愿者的手机短信搜集交通路况信息。然后再把这些信息综合、交叉验证，最后由挂靠在某个广播电台的 Shadow 工作室通过高质量的通讯广播进行播报。尽管 Shadow 的播音员距离广播电台很远，不过对于收听广播的听众来说，其效果就仿佛播音员就在广播电台。在播音过程中，播音员可以与音乐节目主持人谈笑，并作为电台广播队伍中的一员参与其中。在不同的电台，Shadow 的播音员可以说她在播送一条"Shadow 交通"新闻或者在"WXXX 交通信息中心"进行报道。一位 Shadow 播音员可以是多家广播电台的路况信息播报员，根据每个电台播报路况信息的频率，一位 Shadow 播音员可以应付多达 10 家广播电台。

Shadow 最初的商业模式是从其主要竞争对手 Metro Traffic 那里借鉴而来的。Metro Traffic 的业务遍及美国三十多个主要市场，几乎是交通领域的垄断者。Shadow 最初的商业模式是用路况报道来换取其中的广告时间并把它出售给广告客户。Shadow 的广告时间有 10 秒钟，在路况报道结束时伴着导入语开始。导入语一般是这样的："这是由克莱斯勒为您带来的报道。"Shadow 的主要收入都来源于出售广告时间。

Shadow 吸引广播电台的地方在于，拥有 Shadow 后，他们不用再搜集并播报自己的路况信息。Shadow 有效利用了规模经济的优势，同时与几家电台分担搜集和播报信息的成本。不过，实际的收入方式表明 Shadow 拥有非常具有远见的创业营销思想。Shadow 和它的竞争者获得收入的另一种方式是向电台出售路况信息以获取现金。对于 Shadow 最后出售的 10 秒钟广播时间的价值，电台管理者和 Shadow 的看法可谓大相径庭。对于广播电台来说，他们并不觉得自己能从所出售的 10 秒钟广播时间里获得多大价值，因为他们向广告客户出售的其他广告时间都是以 30 秒和 60 秒为单位的。现在电台也成了一个巨大的、运作灵活的实体，金融市场通过他们的现金流量的多样化来判定其价值。对于绝大多数电台的总经理来说，现金流量就是

167

"王"。因此，对于绝大多数电台管理者来说，支付现金的负面影响很大。他们更愿意用他们认为卖不出去的广播时间来换取路况信息。

估测广播时间的另一个变量是它对于广告客户的认知价值。如果这些10秒钟的广告是在某个地区的广播电台网络而不是一两家电台播出，那么广告价值就十分可观。10秒钟的交通广告时间很适合用来宣传短期促销或简要介绍新特色或新产品。交通广告非常及时并且可以迅速扩展到广大人群，这对广告客户来说具有非常可观的潜在价值。Shadow可以在广播电台网络进行播报，这是某一个电台所无法完成的事情。如此一来，Shadow向各个电台交换的东西对双方（Shadow和每家广播电台）都有不同的认知价值。不过最后双方都认为自己在这场交易中占了便宜。

在初期，另一个促进Shadow发展的因素来源于他们偶然看到的一项调查。这项调查显示，相对于一个广播节目的其他部分，听众更关注路况报道。这其实是一家企业所做的调查，目的在于弄清楚听众对不同节目内容的偏好程度——主要是指不同音乐节目和DJ，等等。公司会播放"昨天"广播电台的节目，然后要求调查对象转一个刻度盘来表示他们对正在收听的节目的关注程度。刻度盘上有1～10共10个刻度。然后，调查者会监测听众对电台节目的各个部分的平均关注程度。不同的DJ的得分从2到9不等，而音乐的得分则差别很大，从1～10不等，并且正常的30秒和60秒的商业广告的关注率一般很低，得分较低且从1～3不等。新闻、天气和体育报道的关注率中等偏高，根据内容的不同从3～8不等。不过，令Shadow惊奇的是，"昨天"广播电台的路况报道总能获得8～10的关注率。因为人们基本上只在车上听广播，很明显绝大多数听众在驾驶过程中都需要关注路况信息。也就是说，对广告客户来说，Shadow的媒介传播作用要比一般的电台广告有效得多。对Shadow管理者来说，知道这一点很有用。

说句题外话，有趣的是，年深日久，一些电台开始意识到随着路况信息播出的10秒钟广告的高价值。这些更具创业精神的电台管理者开始保留这些交通信息版块并由自己出售，同时他们开始向Shadow和Metro Traffic收取向电台提供路况信息服务特权的费用。10秒钟广播时间认知价值的不同和竞争优势一样：如果没有在某方面得到提升，随着时间的流逝，它会贬值。

## 第 8 课
### 通过销售管理实现增值

**Shadow 随后的商业模式**

　　Shadow 的管理层主要通过两种方式来改革 Shadow 的产品。两种创新方式都涉及创业营销对不同市场细分的不同认知价值的思考。第一种创新是对广播电台所面临的越来越大的成本压力的回应。电台的一个成本来源于他们对当地新闻、体育和天气等方面信息的搜集和播报。如果 Shadow 运用它的现有设施，不仅搜集和播报路况信息，而且搜集和报道当地新闻、体育和天气等方面的信息，那么它的每个报道所耗费的成本会比一家普通电台所耗的成本要低。Shadow 的一些播音员可以在一家电台报道路况信息，再去一家电台报道当地新闻，然后在另一家电台播报体育新闻。Shadow 还用它的新闻、体育和天气报道换取 10 秒钟的广告时间，而不是简单地把相关信息卖给电台。这些广播电台又会觉得与花钱购买服务相比，这成本更低。而对于Shadow而言，这意味着他们能够以更低的边际成本把规模更大、层次更高的广播网络卖给广告客户。由于已经拥有报道新闻、体育和天气等方面信息的基础设施，由提供新服务所换来的单位广告时间所耗费的边际成本就比较低。

　　第二种创新没有预料中那么成功，不过却非常有价值。Shadow 的一项主要开支来源于用直升机搜集和播报信息。不仅直升机的租金非常高（每小时要花费 300 多美元），而且不能在恶劣的天气状况下使用——这正是用得到的时候。Shadow 的管理层权衡了安装远程控制摄像机的成本和收益，这些摄像机可以近距离观察一个城市所有主干道的路况信息。如果可以用摄像机代替直升机的话，可以在 6 个月之内收回在摄像机上投入的成本。使用摄像机的另外一个优势是，它一星期可以工作 7 天，一天可以工作 24 小时。另外，对那些开始播报 Shadow 工作室所准备的报道的电视新闻节目来说，摄像机会是一个很有用的补充。于是，该公司安装了摄像机并减少了使用直升机的次数。

　　随着时间的流逝，新添加的摄像机所降低的成本并没有期望中那么多。由于听众的反应，广播电台不愿意减少他们用直升机播报的次数。广播听众错误地以为直升机是最准确的路况信息来源，并且更愿意收听直接从直升机上发回的报道。这就需要公司开展一个费用浩大的引导性活动,来劝服广大听众相信摄像机所提供的信息更准确。如果 Shadow 在对摄像机进行投资之前先在一些广播听众中间进行一个摄像机改革方案的概念测试,他们也许能更好地规划摄像机项目所耗费的实际成本。在对产品或服务的变化进行规划的时候,非常重要的一点是,要事先评估是否需要在所有的市场区间以及会对变化作出反应的利益相关者中间进行关于变化的概念测试。

**Shadow 销售人员的角色和薪酬问题**

广播电台在接受一项交通服务的时候不想给自己增添一个竞争对手。几乎所有的电台都规定,类似 Shadow 这类交通服务节目如果要寻找广告客户,则这些广告客户不能与广播电台现有的或任何最近与广播电台有商业往来的广告客户相重叠。广告客户为交通广告支付的费用并非来自传统的广播广告预算,而是来自不同的经费——如促销基金或共同基金。

Shadow 的销售人员很不好当。他们背负着这样一个重任,那就是向非传统的广播广告客户推销一个在新的广播网络中的新辅助性媒介(包括在现场路况报道中)里的一种新广告(只有 10 秒钟)。这是一种典型的传教式推销——把福音书拿出来并劝服新人皈依。为了吸引并激励最优秀的销售人员,Shadow 和 Metro Traffic 都给销售人员按佣金支付很高的提成,并且他们的佣金率很高(10%左右)。真正高效的销售人员每年可以挣到几十万美元。不过,也有许多销售人员因为无法完成任务而被迫离开。

在最初的两个城市——纽约和芝加哥——开展了几年业务之后,Shadow 的管理者注意到在一些最高效、最有经验的销售人员中间开始出现"敷衍应付"的现象。一旦这些销售人员获得了足够的客户,并且这些客户所带来的佣金能够保证这些销售人员过上自己想要的生活,他们就会大幅度地减少开发新客户的努力,只花费必要的时间来保持从既有客户那里获得的收入(佣金)。他们花在销售上的时间也有所减少,但是保持着自己的收入额度,甚至开始提升自己的生活水平,因为他们有了更多的空闲时间。一般来讲,保持从既有客户那里获得收入比开发带来同样收入水平的新业务所需付出的努力要少。

## 第 8 课
### 通过销售管理实现增值

为了改善这种状况，Shadow 修改了薪酬政策，提高了获得客户后第一年的佣金率（高于 12%），并降低了在接下来几年内的佣金率（低于 8%）。从理论上来讲，针对新老客户的佣金率的高低大致与销售人员从新老客户那里获得佣金所需要付出的努力程度成正比。如此一来，对于销售人员来说，保持既有客户和开发新客户就没有很大区别了。这种新的薪酬政策有助于克服公司里出现的"敷衍应付"问题。如果销售人员只是习惯性地应付并且只为既有客户服务，其收入将会减少。读者们可能也预测到，说服有经验的员工接受新的佣金方案十分困难。销售人员会觉得他们最初所认可的某种期望被改变了。另外，还会有一些有经验的、最为优秀的销售人员在适应新的安排方面会出现问题。他们需要重新努力工作！

Shadow 的业务拓展到其他城市的时候，其管理层从最初阶段就开始落实阶梯式佣金方案，即从客户那里获得收入的第一年佣金率较高，之后佣金率会逐渐降低。如果在销售人员跟 Shadow 最初建立雇佣关系时就提出这个方案，他们会很容易接受。事实上，优秀的销售人员可以提高自己的薪酬增幅。如果他们最后也只是应付既有客户，那他们至少需要有较高的收益，这就需要他们努力工作去保持一定的薪酬层级。过去的教训和在新市场所获得的经验使得 Shadow 管理层确信，在一开始就引入不同的佣金率方案会更有效。

销售人员也是人，和其他所有人（或某种物品的买主）一样。与在过程中让他们改变期望相比，如果过程的结果与之前的期望相吻合或有所超越，他们会感到更满意。这是运用营销思想来管理客户关系之外的业务的范例之一。你的销售人员也需要运用营销思想来加以对待。在你或你的销售人员销售你的产品或服务的过程中，管理客户的期望十分重要。与之相类似的是，当你向你的雇员"推销"本公司的工作岗位的时候，管理他们的期望也同样重要。

## 招聘、培养和留住雇员战略

在完成之前所提到的关于销售人员的所有决策之后，招聘到合适的人就非常关键。第 12 课把招聘过程作为另一个营销问题来加以解决。绝大多数创业型企业都没有条件从零开始对新员工进行培训。原因很简单，你根本就没有足够的时间和资源去培训他们。新雇员还没有接触过市场，因而不能立即开展业务。于是，绝大多数最初的销售人员都来自其他与你有一定业务往来的公司。要记住，你将要雇用的销售人员是本公司在市场上的代表。在招聘的过程中，创业者需要全力以赴并且深思熟虑。

B. J. 布舒尔（B. J. Bushur）是 Unlimited Results 的所有者和总裁，在他的职业生涯中，他招聘过数百名销售代理，并发现了成功的销售代表所具备的几个关键特征（经验除外）：

**动力**——上进心非常强。

**热爱学习**——能够自我提升。通过分享他们的知识和密切关注最新市场趋势来帮助其委托人持续增值。

**以解决问题为导向**——能把客户的问题和解决方案联系起来。

**其他人愿意与之交往的乐观者**——人们会从自己喜欢的人那里买东西，并且会从自己喜欢交往以及从某种程度上为自己的生活增加价值的人那里购买更多的产品，例如：通过为人们提供某种知识让他们更有效率地工作；帮助他们更好地享受生活；或者使他们"看起来很好"（从许多不同的角度）。

在招聘过程中，最难权衡的两点是销售经验和动力。如果面临这样的选择，从长远来看，聘用一个拥有较少或相同经验但动力较为强烈的人会更合适。在面试的时候，提问："你的工作动力是什么？"当然，所有的销售人员都为钱所驱使。不过，你想听到除了钱之外的其他动力。第 12 课会讨论更多关于解决招聘营销人员的难题的办法。

对销售人员的培训应该很独特，需要根据你的营销组合和你所提出的"产品包"策略中销售人员的角色来确定。作为一个小型创业企业，一般情况下，雇用一些已经知道如何进行销售的人会比较稳妥。你的任务是让这个人知道所有关于你的产品的信息以及它对于市场的价值。通常情况下，如果你能尽一切努力帮助新的销售人员了解其客户和潜在客户的购买流程、市场竞争以及其他任何与定位你的产品包有关的信息，对你将会十分有益。

什么时候不再保留销售人员？这一决策，创业者（也包括其他管理者）往往无法如预料中完成得那么好。其中也需要作出权衡，而绝大多数管理者和创业者几乎不会考虑到这一点。如果他们的销售预算有限或者他们能拜访的潜在客户有限，那他们所需要的销售人员数目就有限。可能提升销售效益的方法之一，就是解雇表现不佳的销售人员并用那些可能会有优异表现的新进雇员来取代他们。需要权衡的是招聘和培训的成本以及新销售人员熟悉业务所需的时间，还包括新雇员不是那么出色的可能性。关于这个现象的唯一一份分析（海军招聘销售人员），所给出的答案非常明确：虽然有些雇员业绩平平，但是他们比以前有所进步，于是招聘者选择继续雇用他们。

## 结语

销售管理是一个营销问题。关于所需销售人员的类型、销售团队的角色和规模的决策都是由营销的定位和市场细分扩展而来。本章所提到的销售人员的概念和范例，如果创业者可以理解和接受，那么对他们将会非常有用。所以说，营销可以和管理团队联起手来，以确保能作出高效务实的决策。这些决策包括评估不同销售方式的创业方法、处理销售代表和直接销售的问题，以及决定哪方面的职能需要人工来完成，哪方面不需要。

恰当部署了销售团队之后，确保销售效益的持续提升就很重要了。营销可以在分析其他可供选择的销售团队规模、部署和组织方面提供帮助。因为销售预测（即销售方案）是由他们的薪酬结构所决定的，营销就需要了解薪酬和激励机制方面的不同选择和解决方式。Shadow 广播服务公司的例子不仅展示了一个优秀的薪酬系统，而且也展示了公司关于产品定位和不同市场区间对产品的认知价值的创造性思考。Shadow 也向我们展示了，对于创业者来说，如果一开始就正确确立薪酬系统并恰当管理雇员期望，将会使事情变得容易得多。

但本章并不是一个对于销售人员管理技巧的完整总结，而是概要地重点介绍销售管理的一些关键理念，以期对创业者有所裨益。

# 第 9 课

# 营销推动销售

在作出关于销售人员的各项决定之后，就需要把营销的焦点放在如何才能最有效地推动销售上，这个步骤往往被忽略了。在配备了销售团队和销售代表之后，我们把这些销售人员分派到市场上去销售产品，最后却发现销售周期比预计的要长、胜算率没有想象中的高并且产品价格比计划的低，这时我们就会很失望。是哪里出了问题？

销售人员不是营销人员。销售人员在销售过程中需要营销工具的支持（见表 9—1）。

表 9—1　　　　　　　　销售过程和营销需求

| 销售过程 | 营销需求 |
| --- | --- |
| 确定潜在客户 | 潜在顾客开发流程 |
| 客户定位及应对方式 | 目标客户描述<br>销售辅助材料：数据表、宣传手册 |
| 让客户感兴趣 | 有针对性的演说<br>产品展示<br>相关案例研究<br>白皮书<br>投资回报率（ROI）工具 |
| 提交建议书 | 注册财务策划师名单<br>建议书模板 |
| 参考资料核对 | 参考客户<br>客户的证明信/转述客户的话 |
| 异议处理 | 公司生存能力报告<br>详细的产品规格单<br>实施方法<br>竞争力比较 |
| 完成交易 | 合同<br>支持性材料 |

## 支持销售过程的营销工具

**潜在客户开发流程**

如果能恰当地运用营销工具，销售过程的每一步都会更有成效。协助建立销售渠道是营销部门的一项责任。可以通过多种形式进行潜在客户的开发。所以说，关键是要把开发流程建立在目标市场细分和定位的基础上，而这两者需要事先确定好。明确你需要吸引的是哪种客户，不仅可以让销售人员将注意力集中在正确的潜在客户身上，还可以使营销人员更切实地把焦点放在他们的活动上并且消耗更低的成本。公司网站、传统广告、点击付费广告、网络研讨会、电子快讯、展销会、直销等，只是在潜在客户开发流程中用到的一部分策略而已。

潜在客户开发流程的目标是找到那些对你的产品有迫切需要的企业或者是与符合条件的潜在客户建立并保持联系；将来他们一旦有相关需求，第一个想到的就会是你的产品和服务。与销售人员不同的是，你并不想开发出一大批潜在客户。如果你开发的客户太多，他们就不能得到恰当的对待和培养。这样，许多客户资源就慢慢萎缩并逐渐消失。这是对人力、资金和时间的一种浪费。你要做的就是开发出一定数目的高质量客户，并且这些客户可以得到公司的恰当对待。

什么是恰当的对待？这需要把潜在客户"关"起来，最好是放在一个系统之中。他们需要有一个主人，这个主人负责对他们进行定位以及培养。需要把潜在客户的资料放在一个营销数据库里，这样将来就可以向他们进行营销。

开发潜在客户的方式可谓多种多样：

- 公司网站

1. 为了充分利用你的公司网站进行潜在客户开发流程，你需要让访问者相信你的产品或服务具有他们所需要的价值。要确保你的网站上"有料"——其内容焦点对你的潜在客户来说是真正重要的东西，比如你可以为他们解决的问题、提出你可以接受的降价或者你可以协助创造的新的创收机会。这些例子展示的是实实在在的收益，你需要在网站上大力强调这些。你希望潜在客户确信你了解他们的需要，并且愿意帮助他们。

2. 网站的导航和布局设计对潜在客户开发流程也非常重要。如果一个访问者不能迅速地在网站上找到你的公司可以为他所做的事或对他有用的信息，你就无法开发一个潜在客户。你的网站的导航设计应该达到这样的效果——潜在客户可以很容易找到他们所需要的信息并且很容易与公司联系来询问更多信息。

● 传统广告

1. 广告无非是在公众中间宣传你的产品或服务。传统的广告可实现的媒介范围非常广，包括电视、收音机、户外广告、在线广告、产品赞助，等等。在使用传统广告进行潜在客户开发流程的时候，关键是要让你的潜在客户行动起来。你必须在广告上加一个口号，号召他们行动起来。这样的口号要包括以下几个方面：

a. 你期望潜在客户所采取的行动：给公司打电话、报名、注册，等等。

b. 他们这样做的理由：免费试用、免费礼品、折扣价、特殊优惠等。

c. 他们现在就做的理由：提供时间有限，价格就要上涨。

● 点击付费广告

1. 点击付费广告是发展最迅速的广告工具之一。绝大多数广告是按你的广告所能获得的曝光度或吸引的眼球数来收费，而点击付费广告只在有人真正点击你公司广告的时候才收取广告费用。你的广告需要颇具创意，能清楚地展示你的公司对于潜在客户的价值，这样才能鼓励他们点击你的广告。不要把信息复杂化，你希望潜在客户怎么做，要向他们表达得很具体。例如，"点击这里可以使你的 Sarbanes-Oxley 合规（SOX）成本降低 25%"，这个例子所表达的信息和想要客户采取的行动都很清楚。

2. 潜在客户点击了你的广告之后，你还要为他们准备一个登录页面，继续引导他们成为你的潜在客户。这一步会决定他们是否会成为你的新开发客户。在页面上继续向他们提供有价值的信息。你的目标是当他们想要在 SOX 上节省开支的时候向你提供其联系信息。所以这应该是登录页面上的信息焦点。其中还应该包括能增强你所提供价值的可信度的内容，比如引述客户的话或给出一个投资回报率的例证。这些内容应该简要地展示你如何实现承诺，即如何降低成本。然后，应该给客户留出一定空间，以便他们输入最少量的信息，并且随即给他们提供几种选择：希望有销售人员上门拜访？要一些产品附件？希望参加研讨会？

● 网络研讨会

1. 网络研讨会是一种在互联网上进行的工作会或研讨会。潜在客户只需通过自己的电脑登录到一个事件中而不必长途跋涉亲自去参加。网络研讨会是参与者与演讲者以及其他与会者之间进行互动的一种便捷方式。通过使用小组讨论技术，所有的参与者都可以有效地探讨问题、分享知识。网络研讨会可以通过"现场直播"的方式进行，潜在客户也可以把它先录下来，在方便的时候再看。

2. 因此，网络研讨会是非常有效的客户开发工具。在研讨会上向潜在客户集中提供有价值的信息的方式，会鼓励他们注册参与研讨会，这样他们不仅提供了个人身份信息，而且也表明了其兴趣所在。比如 MetricStream，前文已提到过的一家软件公司，每周都会举行网络研讨会，所讨论话题类似于下面的几个例子：

  a. 以超低的成本维持 SOX 合规

  b. SOX——如何让 IT 控制适应规章框架

  c. SOX 让我们的投资更有价值

以上这些话题，不仅为参与者提供了价值，而且还为 MetricStream 提供了商机。因为对这些话题感兴趣的人也许还对能使 SOX 合规自动化的低成本、低风险的软件感兴趣，而这正是 MetricStream 要出售的软件。

● 展销会

展销会是有相似产品或产品不同但市场一致的公司的聚集地，这些公司可以在展销会上展示最新产品、会见客户、了解新的趋势并且确定新的潜在客户。要想在展销会上开发客户，你必须有一个具体的营销方案。仅仅靠展示是远远不够的。一个有效的方案包括：

　　a. 瞄准合适的展销会。每年有一万多个展览会。你需要作好调查工作，确定哪些展销会能帮你吸引理想的潜在客户。

　　b. 设定明确的目标。我们所讨论的是开发客户，因而应该设定具体的有助于开发客户的目标。这包括建立一个包括经过精心选择的名录的邮寄列表来提供你的产品和服务，并识别和确定潜在买家。你的目标会指导你的实践。

　　c. 恰当部署展位人员。在一个展位上你至少需要两个人。一般情况下，每增加 100 平方英尺的展位空间就需要增加一个展位人员。展位人员应该事先接受过你公司的培训，并且需要服装整洁、态度友好。

　　d. 聚焦你的信息。你需要在极其有限的时间内吸引客户的注意力。创建一两条关键信息并且确保展位图示、销售辅助材料、促销前展示以及展位人员都在强调这些信息。

　　e. 客户开发后续工作。在展会开始之前，要制定一个对在展会上所开发的客户实施跟进的方案。客户转瞬即逝，因而及时恰当地跟进非常关键。另外，一定要遵守在展销会上所作出的承诺。展销会是客户在最终正式作出决定之前与公司少有的几次实际互动的机会之一。你给他们所留下的印象会影响到他们将来是否会考虑你的公司。

● 电子快讯

　　电子快讯是指在线发行并以电子邮件的方式发给订户的新情况通讯。使用电子快讯进行客户开发时，关键在于要确保他们为读者提供的有价值信息是一致的。你的电子快讯应该是一种软性促销工具。该通讯中只需包含不同文章的一部分，引诱读者点击链接去阅读全文。这有助于获得关于谁在阅读通讯、阅读的具体内容、阅读的频率等方面的统计数据和信息。等到读者点击进去读完全文之后，给他们提供更多的信息，提供一个免费试用机会或邀请他们参加一个网络研讨会或任何适合你拓展业务的地方。

● 电子邮件战

　　潜在客户开发中的电子邮件战是指向你的目标潜在客户发送一系列

事先设计好的电子邮件，目的在于激发他们的兴趣。这些电子邮件绝不是一次性的，不过也不要制造垃圾邮件，要使用信誉良好的公司所提供的名单，上面附有符合你的目标群体的联系方式。另外，要让接收者可以自由订阅或取消订阅。邮件要写得有针对性，要称呼收件人的名字并且包含与个人信息相关的内容。邮件要简短并且呼吁收件人有所行动。和其他的营销策略一样，邮件也需要测试。在你的目标收件人中抽取10%作为样本，在给他们的邮件里分别试用不同的主题、行动呼吁和内容设计。然后采用最有效的那种方式。

客户开发成功的关键是瞄准目标。许多营销部门把80%的时间花在客户开发计划中能够发挥创造性的那些方面，如销售辅助材料的制作、场所的选择、信息的传达等，而在受众方面投入的时间则很少。把一份普通的销售辅助材料发给合适的受众，与将极具创意的销售辅助材料发给错误的受众相比，效果要好得多。因而，要花时间定义你的目标并研究如何接近目标。

## 确定潜在客户

在销售过程中，潜在客户确定得越早越好。越早确定，所耗费的资源就越少，成本就越低；最重要的是，所获得的销售渠道就越有效。一个高效的销售渠道有助于销售管理人员和公司管理者制定经营方案，预测经营成果，并在需要的时候采取合适的行动。

在确定潜在客户的过程中，营销具有双重作用。首先，市场营销需要提供一个尽可能清晰准确的关于目标潜在客户的定义。这个定义应该包含尽可能多的细节内容。为了做到这一点，营销需要分析产品的潜在收益以确定哪些公司可能需要、哪个公司买得起它或有购买它的理由、在这些公司里具体是哪些人能作出购买决策，等等。例如，一个提供平均零售价为100万美元的供应商质量审核软件的公司就需要选择一个目标市场。很明显，拥有多家供应商的公司会是它的目标；其次，考虑到制造业中的外包趋势，生产商也可以是目标之一。不过这还不够具体。有许多制造商很难成为理想的潜在客户。如果选择的目标市场过于庞大，一些营销资金会浪费在向并不需要你的产品的公司传达信息的活动上。一个有代表性的目标潜在客户的例子是选择销售额在 5 亿美元以上并在汽车行业拥有 30 多家供应商的美国零部件生产商。表 9—2 中给出了更多关于目标市场描述的例子。

表 9—2　　　　　　　　　　目标市场描述举例

| B2B | B2C |
| --- | --- |
| 行业细分 | 人口统计资料 |
| 收益规模 | 收入净值 |
| 雇员规模 | 地理位置 |
| 地理位置 | 性别/年龄 |
| 增长率 | 兴趣爱好 |
| 经历 | 经历 |
| 所有权 | 职业 |

营销应该针对每个目标群体来创建合适的销售辅助材料，这样既可以辅助销售渠道，又有助于鉴别潜在客户。销售辅助材料包括宣传手册、产品一览表、网上产品演示、定价单样本，等等。

关于销售辅助材料，需要注意的是：不到需要的时候不要打印。材料的外观设计和内容应该根据你对于市场理解的不断加深而不断完善。只打印那些你所需要的材料，这样到最后才不会剩下一大堆没用的、只能浪费掉的材料。另外，在科技如此发达的今天，拥有一台高品质的彩色打印机和多样的纸质选择，以及内部打印与根据实际需求打印，是非常节省成本的选择。在 B2B 市场中，人们一般采用 PDF 格式的文件，因为它便于通过电子方式实现分享。

## 赢得潜在客户的兴趣

一旦确定了一位潜在客户，现场销售代表就需要培养潜在客户对公司产品的兴趣。这里又需要营销提供有效的材料。这些材料的目标可以简单地解释为以下几方面：为什么一个潜在客户应该买你的而不是其他公司的产品，或者为什么他应该买你的产品而不是什么都不买。这些材料必须站在潜在客户的立场建立起来。向客户解释为何你的产品很出色的做法通常不是很有效,尽管许多营销人员都这样做。真正有效的是,向一个潜在客户解释为什么他应该关注你的产品以及你的产品会如何使他的公司受益。

进行营销时需要"由外向内"而不是"由内向外"思考问题。"由外向内"是指站在潜在客户的立场,批判性地考察与潜在客户交流的整个过程。你的产品是否拥有高品质的组件对于潜在客户来说并不重要。重要的是,你的可靠性比行业规定的标准要高,这会降低故障发生的几率。这就是"由外向内"进行思考的一个例子——它明确解释了拥有高品质组件的产品会给客户带来的好处。

支持公司赢得潜在客户兴趣的营销工具一般都对以下问题作出了回答:

- 产品如何为我以及我的公司带来收益?
- 为什么它比其他的选择要好?
- 它如何操作?
- 其他人对此有何评价?
- 为什么我应该现在就买?

量身定制的产品演示、投资回报率工具和公司网页都是非常合适的工具,可以用来解释产品能为潜在客户带来的收益,并把你的产品和其他产品区别开来。如果要向你的潜在客户展示产品如何工作,产品演示是最有效的途径。产品演示也可以通过多种方式来实现。Flash 演示是指把你的产品演示过程录下来,潜在客户可以用免费的 Flash 播放器(如 Macromedia)进行观看。可以制作 Flash 演示视频并把它放到公司网页上,这样,潜在客户就可以随意观看这些视频。幻灯片演示可以用 PowerPoint 软件来制作。与实录一个演示场景不同,幻灯片可以展示关于产品使用的各个方面,其中一名销售人员或技术人员需要在播放幻灯片的过程中加以解说。例如,如果是销售软件,在幻灯片播放过程中可以展示用户进行操作的界面以及操作过程中所生成的报告。销售人员或销售辅助人员也可以进行现场演示,不过这样存在一定风险,除非演示人员接受过良好的培训。如第 7 课中所讨论的那样,演示失败远比不进行任何演示更糟糕。

分享客户参考资料也有好几种方式。这包括在媒体报道中援引客户的评述、在一个关于客户经历的个案研究以及其他营销材料(包括在网页上)中嵌入客户的评语。和潜在客户分享其他客户的正面经历是极其有效的。

要回答"为什么我应该现在就买?"这个问题,需要了解潜在客户的个性化需求和处境。不过,其他有助于销售的工具还包括投资回报率计算器、价格和服务促销策略以及特殊优待措施。特殊优待措施可以让客户有机会直接向公司开发部门提出需求、参与咨询会、共同参与宣传活动,等等。

## 提交建议书

提交建议书一般被视为完全是销售组织的工作,其实不应该是这样。对于一些潜在客户来说,建议书是他们从公司获得的分发范围最广的一份材料。创建建议书模板时,需要确保所涉及的公司品牌和相关信息准确无误。此外,潜在客户很少只把一个建议书作为考察对象。你的建议书里也应该包括一个列表,上面列有一个客户应该考虑的其他关键的评估标准并说明你的公司如何落实这些标准。当然,你希望把能够凸显你公司产品优势的标准都囊括进去。这样做的目的是让客户采用你的标准来衡量其他公司的产品。表9—3是MetricStream公司所用到的一个检查表。

表9—3　　　　　　　　　　SOX检查表

公司应该寻求方案以确保自己长期保持在合规方面所付出的努力、改善内部控制环境并运用技术来获得竞争优势。本文件所提供的检查表上列举了SOX—404方案所需具备的一些特征,可以用来比较不同的供应商所提供的方案。

| 必要条件 | 供应商支持(Y/N) |
|---|---|
| 1.0　方案概述 | |
| 1.1　支持COSO和企业风险管理框架 | |
| 1.2　支持流程设计、评估、改善和监控的端到端的管理 | |
| 1.3　容易配置和重置组织流程 | |
| 1.4　在拆盒即可使用的软件中嵌入最好的实践功能 | |
| 1.5　降低成本并对合规性活动提供实时支持 | |
| 1.6　可以通过记载其他运作中的业务流程周围的控件来强化内部控制环境 | |
| 1.7　可服从其他特定行业的要求和政府的规定 | |
| 1.8　可提供企业范围内的风险评估和管理 | |
| 1.9　提供一个可用来改善所有业务流程的业务流程管理平台 | |
| 1.10　与组织SOX—404程序的所有阶段和步骤相匹配 | |

2.0 可用性
2.1 基于网络的应用程序
2.2 可配置的基于门户的用户界面
2.3 通过动态电子邮件工作流对矫正计划进行实时状态跟踪
2.4 基于电子邮件的接入及应用途径
2.5 基于角色的菜单访问控制选项以简化使用过程
2.6 便于商业用户配置和自定义形状、报告和仪表板
2.7 针对具体用户制定个性化的主页并在"任务表"中列出等待处理的任务
2.8 可在页面上添加公司的标识
2.9 在恰当的场位置设置下拉价值列表
2.10 协助运作

3.0 分析和商业智能
3.1 内置分析和商业智能功能
3.2 内置报表引擎
3.3 预置标准的 SOX 报告
3.4 配置标准的、特定的或预定的报告
3.5 能在一个报告中囊括所有信息
3.6 产生的报告格式可打印并易于阅读
3.7 导出报告到标准文件格式如微软 Excel、AdobePDF 等
3.8 附件形式的电子邮件报告
3.9 基于角色的执行仪表板可以深入各个细节

4.0 合规平台
4.1 工作流与合作
4.2 文件管理
4.3 基于电子邮件的屏幕应用程序
4.4 内置集成功能
4.5 集成通知和警报
4.6 内置分析和报告（不需其他许可证）
4.7 可审核性
4.8 支持电子签名
4.9 健全的核准制度和认证控制
4.10 很强的拓展性和可用性
4.11 基于门户的用户界面
4.12 支持脱机登录
4.13 多语种支持
4.14 多时区支持

这个检查表只是其中的一部分，下面是一个建议书的大纲：

1. 致谢及简介；

2. 重申潜在客户的需求和检查表中所列的衡量标准；

3. 总结你的公司如何落实上述标准；
4. 定价总结；
5. 建议书的细节内容；
6. 参考客户；
7. 扼要概括建议书内容。

## 征信调查

　　在 B2B 市场中，绝大多数客户都想跟参考客户对话。虽然你的既有客户可能对你的产品很满意，但这并不意味着他们愿意频繁地接听潜在客户的电话。接到需要参考客户的请求之后，要确保把这些请求在你的客户群中间进行均衡分配，这样就不至于出现某些客户被过度打扰的情况。不然的话，他们会拒绝参与这个活动。除了"即时咨询电话"之外，还有一个办法就是请参考客户写一个或录一个可以共享的证明书。这可以节省他们的时间和精力，并且非常有效。

　　在你的参考客户接听一个咨询电话之前，要让他们做一定的准备。让他们了解潜在客户很可能会问到的问题，并让其了解通话人的背景。准备的充分程度直接关系到通话过程中他们自己的舒适程度。

## 处理遭到拒绝的情况

　　一名销售人员在展示产品的特点、谈论其收益或询问订单的时候，客户的反应可能是负面的。他们可能找借口或者干脆掉头走开。这个时候，销售人员就需要处理好这种遭到拒绝的情况。尽管他们可以用一些技巧来处理，不过在一些情况下，适当的营销工具也有助于解决这样的问题。

　　营销需要跟相应的销售相结合来理解既有的或预期的拒绝情形，并决定用哪种工具会更为有利。例如，如果公司相当年轻并且规模较小，那么潜在客户可能考虑到公司的可信度而予以拒绝。在这种情况下，展示公司的可信度是有助于销售的适当办法。表 9—4 就列出了常见的拒绝方式和有助于跨越障碍的营销方法。不过，关键并不在于关注这张列表，而是根据销售团队所提供的反馈来建立你自己的列表。

表 9—4　　　　　　　　处理遭客户拒绝情况的销售工具

| 遭拒绝的原因 | 可能用到的销售工具 |
| --- | --- |
| 生存能力 | 针对财务主管展示公司的生存能力：<br>展示公司的实力，如客户数量、金融投资者<br>展示公司的发展历史和未来计划（签保密协议）<br>展示记载客户满意度的资料 |
| 缺乏业绩记录 | 客户个案研究：<br>描述成功的应用/实施过程<br>解释可量化的结果<br>提供关键产品实施/操作人员的个人简历，展示他们进入公司之前的相关经历：<br>在支持潜在客户的团队里建立自信 |
| 竞争对手要价更低 | 介绍公司提供并销售产品的总成本：<br>展示产品、产品应用、相关培训等的总成本比竞争对手低或与之持平<br>根据竞争对手的信息修改产品收益：<br>极力说明你的产品会给客户带来更多收益 |
| 购买风险过高 | 试用方案：<br>让潜在客户在真正引入产品之前有机会了解产品如何工作以及它会带来的收益 |

## 达成交易

容易被忽略的一个部分是潜在客户能够看到的最终合同。你的合同和随后的支持材料会反映到你公司的品牌中，所以一定要反复校对。很多时候，新建议书仿照以前的建议书而写成，而且其内容是由很多人合力完成。所以，未发现打字排版错误或者意外地保留了其他参考客户资料是很常见的事情。除了校对以外，还要花时间去制作一份专业性强并且内容始终如一的建议书。如果公司拥有商标和标识，最好也加进去。建议书要彩印并且装订工整。将一份专业性较强的文件呈现在客户面前的另一个好处是，客户会更尊重它们。如果文件或合同是正式的并且结构合理，他们就不会那么想去修改或加以改变。

## 培训的必要性

创建营销工具是第一步，培训销售代表来使用这些工具是第二步。在培训过程中，培训销售代表如何做演示、使用 ROI 工具或者让潜在客户全程关注产品演示却经常被忽视。客户对产品的价值认知来自于他面前的每一次演示、谈话或销售辅助材料。尽管培训并不容易，但不要因此而跳过它。销售人员希望能够直接面对客户，他们往往过于低估培训的价值。下面列举的是一些关于培训的有效技巧：

1. 对于新近雇用的销售人员来说，要把培训成果作为他们初始目标的一部分。确定一个日期，让他们在高层管理者面前做产品演示或销售演讲。让其他销售人员拨打销售电话给新的销售人员，并确保新的销售人员可以通过这种经历而有所收获。

2. 不要把它叫做培训。公司一般会有一个销售例会。要求从会议时间里抽取 10~15 分钟的时间，以此来为销售人员补充营销方面的知识技能。利用这个"补充"的时间介绍新的营销工具以及如何使用它们。

3. 进行"失败教训总结"。当丢失一笔交易之后，优秀的销售团队会反思失败原因并从中汲取教训。在反思之后总结出的经验一般更容易被客户所接受。

4. 与销售管理人员一起按季度或至少每半年举行一次销售会议，把会议的焦点放在上文所提到的目标上，同时分享最好的实践成果，让销售人员学习新的营销工具，等等。

## 营销辅助销售策略
——以 MetricStream 公司为例

MetricStream 是一家私营的软件公司，为世界范围内的知名公司提供企业范围内的质量审核管理支持。各个领域的龙头企业，包括食品业、制药业、制造业、电子行业等，都采用 MetricStream 公司的解决方案来管理他们的质量流程、行业规范以及公司治理方案。2004年初，MetricStream公司就具备了增值的条件，并且确定了自己的价值定位、目标市场细分和定位。MetricStream的产品得到了位居《财富》杂志1 000强的部分公司的好评。随后，扩大销量的时机出现了。

　　MetricStream公司的目标是在有限的预算内扩大其销量。所以，潜在客户开发方面的投资主要应用在点击付费广告、网络研讨会和电子快讯方面。点击付费广告不需要列出客户清单或创建数据库等前期投入，所以是首先启动的方案。这种广告方式需要公司创造出属于自己的广告词，慎重选择被用户搜索到时会触发广告页面跳出的关键词，并且只有当有人点击广告时才须付费。公司可以决定点击付费的单次价格。雅虎搜索营销（Yahoo! Search Marketing）和谷歌关键词广告（Google Adwords）都有这种广告业务。最大化地利用这一广告渠道需要营销方面的努力，即调查最能引起潜在客户对你的产品产生兴趣的关键词，如此才能最充分地利用为关键词所支付的费用。例如，MetricStream公司当初使用这种广告方式的时候，如果有一个用户点击了广告并在该公司网页上注册，那么公司需要支付的平均费用为80美元。之后，公司花了几个月的时间来调研和测试不同价格段的各种关键词，并且雇用了一家咨询公司来完成这些业务。最后，这一平均费用降到了20美元多一点。需要注意的是，这种计算方式关注的不是单纯的点击费用，而是让人点击广告并在公司网页上注册其联系信息的平均费用。如果一个人愿意提供自己的联系信息，他们很有可能对你的解决方案相当感兴趣。所以，可以把这样的人作为尚未确定的潜在客户来考虑。

　　网络研讨会和电子快讯这些营销方式都需要在获取客户清单和创建数据库方面有所投入。也是为了让每一分钱都花在刀刃上，MetricStream公司利用基于印度的营销资源，创建了一个质量审核专业人员数据库。这是通过运用一个专门的网络搜索器来实现的，这种搜索器可以扫描远端网站并自动下载其内容以便索引。索引的焦点是特定的角色和行业名称。有了这种技术，再加上营销调研，就能够创建一个关于目标潜在客户的营销数据库。经过六个月的努力，MetricStream拥有了一个包括大约一万名质量审核专业人员的数据库。这个数据库就可以应用在网络研讨会和选择性加入的电子快讯方面。

由两名内部销售人员对电子快讯、点击付费广告和网络研讨会所产生的新线索进行鉴别和跟踪。内部销售人员的业绩要通过他们向现场销售人员提供并被接受的客户数量来衡量。以一周为单位，内部销售人员会向营销部门反馈他们所遇到的困难。这些困难包括被客户拒绝，销售过程中遇到的障碍、棘手的问题，等等。营销部门在这些反馈的基础上迅速开发出特定的工具和销售辅助材料。例如，当销售人员试图向潜在用户证明他们的方案有利于有效管理的时候，就会被"质量管理所带来的前景如何"这一问题卡住。这时，营销部门就制定出 ROI 工具并举办一场题为"创建关于质量管理体系（QMS）的商业案例"的网络研讨会。除了这两个行动之外，还有两个案例研究，分别名为"如何为 QMS 创建商业案例"，以及"供应商品质：案例研究"。销售人员需要决定不同营销方案的优先度。同样，营销人员还参与每周的销售例会，从现场销售人员那里直接获取关于如何帮助他们达成交易的反馈。2005 年第四个季度，MetricStream 公司现场销售人员手里的销售渠道增加了四倍。

## 营销和销售之间的关系

营销和销售之间的关系通常是紧张的，但同时又是健康的。在一家创业型企业里，销售组织一般会被要求在一年的时间里把收入提高 1～2 倍。随着压力的不断增大，销售部门希望能得到更多的营销支持——更多的产品演示、更多的销售辅助材料、更多的新线索。同时，营销部门也希望看到销售部门能够最大限度地利用已经提供的、优秀的工具，从而更有效地完成工作。这种彼此尊重的紧张关系很正常而且富有成效。如果这种关系是对抗性的、彼此不尊重的或功能失调的，那就需要加以改变。

应该如何协调营销和销售的结构关系？尽管几乎所有的结构都具有一定功效，不过基于经验来看，如果考虑到以下几个方面，那么产生积极结果的可能性会更大。（1）向同一位高层管理者汇报营销和销售报告的优势在于，除了 CEO 之外还有一个人有适当的监管力和洞察力来真正最大化地利用销售成本。而联合报告的不足之处在于，销售需要的是短期的、季节性的关注，而营销则需要长期的努力。一个对两方面都负责的高级职员最后花在销售上的时间可能不合比例。在创业型企业的早期阶段，最好是把营销和销售分开。等公司有所发展并且在这两个部门都有经验丰富的高级职员之后，再把二者联合起来就会产生惊人的效果。

回到 NorthPoint 公司的例子，它就是一个将销售和营销结合起来获利的例证。2000 年，NorthPoint 有 1 000 名员工，其中约 100 人在营销和销售部门，这些人分别向 CEO 报告。公司业务拓展以后，销售成本变得太高。公司引入了一位首席营销官（CMO）来继续发展高端业务，同时大幅度地降低销售总成本。通过把两个部门结合在一起、避免一些重复性的工作，从而使营销部门对销售渠道更负责并简化销售流程以利用其营销能力。6 个月之后，公司的销售成本下降了 30%，并且数字用户专线的订户总数是原来的 2 倍。这位首席营销官同时接受 5 个直线下属的报告。

Loudcloud 公司是一个网站管理服务供应商（现在已经更名为 Opsware 公司），一位管理人员加入了它并帮助该公司把服务卖给大型企业客户。这位销售执行副总裁兼首席营销官主管销售和营销。当时，Loudcloud 公司大约有 320 人，其中大约有 40 人负责营销和销售。当时销售正经历一系列的转化，目标客户在变化，产品供应需要重新定位以便更有效地匹配新的目标受众，而且当时的经济形势也开始走下坡路。在这种情况下，销售执行副总裁兼首席营销官要管理 9 个直线下属，这确实太多了。因为重点放在了短期季度销售上，销售力度超过了营销力度，使营销部门遭受重创。

## 结语

在有效地辅助销售的过程中，营销起到了非常关键的作用，但这一点却往往被忽视。从通过客户开发新线索来识别潜在客户，到向销售人员提供工具来处理被拒绝的情况并完成交易，销售过程的每一步都需要营销的支持。营销人员需要了解销售流程以及在该流程中寻找潜在客户并达成交易的因素，其了解程度应当不亚于销售人员。营销人员的关键责任之一是要确保在每一个步骤都能创造出合适的工具来辅助销售。本章为营销专业人员提供了检查表、范例和应该回答的问题来帮助其有效地辅助销售。通过 NorthPoint 和 Loudcloud 的例子,我们也讨论到营销和销售的关系以及二者在组织结构方面的问题。只要营销和销售拥有一个共同的目标和战略,就可以通过二者功能的紧密配合来获得并保持对销售的巨大支撑。

# 第 10 课

# 促销和病毒性营销：使可持续盈利能力最大化

对绝大多数产品或服务来说，实际试用的推销效果是无可取代的。促销可以把实实在在的产品摆在顾客、影响者和媒体面前，这就更方便他们尝试它或看它的实际应用情况。如果你的公关战略奏效的话，他们会非常急切地去试用它。即使公关战略不奏效，把产品塞到他们手上或者放到他们的屏幕上，不仅会在产品上市期间起作用，而且会在以后的很多年里产生积极影响。可以通过几种方式把产品带给消费者，本章要讨论的是创业型企业比较可能会用到的直接营销促销、病毒性营销、事件营销和其他游击营销技术，而不是一些长期的营销战略。另外，植入式广告，即人们可以看到你的产品被一个名人在电影或电视节目里加以使用，可以作为公共关系与促销之间的桥梁而存在。表 10—1 中概括了其中一些促销产品的方法。

表 10—1　　　　　　　　　　促销产品的方法

| 类型 | 使用时间 | 实例 |
| --- | --- | --- |
| 发送赠品 | 适用于低成本的病毒性产品 | 网景公司 |
| 尝试购买 | 用户需要经验来评价产品 | Ameritrade |
| 信用度展示 | | |
| 植入式广告 | 巩固热销产品 | Mini Cooper |
| 大众展示 | | |
| 事件营销 | 产品需要一上市就一次性获得大额的销售 | Windows 95 上市 |

## 发送赠品

在当今的互联网世界，发送赠品已经成为一项长期战略，而不仅仅是把一小包免费试用洗发水夹到你的周日报纸快递中的短期促销策略。不过，正如我的一位阿姨喜欢说的那样："它是免费的，并不意味着它是廉价货。"用户们在接受免费软件方面也变得更谨慎，知道要应用并维持这些软件可能要付费。开源软件的变革促使了 Cygnus Solutions 等公司的诞生，这些公司的口号是"让人用得起免费软件"。

网景公司掀起了当前网络上的这种分发软件赠品的狂潮，它为非营利用户提供免费下载 Navigator 浏览器的机会，为其他的个人或公司用户提供 90 天的免费试用机会。在网景公司已经获得很高的市场份额之后，微软公司信心大增，开始完全免费提供 IE 浏览器的使用机会，这也促使网景公司对它的浏览器采取同样的行动。一旦所有的主要竞争对手都开始以"免费"作为他们的价格标签，其他公司就几乎不可能进入这个市场。随着反微软 IE 软件安全漏洞的呼声逐渐高涨，网景公司开源软件的副产品 Mozilla Firefox 在最初几个月的下载量超过 1 000 万次。

网景公司的战略实际上包括两部分。首先，它鼓励在宿舍和学校高速上网的大学生使用这个软件。这个使用群体口口相传，很快就把信息传到他们的教授那里。而这些教授，作为企业咨询专家和媒体的消息来源，有能力证明网景公司是赢家。网景公司刚创建时，Spry、Quarterdeck 和 Spyglass 都从伊利诺伊大学香槟分校美国国家超级计算应用中心（NCSA，Mosaic 浏览器的发源地）获得了被许可的版本。其次，网景公司也意识到如果可以在用户的桌面上占有一定空间，以后公司就可以在其主页（程序开始运行时绝大多数浏览器都会首先打开的页面）上出售广告和其他条目来获得收入（按当下网络术语的说法，就是把用户"货币化"）。该公司在其创建后的第一年以每股 500 万美元的价格向雅虎等公司出售搜索按钮。这在最初的几年里给公司带来一亿多美元的与广告有关的收入。而且，用户群会促使一些企业相信网景公司赢家地位的价值会转化到它们的网络服务器上，而这需要它们支付大笔的费用。

对任何支持广告的媒体来说，不管它是网络电视，有发行控制的杂志，还是网络搜索，都必须估测一个用户（观众、读者）的终身价值来决定为了吸引他所需支付的费用。如果这个价值比成本高很多，就可以提供免费试用品。谷歌就利用其测试版 Gmail 改变了电子邮件领域的竞争规则，它先是提供 1G 的免费储存空间，比它的竞争对手们所提供的免费储存空间多了 10 倍以上。它仍在继续吸引着大批追捧者，这些人在读邮件或写邮件的时候会看到大量的目标广告链接。现在它的免费储存空间已扩展到 2.6GB 并且还在持续增长。

微软公司有时也采取同样的"免费发送赠品"战略，只是进行了细微的改动。它只发赠品给使用微软其他产品的用户，有个小小的例外就是，它也给 Unix 和 Macintosh 操作系统提供免费的 IE 浏览器。这一举措给 IE 浏览器带来高达 90% 的市场份额，有效地中断了网景公司的扩张进程。开源软件业界开始进行一些局面微调来对抗这种趋势，甚至微软在反垄断诉讼中的败诉也没有改变这种局面——它兼并了 Windows Media Player 播放器，损害到 RealPlayer 的利益，并促使欧洲反垄断委员会（European Antitrust Commission）采取行动。

赠品的发送并非局限于免费软件。目前纽约就有两家早报（AM 和 Metro）免费分发给乘坐地铁的人——这是个垄断性的读者市场。《华盛顿邮报》也开始发放免费早报来吸引新的"用户"逐渐养成读报的习惯。它希望这同样会促使人们购买其旗舰报纸《华盛顿邮报》。

**免费使用 vs. 永久免费**

把产品或服务的试用变得简单易行是创造消费需求的一个关键因素。如果一个用户免费试用了一个产品并感觉良好，那么他就更有可能愿意为随后会得到的产品的价值付费。必须要确保用户意识到产品的真正价值，而不是认为产品就应该免费使用。许多职业经纪公司会先向你免费提供几次业务服务。在互联网领域，这促生了几种混合模式，其中，受限使用是免费的，无限制的或专业的版本则收费。Real 公司对其 RealPlayer 播放器就采取了这种做法。免费版本在任何时候都可以使用，但却有许多限制。如果要使用 Real Jukebox 和 Rhapsody Service 的所有功能就必须付费订购。弗雷德·威尔逊（Fred Wilson）称它为"Freemium"模式。它现在继续在成本低廉的互联网领域不断赢得追捧者。

免费试用在软件领域十分常见，而在过去的几十年里，新型消费品一直是如此。如果有好几款软件拥有相似的功能，用户一般会一直使用最初掌握的那款，因为认知的转换成本很高。所以让用户安装并使用你的新服务，去访问你的网站等等，都非常重要。需要让用户到用户界面进行操作并意识到你的服务所能提供的好处，他们才会购买你的服务或改变决定。

美国在线公司所获得的用户数目的大幅增长是由于它的网盘（以及后来的安装光盘）在美国的地毯式投放，通过这种方式，用户可以安装它的服务并免费试用 10 个小时。美国在线公司的市场调研显示，虽然它在在线领域的市场份额比 CompuServe（后来被美国在线公司收购）和 Prodigy ［一直得到 IBM 和西尔斯（Sears）的支持——IBM 为它提供技术支持，西尔斯为它提供消费者营销技巧］少得多，但只要它能让人们登录其网站并试用其在线通讯工具（聊天室、留言板、电子邮件），就可以把他们变成该公司的订购用户。不过还没有具备上网条件的人无法通过下载软件上线。美国在线公司决定直接将刻有安装工具的光盘邮寄给用户，后来不仅将邮寄与软件销售以及一般的杂志发行绑在一起，而且在许多消费品商店和零售店也放置了大量光盘供人试用。

他们成功的关键在于，他们知道每个注册且免费试用网盘 10 个小时的人相当于一个使用产品长达 3 个月的客户的 25％或者一个"终身（42 个月）"客户的 10.5％。因为当时的收费是 9.95 美元/月，所以每一个确定用光盘进行注册的用户的价值接近 100 美元。包装成本大概是 1 美元，所以即使是 1％～2％的试用率也会获得十分可观的回报。另外，拥有多重订购用户的美国在线公司的股价高达几百美元，因此，从市值及其营销项目筹资能力这两个方面来讲，对于美国在线公司来说，较低的试用率很有价值。事实上，免费试用作为一种非常成功的促销手段，在当前的市场上继续得到广泛的应用。随着拨号上网服务的价值因宽带的出现而逐渐萎缩，美国在线公司也开始重新思考需要发放什么赠品。

把光盘发到所有用户手中的成本很高，所以美国在线公司寻求更为廉价的方式——把所有的软件事先安装在新的个人电脑中。美国在线公司让主要的电脑供应商把所有的美国在线公司试用软件安装在电脑上，每个坚持使用该软件三个月的订购用户可以获得几十美元的奖励。这对美国在线公司和戴尔、康柏、捷威（Gateway）等电脑生产商来说是一个双赢的交易，因为美国在线公司（在前网络时代）也提供过很好的支持性论坛以减少在支持终端用户方面的电话投入。

提供免费服务的不仅有软件，绝大多数报纸和杂志也提供几个星期甚至几个月的免费阅读时间，把它们的产品送到你门口，以便你可以阅读并订阅。读书俱乐部和唱片俱乐部以及许多其他直接邮寄的促销品（例如，Gevalia 咖啡），为你提供产品和使用工具（例如，Gevalia 会免费发放咖啡壶），是希望能获得一个长期客户。

## 病毒性营销

互联网和万维网的兴起催生了更快速、更廉价的促销方式，而且还催生了一个新名词——病毒性营销。在一个病毒式情境里，每个用户都会告诉他的朋友去下载软件，因为这样有助于他们之间的交流或共事。如此一来，每个新用户都会用产品去"感染"他的许多朋友，也就达到了使用户数目实现指数增长的目的。最为知名且率先使用这一方法的是 ICQ 软件（意即"我寻找你"），它使网上即时信息的收发成为可能。这也是美国在线公司的即时通信软件（AIM）技术。即时信息服务是美国在线公司最吸引人的亮点之一——用户通过它可以看到朋友是否在线，如果在线的话，就可以向那个朋友的屏幕上发送一个信息并得到实时回复。ICQ 要求网络用户下载一个中等大小的软件，这在普通调制解调器上会花几分钟的时间，然后在 ICQ 上用他们的邮箱地址和网名进行注册。一年过后，它就拥有了 100 多万名用户，后来这个数目增长到接近一亿。美国在线公司进军网络时，以近 3 亿美元的价格购买了 ICQ 的以色列母公司 Mirabilis，并继续运作这一软件。这一切都发生在 ICQ 懂得如何货币化它的用户之前。

后来整个社会关系网络领域都采用这种病毒性营销模式。LinkedIn、Spoke、Friendster、Tribe、Visible Path、Orkut、Insider Pages 和其他类似的通讯服务的每一位用户都会让自己的朋友加入。这张向外延伸的"朋友的朋友"人际网络让每一位成员都得益于这些服务。在过去的几年里，甚至在这些社交网络成为商业模式之前，数千万美元的风险资本都投入这一领域中。其中最大的社交网络，如 MySpace（以 6.5 亿多美元的高价出售），拥有 1 400 多万名注册用户，这些用户都是通过一个小的用户中心来邀请朋友和熟人慢慢发展起来的。在 LinkedIn 的发展过程中，最初有个争取最多"朋友"的竞争。

另外一个同样成功的早期病毒性营销活动的出现与 Hotmail 有关。当时，资助 Hotmail 的美国德丰杰基金（the Draper Fisher Jurvetson）的一位风险投资者要求在每一位 Hotmail 用户发出的每一条信息上都贴上"用 Hotmail 免费收发电子邮件"的收尾语。不到一年，公司就获得了几百万用户，并以几亿美元的价格出售给微软。这是以极低的成本来传播信息，不仅动员每一位用户，而且动员用户的每个联系人都来为自己做广告。增加 50 个以下的字符给每个邮件传输带来的边际成本几乎为零，基本上可以忽略不计。而在出售公司的时候，每增加一个客户所带来的边际收益却是几百美元。

**赠品何时奏效？**

很显然，并不是每种产品或服务都适合采取"免费"战略。下面列举了让"免费"战略成为创建客户群的一种有效方式的四个关键要素：

- 产品成本低
- 转换成本低
- 易于分销
- 与成本相比终身价值高

任何软件产品本质上都是低成本商品。尤其当产品是在线展示文件的时候，其复制品的边际成本在最坏的情况下相当于一个只读光盘（CD-ROM）的成本（按量计算低于一美元），在最好的情况下相当于维持潜在用户可以下载软件和文档的 FTP 或网络服务器的成本。美国在线公司或其他类似互联网服务供应商所提供服务的每小时成本低至几十美分。提供 10 小时的免费服务的成本也许低于 2.5 美元。而且许多软件供应商会提供一些不完全的版本，这些软件只可以在一定时间范围内使用（通常是 30 天），其用途也有限，或者丧失部分功能（不再能保存文件）。Software.com 的邮件项目是电子邮件服务领域最成功的项目之一，它允许人们最多可免费拥有 10 个账户。

免费试用也被应用于其他媒介，甚至出现在一些高成本的领域中，只要能有效地筛选并获得客户。例如，为了让你相信 FlexJet 项目的收益，Bombardier 甚至会为你提供免费乘坐私人飞机的机会。不过，为了完成这次试用，你要做的就不仅仅是发个电子邮件那么简单了。

决定病毒性营销是否奏效的一个关键因素是看转向新产品或服务时在用户身上所需要付出的成本。在互联网领域中，这相当于一位用户注册新账号、软件等必须要耗费的时间长短（或需填表格的数目）。例如，有许多证券投资管理网站向用户随时播报其最新持股情况。对只持有两三支股票的人来说，实现这种服务的过程一般很迅速，可是那些多方持股的用户（也许是最佳目标用户）却需要花费半个小时或更多时间。这通常会导致普通方案把最好的方案排挤出去的状况，即用户最初选择的一个解决方案也许足够好，以至于阻止他转向一个更好甚至好得多的方案。

使转换过程自动化或把用户完成转换所需的工作量减到最少有助于解决这个问题。几乎所有的社交网络都有工具可以帮助你搜索现有的 Outlook 联系人名单并把它们导入网络。绝大多数证券投资管理工具都能接受 Quicken 或 Microsoft Money 格式的输出文件。要想使营销获得成功，其中一个关键因素就是使 OOBE 过程（在安装完 Windows 后就会进行的一个步骤；在这个步骤里，您需要对 Windows 进行一些基本设置）尽可能简单。

大范围地发放试用品通常可能会发到太多不感兴趣的用户那里，所以让发放工作有针对性来使转换率——从试用转换到真正（付费）使用的用户的数目——达到最大化很重要。美国在线公司最初把光盘放在电脑用户杂志里分发出去，因为那些读者能够上网。在这个目标群体中获得成功后，美国在线公司又把光盘按照所列出的名单邮寄给合适年龄段的或具有适当经济能力的人群，不管他们是否拥有电脑。

最终，美国在线公司的产品被绑定在尽可能多的电脑上。美国在线公司还诱导戴尔、康柏和其他电脑供应商把美国在线公司的软件绑定在其电脑上供用户免费试用，如出现真正使用美国在线公司的软件至少三个月的用户，美国在线公司会给这些用户一定的奖励。在某些情况下，奖励为 25～50 美元不等，而供应商需要做的只是在产品测试运行阶段给电脑上通常是空白的驱动器中装上一兆的软件。美国在线公司的成功促使其他的网络服务商，如 Prodigy、Earthlink、AT&T Worldnet 以及最为有名的 MSN 等，也采取同样的战术。

## 事件营销

每个人都喜欢热闹。一个令人兴奋的活动可以让人对一个产品或服务产生好感，并且会促使一些报道和媒体采访在一个时间段内集中出现，这样就造成了关于新产品或服务的轰动效应。即使是一个小公司也可以通过一个计划周密的事件造成理想的轰动效果——通常足以让客户和竞争对手们觉得这是个比其实际规模大得多的公司。事件营销的目的在于让媒体拿出一定的笔墨和空间来推销一个产品，而不是付费广告。而且媒体不仅能描述产品的特点和功能，还可以渲染围绕产品上市的公众兴奋度，这通常会使那些本来持怀疑态度的用户下决心去尝试。

苹果电脑和皮克斯公司（Pixar）的 CEO 史蒂夫·乔布斯（Steve Jobs）就是事件营销领域的行家。他一年中有几次（两次在美国，一次在欧洲和亚洲）在 MacWorld 博览会上做主题演讲。基本上苹果公司的所有重要产品公告都是在这些重要会议上发布，有大量的媒体对此进行报道，并且通过网络将其传播到世界各地的苹果爱好者那里。iPod、iTunes 甚至连 U2 的限量版都在这一盛事上得到展示。苹果公司十分关注这些会议并采取了各种特别的措施来防止消息外泄，甚至起诉那些预先查看最新操作系统发布信息的博客。通过控制产品促销和发布的时间，苹果公司可以使轰动效应达到最大化。让 CEO 本人亲自担任第一位产品公众演示者同时也更加强调了每个新产品发布的重要性。

微软 Windows 95 的发布就是事件营销的典型事例。微软不仅在其公司总部 Redmond WA 举行了一些关键的活动，而且在世界各地举行重要的促销活动，其中包括悉尼、伦敦和纽约。媒体对这些活动的报道不仅减少了产品上市初期的广告花销，而且使公众包括电脑领域的消费者，意识到一个重要且新奇的事情正在发生。与小的创业型企业不同，微软还有必要的资金在

## 第 10 课
### 促销和病毒性营销：使可持续盈利能力最大化

媒体报道方面进行投资，在产品成功发布后继续做广告。Windows XP 的发布在世界范围内的曝光度方面则有所逊色。

事件营销不仅可以提升产品的公共关系，而且还会影响到公司总体形象和公众对公司的看法。最近兴起的付费为足球场（例如，3COM 公园）和季后赛［例如，IBM 阿洛哈（Aloha）杯］冠名的风潮，就是要把公司的名称和特定的形象联系在一起。这可以从多方面提升公司形象——例如将公司塑造成社区和体育事业的支持者。对较小的公司而言，支持当地的活动以及参加慈善活动都是不错的选择，可以达到相同的目的。甚至还有公司愿意保养部分公路路段，协助公路的清洁工作，这也有助于公司形象的提升和品牌创建。

行业会议为事件营销提供了许多绝佳机会。在这种会议上，通常会有关键的影响者和媒体代表出席，同时出席的还会有许多潜在客户、分销商和代理商（当然也不缺竞争对手）。在数目繁多的展位和商业新闻广告中获得公众的注意力并不是一件容易的事。活动可以像一个小型记者招待会那样简单，公司发言人可以在会上宣布一个新产品问世并邀请媒体参加，或者也可以精心安排一场盛大的晚会或一些娱乐活动。Charityfolks.com 为公司提供了一种在线方式，可以把产品的发布和拍卖与一系列多种多样的慈善活动联系在一起，所有这些活动都可以增加公司的可见度。

MetaCreations 公司（现为 Viewpoint）是一家小型计算机图形处理软件公司，拥有一些有趣的新产品。由于资金有限，它想办法花少量的钱在 Comdex 展销会上让媒体大量报道该公司的产品，Comdex 曾经是这个国家最大的展销会。该公司 CEO 约翰·威尔恰克（John Wilczak）决定在类似于硬石餐厅或蓝调之屋这样的地方举行一个大型聚会（邀请 500 位业内关键人士参加）。他准备了一个数字媒体播放器聚会，一些公司（包括 MetaCreations 在内）可以在聚会上利用夜总会周围的展台来展示他们最新的科技产品。举办聚会的成本是 25 万美元多一点，而该公司却没有这么多资金。于是威尔恰克呼吁一些最大的媒体播放器公司——柯达、Adobe 等——提供帮助并向它们出售该聚会的赞助权。作为赞助商，它们会支付聚会成本的一小部分（2.5～5 万美元不等），并分得一定数目的邀请函和展台。

发出去的邀请函是这么写的："MetaCreations 公司（大写）邀请您参加

数字媒体播放器聚会，由 Adobe、柯达等公司赞助（小写）。"在接下来的几年里，每年都举行 3~5 个这样的聚会。MetaCreations 承办这些聚会并获得了大部分公关信用，而该公司的净成本为零。这样，该公司不仅获得了与行业内其他大公司平起平坐的机会，向媒体和影响者群体展示自己的新产品；而且凭借它是聚会的发起实体，导致绝大多数客户认为它是一个规模更大的公司（与销售额所表明的公司规模相比）。客户对其信心的增加势必有助于其销售方面的发展。

**消费者活动**

并不是所有的事件营销都要面向影响者。针对终端消费者的活动也可以对公司大有裨益。午夜发布会形式不仅仅用于电脑软件（例如 Windows 产品）的发布，而且《哈利·波特》系列图书、电影《指环王》、《黑客帝国》和其他新产品发布也使用这一方式。在最近举行的 xBox 360 游戏主机的发布仪式上，由比尔·盖茨公布第一台 xBox 360 的情况，为公司产品的上市赢得了价值数百万美元的媒体关注。

一些啤酒公司已经开始通过在海滩和学生集聚的场所举行夏日活动来促销其产品，同时还给出正面的提醒，例如"建议事先指定驾驶人员"。另外，奥斯卡·迈耶（Oscar Mayer）公司的香肠车在各种展会和其他活动中穿梭，也给一个非常普通的产品增添了别样的色彩。

# 植入式广告

如果你能让人们看到本国最有影响力的人在使用你的产品，消费者就会追随。于是，产品植入式广告的数量出现了惊人的增长。在这种广告里，在电影、电视或其他曝光度高的地方，会出现一个名人使用一个商标突出、易于识别的产品的画面。曾经有一个时期，人们可以把电视节目录下来并自动筛选，可以跳过成千上万个广告，在这种情况下，把产品植入一部电视剧的真实剧情里至少能确保它会在观众面前露面。一些新近推出的电影则更为直接。《偷天换日》(*The Italian Job*)，一部商业电影，里面就插入了太多新型 Mini Cooper 汽车的广告，以至于许多人觉得它会遭到抵触。不过事实上，这部电影让人意识到这种车的存在，并让人觉得它很酷，从而在一年多的时间里推动了该车的销售。

谈到迪士尼电影《疯狂金车》（Herbie：Fully Loaded），理查德·罗帕（Richard Roeper）说："这根本就是一部完完全全的植入式广告电影。"电影中出现 NASCAR、纯果乐、大众汽车、ESPN、固特异等公司产品促销的画面［林赛·洛翰（Lindsay Lohan）戴着一顶固特异的棒球帽在屏幕上出现了 15 分钟］。当然，NASCAR 自己就很擅长图标宣传，因为当车沿着跑道全速奔驰的时候，它的追随者实际上看不到驾驶者。《纽约时报》的撰稿人罗斯·约翰逊（Ross Johnson）指出，即使是百老汇的音乐剧《甜蜜的仁慈》（Sweet Charity），也在获得尼尔·西蒙（Neil Simon）的同意后在剧中提到 Gran Centenario 龙舌兰酒，作为对 Gran Centenario 公司融资酬劳的回报。

有些机构专门研究如何把你的产品融入剧本里或作为赠品被分发。例如，富兰克林电子出版公司就向《方块幸运轮》游戏节目（Wheel of Fortune）提供电子词典作为游戏奖品，这在情理之中。此外，它还向美国全国拼写比赛（the National Spelling Bee）提供同样的奖品。诺基亚和摩托罗拉经常为谁会出现在电影或电视剧里争来争去。苹果公司也向任何一个显示全部使用 Mac 装备的办公室的电视节目出借 Mac 电脑。如果从电视节目上来推断电脑的普及率，那么 Mac 电脑应该被 50% 以上的公司所采用，这比它们真实数据中的百分比要高得多。

甚至连电子游戏也难免被植入广告。近来有好几宗这样的交易，就是把消费品的商标印到如《侠盗猎车手》（Grand Theft Anto）这样流行的电子游戏背景中。这是希望那些不关注网络电视的游戏玩家能看到足够多的广告，并希望以此影响他们的购物习惯。

## 在 Chotchka 战中取胜

让许多人尽可能长久地记住你公司的名字、商标和相关信息是所有公关活动的一个主要目标。要达到这个目标，其中一种可行的方式是利用"Chotchka"（意第绪语，指小件的免费赠品）——T恤衫、钥匙链、咖啡杯，等等。这些东西可以在展销会、博览会或公众活动中发放。在参加了一个典型的计算机产业展销会之后，我带了一大堆赠品回家，包括六件T恤、几个钥匙链、一些鼠标垫、便笺贴、带有商标的瑞士军刀（不容易通过机场安检），等等。

使免费发放赠品有效的两个关键因素是持久性和展露度。持久性是指赠品接受者可能持续拥有赠品的时间，只有在这个时间段里赠品才能起影响作用。展露度具体指的是其他可以看见该赠品的人数以及他们看见赠品的次数。因而，所选择的每一个赠品都应该针对具体的目标受众，从而使这两个因素的效果达到最大化。

衣物是最常见的一种赠品。不过向大众分发帽子、T恤衫和优质衬衫（例如，Polo衫）等物品，只能在某个时间段向有限的几个人传达信息；如果向自己公司的员工发放则效果会更为明显。他们可能会很自豪地穿着这些衣服，而且如果被问起衣服上所印的公司名字时，他们还能提供真实信息。应该向展销会的工作人员发放帽子和T恤衫，这样他们穿着这些衣服参加展销会，就不仅是在本公司的展位为公司做广告，而且在展销会的整个过程中始终都在为公司做广告。获得这些礼物的客户往往会把它们转手给孩子，这样就降低了礼物在倍增促销效果方面的价值，尽管这会让潜在或既有客户对公司心存好感。

带有公司名称、商标、网址和800免费电话号码的鼠标垫可以一直待在既有或潜在客户的桌子上，这可以让客户长久地对公司有印象。而且所有的联系信息都触手可及，这毫不夸张。同样，其他各种各样的垫类赠品——例如，便笺贴、各面贴着商标的立方体、上面贴着品牌标签的黏合剂，等等——通常会在桌子上并在潜在客户的视线范围之内待很长时间。至于其他赠品，如钢笔、铅笔等，虽然上面也带着公司的名称、电话和网址，往往只能在口袋或钱包里找到藏身处，因而展露度就不如摆在桌子上的赠品。如果潜在客户是个喜欢喝咖啡或茶的人，一个大咖啡杯或旅行杯也可以长久地待在桌子上被人看见。

也总会有人追捧用一些新颖的看起来很酷的物品当赠品——各种形

状的水杯、腰包、飞盘，等等。这些赠品大多数都跟衣物有同样的缺点：它们不经常在办公室出现，而那里正是它们可以影响决策并促进潜在客户与本公司联系的地方。而且在通常情况下，它们的成本高于其本身价值。

从另一个方面来讲，不管是在网上还是通过电话或者在展销会上，能利用赠品获得一个比较详细的潜在客户表格是一个经得起时间考验的传统。"填完这个表格您将免费获得……"加上一个小小的赠品总比干巴巴的恳求更有效。另外，使用寿命较长的物品，比如一个小手电筒、钥匙链或手机座，人们会用到且经常看到的这些物品，比经典的T恤或帽子更有效果。

## 结语

如何把你的产品送到你的目标购买者或用户手中，或让他们看见你的产品？关于这样的问题，每天都会出现很多有创意的想法。你不应该仅仅尝试重复本章中所提到的这些办法。当你是第一个使用一个新方法或新点子的人的时候，你的创业就会实现质的突破。尽管许多被验证成功的方法依然很有效，但公众对其中一些早已习以为常。你要做的就是开创出一些可能的促销和营销方案，估测它们的潜在成本和终身边际影响，然后选择一个在营销方面可以给你带来最高收益回报的方案。至于广告，如果存在许多不确定性，就应该在进行大规模发布之前进行测试，这会引导你在任何一个具体时期找到最有效的方法。创业者需要始终记住，任何促销活动都必须与公司的定位和目标市场战略保持一致。

# 第11课

# 营销资源配置

通过前面各章中对广告、销售团队以及促销活动的分析，我们不难发现，不少企业的活动资源分配方法都有很大的改进余地。本章将向大家介绍营销商随时可能遇到的、带有普遍性的资源分配问题，并且会借助简单案例从理论上探讨问题的解决方案。然后，我们将推荐一款便于操作的网络软件程序，以便你在将有关理论模型付诸实践的同时，轻松提高销售团队、广告、促销活动等营销资源分配决策的效益。

绝大多数企业在配置产品、市场等"空桶"（buckets）[①] 资源时，都不可能建立在对短期或者长期收益的精确测量基础之上。历史经验和统计资料告诉我们，对于资源配置而言，重要的是抓住资源再分配的最佳时机，这就需要对不同分配方案加以评估。然而对于管理人员来说，这项任务的困难程度大大超乎想象，他们甚至不知道应该从何入手，这就需要借助本章所提供的理论框架和网络软件。

我们先用一个简单的样本问题来引入相关概念，然后细致讲解这些概念背后的重要理论问题，最后说明分配工具软件（Allocation Tool Software，简称 Alloc 软件）是如何在"现实"世界中将有关理论模型付诸实施的。我们相信，你一定会从这种亲自尝试处理样本问题、同时提出具体解决方案的

---

① 所谓空桶，是指任何有能力吸纳资源的实体。具体来说，空桶可以是不同销售地、区域、国家、客户、潜在客户等。然后假设每个空桶都能够容纳一定水平的资源，例如销售人员、广告经费、促销资金、优惠券等。在一个规划周期内，空桶预计容纳的资源总量叫做"规划水平"（planned level）。对于特定的规划水平而言，只要持续供应达到规划水平的资源，就能在规划周期内获得预期收入。

过程中受益匪浅。此前我们也将该样本问题应用于管理教学课程培训中，并产生了良好的效果。

## 一个简化了的说明性的样本问题

表11—1给出的是"根据客户来分配销售时间"这个简单问题的矩阵。从理论上讲，该问题与前面所提到过的其他分配问题存在共通之处。矩阵反映出销售资源投入与预期年收入之间的对应关系，考察对象为客户A至H，单位为万美元。

这个例子告诉我们，即使用不着对投入与收入之间的对应关系进行评估，为了解答与营销资源分配有关的问题，也必须认真把握这种对应关系。需要留意的是，这一说明性问题仅仅提供了一个解决问题的范例，并没有穷尽所有的分配模式和方法。例如，除了对时间的分配外，还可以是对营销支持费、广告活动费、贸易促销费等资本资源的分配；除了对客户的分配外，还可以是对国家、地区、产品系列、市场等对象的分配。只不过，上述分配问题都具有和样本问题相同的理论框架。

表11—1　　　与投入的销售时间相对应的年销售额　　　单位：万美元

| 小时/月<br>客　户 | 0 | 1 | 2 | 3 | 4 | 5 | 6 |
|---|---|---|---|---|---|---|---|
| A | 2 | 20 | 20.5 | 20.8 | 21.3 | 21.7 | 22 |
| B | 1 | 3 | 5 | 6.8 | 8 | 9 | 9.5 |
| C | 0 | 0.5 | 4 | 4.5 | 5 | 5.5 | 5.5 |
| D | 0 | 10 | 25 | 30 | 34 | 37.5 | 40 |
| E | 0 | 0.5 | 1 | 1.5 | 2 | 2.5 | 2.6 |
| F | 20 | 22 | 23 | 24 | 24.5 | 25 | 26 |
| G | 0 | 1 | 2 | 3 | 3.5 | 4 | 4.5 |
| H | 0 | 5 | 11 | 15 | 18 | 20 | 21.5 |

表中：☐＝当前时间分配

总时间分配：5＋1＋2＋3＋1＋5＋2＋1＝20

当前所分配的销售额：21.7＋3＋4＋30＋0.5＋25＋2＋5＝91.2

在上述样本问题中，我们正努力实现收入的最大化。不过，对于绝大多数现实问题而言，目标则应该是实现对固定成本（收入减去可变成本）贡献的最大化。

现将投入给每位客户的工作时间定为每月 0~6 小时之间。表格中的数据表示与月工作小时数分别对应的年销售收入。例如，在 C 客户身上每月投入 0 小时换来 0 美元的年收入，1 小时换来每年 0.5 万美元的利润，2 小时换来每年 4 万美元，6 小时则换来 5.5 万美元。圈中的收入数字代表每位客户分享到的当前资源投入——例如，约见 A 客户的时间为每月 5 小时，B 客户和 H 客户均为每月 1 小时。由该表可见，表格中 8 位客户所分享的时间总计为每月 20 小时；且在这种工作时间分配政策下，预期总收入为 91.2 万美元。

接下来的问题是，每月 20 小时是最佳分配吗？更有趣的问题则是，对于 8 位客户而言，20 小时是不是最恰当的时间安排呢？先来看第一个问题。如果希望在练习中学到更多东西，不妨试着找出一种更好地分配这 20 小时的方式，从而实现年收入的最大化，并把你的具体措施详细记录下来。因此，我们建议你从现在开始先不要往下看，以便专心解决上述问题，待尝试一番之后再继续阅读吧！

你应该考虑边际收入与相应边际时间之间的关系。你当然愿意每个小时都能获得最多的边际收入，但这并不太容易做到。以 C 客户为例，第 1 个小时获得的边际收入为 0.5 万美元，第 2 个小时为 3.5 万美元，第 3 个小时为 0.5 万美元，等等。对他来说，如果只有 1 个小时可供分配的话，那么第 2 个小时就更有意义。在分配给 C 客户的前 2 个小时中，回报一直处于递增状态，而在随后的时间里则逐渐递减。从理论上讲，分配给 C 客户 0 小时、2 小时或者更多时间都是有意义的——只要不是 1 小时。

这样做的理由是，最佳分配能够带来比其他任何分配方式更多的边际收入，因而无疑是恰当的。最佳分配的特点之一是，继续调整当前在客户之间的分配反而将导致边际收入减少。因此对于 A 客户来说（基于其他可能的时间安排），如果你增加 1 小时最为合适，你就同样可以再增加 1 小时。具体而言，在 C 客户只分得 1 小时的情况下，每小时回报为 0.5 万美元；在增加 1 小时的情况下，每小时回报增至 4÷2＝2 万美元。如果再增加 1 小时，也就是一共分得 3 小时的情况下，每增加 1 小时的平均边际收入则降至 4.5÷3＝1.5 万美元。也就是说，增收效果停止的时间界限，就是在每小时平均边际收入停

第 11 课
营销资源配置

止增长并开始下降的那一刻。

综上所述，问题的解决之道在于从 0 小时处开始，逐渐增加时间量，直至获得最多的边际收入。但对于每一位客户来说，如果还有必要的可供分配时间，就应该继续增加时间量，直到边际收入开始下降为止，然后停下来看一看，在别的地方多投入 1 小时会不会带来更多的边际收入。表 11—2 中给出了获得最多边际收入的逻辑，包括分配给每位客户的"合理"时间量，以及边际时间所带来的边际收入。

表 11—2　每增加 1 小时所带来的边际收入（利用规模回报递增理论）　单位：万美元

| 客户 \ 小时/月 | 1 | 2 | 3 | 4 | 5 | 6 |
|---|---|---|---|---|---|---|
| A | 18 | 0.5 | × | × | × | 0.5 |
| B | 2 | 2 | 1.8 | 1.2 | 1 | 0.5 |
| C | × | 2* | 0.5 | 0.5 | 0.5 | 0.5 |
| D | × | 12.5* | 5 | 4 | 3.5 | 2.5 |
| E | 0.5 | 0.5 | 0.5 | 0.5 | 0.5 | 0.1 |
| F | 2 | 1 | 1 | × | × | 0.67 |
| G | 1 | 1 | 1 | 0.5 | 0.5 | 0.5 |
| H | × | 5.5* | 4 | 3 | 3 | 1.5 |

表中：×表示不合理分配方案，没有利用规模经济
　　　*表示在回报持续增长的时间段，平均每小时获得的收入

对于 A 客户来说，增加第 1 个小时以获得 18 万美元边际收入（20－2），或者增加第 2 个小时以获得 0.5 万美元边际收入（20.5－20）都是合理的。然而，由于从第 3 到第 6 个小时都只能实现微薄的回报增长，因此在这 4 个小时中，平均每小时的边际收入仅为 0.5 万美元，也就是（22.5－20.5）÷4。尽管如此，从第 3 到第 6 个小时仍具有让回报增长的效果，所以只要值得增加时间，就应该追加这 4 个小时。同理，对于 C 客户来说，每小时的平均边际收入为 2 万美元，也就是（4－0）÷2，所以只要值得增加时间，也应该追加这 2 个小时。在分配了这 2 个小时以后，每小时的平均边际收入减至 0.5 万美元。

既然有了表 11—2 的说明，解决分配问题就变得易如反掌。我们会用到类似"零基预算"（zero-based budgeting）的算法，从 0 小时开始并获得所有 0 水平上的收入，即 2＋1＋20＝23。我们找到表 11—2 中的最大数据，即

与分配给A客户的第1个小时相联系的18。作为第一步,首先分配给A客户1小时,并增加了18万美元的收入,于是总收入就是23+18=41万美元。然后找到同表中第二大的未分配数据,即与分配给D客户的前2个小时相联系的12.5。我们分配给D客户2小时,并按每小时收入12.5万美元的标准增加了2小时即25万美元的收入,于是前3个小时的总收入就从41万美元变成了66万美元。需要特别留意的是,如果我们还能分配给B位客户2个小时,这3个小时所实现的平均边际收入就会更多。于是分配过程就不会出现分配2个小时——只有1个小时和3个小时。接下来,在分配完3个小时之后,我们再将目光投向同表中第三大的未使用数据,即与分配给H客户的2个小时相联系的5.5万美元。然后我们再分配给H客户2个小时,这样我们就总共分配了5个小时,并且增加了2×5.5=11万美元的收入,从而使总收入达到66+11=77万美元。在此,分配给客户们4个小时是"不合理"的,因为第5个小时比第4个小时更有效益。至于第四大的数据,是与分配给D客户的第3个小时相联系的5万美元。于是我们将随后的1个小时分配给D客户,分给他的3个小时共增加了5万美元的收入,这6个小时的总收入就达到了77+5=82万美元。表11—3详细记录了实现边际收入最大化的时间分配过程,直至完成全部20个小时的分配。

表11—3　　　　样本分配问题的"零基预算"解决方法

| (1)步骤 | (2)每月增加的小时数 | (3)分配给谁 | (4)总分配时间(小时) | (5)增加的时间带来的边际收入(万美元) | (6)总收入(万美元) |
|---|---|---|---|---|---|
| 0 | 0 | | 0 | — | 23 |
| 1 | 1 | A | 1 | 18 | 41 |
| 2 | 2 | D | 3 | 12.5 | 66 |
| 3 | 2 | H | 5 | 5.5 | 77 |
| 4 | 1 | D | 6 | 5 | 82 |
| 5 | 1 | D | 7 | 4 | 86 |
| 6 | 1 | H | 8 | 4 | 90 |
| 7 | 1 | D | 9 | 3.5 | 93.5 |
| 8 | 1 | H | 10 | 3 | 96.5 |
| 9 | 1 | D | 11 | 2.5 | 99 |
| 10 | 1 | H | 12 | 2 | 1 01 |
| 11 | 2 | C | 14 | 2 | 1 05 |
| 12 | 1 | B | 15 | 2 | 1 07 |
| 13 | 1 | B | 16 | 2 | 1 09 |

续前表

| (1) 步骤 | (2) 每月增加的小时数 | (3) 分配给谁 | (4) 总分配时间（小时） | (5) 增加的时间带来的边际收入（万美元） | (6) 总收入（万美元） |
|---|---|---|---|---|---|
| 14 | 1 | F | 17 | 2 | 1 11 |
| 15 | 1 | B | 18 | 1.8 | 1 12.8 |
| 16 | 1 | H | 19 | 1.5 | 1 14.3 |
| 17 | 1 | B | 20 | 1.2 | 1 15.5 |

表 11—3 第 5 列与决定分配给 8 位客户的时间总量关系最为密切，表示在每个小时都得到最佳分配的情况下，最后增加的时间所能够获得的边际收入。值得注意的是，随着分配的时间越来越多，价值反而越来越低。从理论上讲，直到时间的边际收入等于边际成本，整个分配过程才告一段落。另外，时间的边际成本还应包括在别的地区或"空桶"中投入资源的机会成本。

表 11—3 的统计数据不仅适用于恰好 20 个小时的场合，而且适用于 20 个小时以内的任意时间段。例如，假设需要制定一个决策（也许是因为机会成本），必须在 1 个月的时间内创造至少 5 万美元的年收入。由表 11—3 可知，投入 6 个小时的边际收入刚好是 5 万美元。为了实现对这 6 个小时的最佳分配，只要按照第 2 列的时间增幅完成前 4 步的分配即可。也就是说，分配给 A 客户 1 小时，D 客户 3 小时，H 客户 2 小时，其他人都是 0 小时。如果继续按照表 11—1 的销售时间投入情况来评估 8 位客户的预期收入，就会得到表 11—4a 中的分配方式及收入数据。

表 11—4a　　　　　　　6 小时的最佳分配方式

| 客户 | 每月所分配的小时数 | 年收入（万美元） |
|---|---|---|
| A | 1 | 20 |
| B | 0 | 1 |
| C | 0 | 0 |
| D | 3 | 30 |
| E | 0 | 0 |
| F | 0 | 20 |
| G | 0 | 0 |
| H | 2 | 11 |
| 总计 | 6 | 83 |

请注意，虽然当前只投入了全部销售时间的30%（6÷20），但获得的收入竟占20个小时被错误分配时的91%（83÷91.2）。

下面回到分配20个小时的初始问题上。遵循同样的思路，我们最终得到了表11—4b中的分配结果，并且最后1个小时的边际收入高达1.2万美元。

表11—4b　　　　　　　　20小时的最佳分配方式

| 客户 | 每月的小时数 | 年收入（万美元） |
| --- | --- | --- |
| A | 1 | 20 |
| B | 4 | 8 |
| C | 2 | 4 |
| D | 6 | 40 |
| E | 0 | 0 |
| F | 1 | 22 |
| G | 0 | 0 |
| H | 6 | 21.5 |
| 总计 | 20 | 1 15.5 |

请注意，当这20个小时实现了优化配置时，相同的资源投入量所创造的收入是原来的1.27倍（1 15.5÷91.2）。

**样本问题所揭示的分配智慧及误区**

对照上述样本问题，我们可以发现某些通用的分配方法所固有的缺陷。第一种分配方法是根据当期收入来分配资源。在销售人员的配置上，企业经常依据当前销售额对客户进行分类：也就是说，A客户的收入超过10万美元，其被约见频率为每月1次；B客户的收入介于5万美元到10万美元之间，其被约见频率为每2个月1次；C客户的收入介于2.5万美元到5万美元之间，其被约见频率为每3个月1次；客户D的收入低于2.5万美元，其被约见频率则为每6个月1次。只要你清楚每位销售人员1年内可以进行多少次约见，各有多少A、B、C、D类型的客户，就可以确定销售人员的数量及其时间分配。

样本问题及其解决方式已经暴露出这种方法的缺陷了。我们可以比较一下每位客户的当期收入与表11—4b中所推荐投入的最佳时间。当期收入最高的是 D 客户，其收入为 30 万美元，他获得了每月 6 个小时的最佳时间，这种收入规则似乎不存在任何问题。不过，当期收入第二高的 F 客户，其收入为 25 万美元，却在最佳方案下只获得了 1 个小时。而当期收入非常低的 H 客户，其收入仅有 5 万美元，在最佳方案下竟然获得了 6 个小时。至此，最佳分配与当期收入的不一致性已经显而易见。

第二种配置方法与第一种类似，只不过在分配时用潜力比例（proportional to potential）代替了当期收入。将客户 A、B 和 C 编为一组，根据是潜力而不是当前收入。那么，根据潜力比例规则能够实现最佳分配吗？在表 11—1 中，潜力最大的是 D 客户，其潜力为 40 万美元。在表 11—4b 所提供的最佳方案中，他的确分得了 6 个小时的最多时间。不过，潜力第二大的是 F 客户，其潜力为 26 万美元，却仅分得了 1 个小时。而 B 客户的潜力虽然只有 95，根据最佳方案却分得了 4 个小时。至此，最佳分配与客户潜力比例的不一致性再明显不过。

由样本问题及其解决方法可知，最佳方案确实取决于边际收入（或者实际边际利润），而边际收入与客户所获资源的变化有关。根据最佳分配的定义，在此基础上的任何变化都会造成利润减少。为了按照最佳分配来解决问题，有必要找出某种对应关系（如表 11—1）。无论直接还是间接，都需要对所有分配方式的效益进行评估，从而确定最佳方案。

在解决分配问题时，即使业务主管没有直接利用这种对应关系，也会间接对此作出非常大胆的假设。当业务主管确认某种资源配置方式合理时，就已经间接假设不存在其他更有效的分配方案。证明该假设正确的唯一途径是评估其他分配方案所带来的利润，这就还得用到此前业务主管试图规避的对应关系。于是，营销资源分配方案的制定者都会间接假设，他们已经评估过所有可行的分配方案的效益。

三十多年的经验及调研结果表明，只要业务主管充分关注这种对应关系，并借助计算机来完成表 11—2、表 11—3、表 11—4a 和表 11—4b 所示范的评估程序，就一定能够制定出更加有效的资源配置方案。本章附录所推荐 Alloc 的网络软件有助于提高评估活动的效率，我们会介绍该软件的适用范围及其具体操作方法，然后告诉大家如何运用该软件来解决现实中的评估问题，尤其是对于销售额和对应关系的评估。如果从前没有使用过 Alloc 软件，最好先看一下本章附录部分。

## 如何评估资源投入量与销售额的对应关系

至此，聪明的读者朋友们一定会不断问自己："好吧，我知道如何更加有效地分配资源了，但这完全取决于资源投入量与销售额的对应关系。那么，怎样才能获得充足的信息以供决策呢？"其实答案很简单。大量实证研究结果表明，评估过上述对应关系的管理人员，制定出来的分配方案肯定会有效得多。评估对应关系的方法有三种，这些方法互为补充，必须加以综合使用：

（1）依据与分配问题相似的情形制定管理决策。

（2）对此前自然发生的分配变化进行分析。

（3）在尝试改动分配方案之前，应该先做实验，并分析实验结果。

我们急需获得有助于发现对应关系的人才，借助其合力来评估不同资源投入量所能创造的效益。在这个群体中，应该包括那些运用自身经验帮助其他人理解相关对应关系的人。错误的做法是，召开志愿者会议，让他们评估四种不同资源投入量（0、50%、150%及饱和状态）情况下的收入水平。这样做只会导致房间里最资深、最权威的人士所提供的意见最受重视。其实，利用一种改良过的德尔菲法，可以获得最有效的评估结果。具体做法是，先让每个人把评估意见写在纸上或者输入交互式计算机系统中，然后将每个问题的答案全部投影在大屏幕上，并在答案上标明优、良、中、差等评语。接下来，会议主席让那些发表不同意见的小组成员陈述其评估背后的设想。如此一来，与小组多数意见相左的人也都获得了群体影响力。在所有持不同意见者发言完毕后，小组必须对答案进行重新评估，同时思考刚才少数派的意见。新的评估结果将又一次在大屏幕上显示，然后重复先前的步骤，直至全体成员最大限度地达成一致意见。Alloc 网站上发布的 Zyndor 案例，讲的就是一家制药企业如何应用该技术增收 2 500 万美元的。

首轮评估结束之后，德尔菲小组还需要借助其他两种经验型评估方法。对过去自然发生的实验进行统计分析，有助于把握销售额与资源投入量之间的共变关系。即使无法从这些实验中找出这种对应关系，也可以通过人为实验改变分配方案来观察收入所受到的影响。在前面第 6 课中，我们也曾举例说明过这些方法在广告决策中的应用。不过，除了运用经验型方法之外，还必须同时借助德尔菲法等先进评估技术。其原因在于，经验方法只能描述过去，而资源分配应该面向未来。所以说，在对过去的历史数据进行分析之前，不妨先让评估小组对未来发展达成基本共识，然后参照上述分析结果开展具体的评估活动。

## 维多利亚的秘密公司的资源分配方法

维多利亚的秘密公司以及 the Limited Brands 在制定全球资源分配决策时，最大限度地运用了本章所介绍的概念性方法。the Limited Brands 的创始人和领导者韦克斯纳，希望将企业资源分配到最能带来长期回报的领域，从而实现战略方案的创新。在提升决策水平的同时，难免会用到本章介绍过的那些基本概念。我们曾在第 4 课中详细研究过相关创新方法，在此简单回顾一下该公司所采取的分配原则。

对于该公司网站来说，由于销售额增长很容易超过低廉的边际成本，因此可以极其合理地配置全球资源以满足市场需求。该公司没有放松对产品描述和销售过程的有效控制——这样才能够坚持公司的定位。他们还在国外进行过一些成功的测试，只是目前所取得的效果尚不足以说明，照搬国内经验会节省更多的资源，毕竟在当时边际成本仍旧高于边际收入。

同样地，基于对长期边际收入的乐观估计，该公司最终决定不再向外扩张店铺。大多数国外业务都需要对中间商进行长期投资，无法实现对销售环节的全程控制，公司既不可能获得像在国内市场那么多的边际收入，更没机会让有限的资源发挥更大的功效；相反，唯有将资源投入 Pink、Henri Bendel 和 C. O. Bigelow 等美国国内畅销品牌上，才是真正实现长期回报的途径。可见，该公司在资源配置时放弃了主观臆断，而是始终力求最大限度地获得长期收益。如前所述，他们正在努力实现"模糊正确，而不是精确错误"。

本章所要强调的是，对可行方案的边际收入及边际成本进行评估，运用实验来提高决策水平，同时坚持你的定位。

## 结语

你可以和我们一道登录 Alloc 软件网站，上面有大量帮助菜单为你答疑解惑，从而消除你的后顾之忧。希望你用适当的评估技术来改进营销资源决策。绝大多数管理人员在决策时仍旧会用到精确的方法——例如，遵循去年的先例，或者根据当前销售额或客户的潜力比例进行分配。如前所述，这些方法统统属于精确错误范畴。本章所教给大家的评估技术叫做"模糊正确"，这些技术有助于显著提高营销效益。实践证明，运用这些技术的企业其效益都实现了 3％～30％的增长。

# 附　录

# Alloc 软件的概念性问题结构及其应用

在运用 Alloc 软件解决问题时，首先必须假设分配后的资源还需要再分配给"空桶"。在执行软件程序时，我们又将空桶称为"分区"（subsection）。在规划周期内持续供应达到规划水平的资源则可实现规划水平收入（planned level of revenue）。Alloc 软件的任务是为每个"空桶"提供更高水平的资源。

规划水平的资源被传送至系统内用户指定的单元中。

我们假设在每个空桶中，规划周期内收入与资源供应之间存在某种对应关系。为了计算出利润贡献量，需要得到预期收入与边际利润率的乘积。边际利润率被定义为每一单元边际收入对于公司的价值。在绝大多数使用软件的场合，边际利润率被处理为利润（边际收入减去固定成本）与边际收入之比。举例来说，如果边际收入为 100 美元，边际成本为 55 美元，则投入空桶的边际利润率就是 45%，其中不包含对固定成本的分配。换句话说，固定成本的产生与收入水平无关。实践证明，Alloc 软件有助于实现利润对固定成本贡献的最大化。

问题输入的关键步骤，就是开发出每个空桶的响应函数（response function），用来反映规划周期内收入与资源投入水平之间的共变关系。如前所述，不同的资源投入水平会给收入带来不同的影响，因此需要系统用户对响应函数进行四次赋值，也就是分别代表规划水平 0、50%、150% 及饱和状态的资源，从而观察不同赋值下收入的变化情况。所谓饱和状态（saturation level），是指超过该比例后收入不再增长的临界点。系统用一条平滑的曲线将四次赋值结果连接起来，这就形成了响应函数。下面我们就将给出响应函数的部分样本。

## 为东南亚地区分配销售人员

下面是一个真实的案例,为了保护商业秘密,有关数据都经过了特殊处理。我们对 Alloc 系统样本数据进行了汇总,如图 11—1。

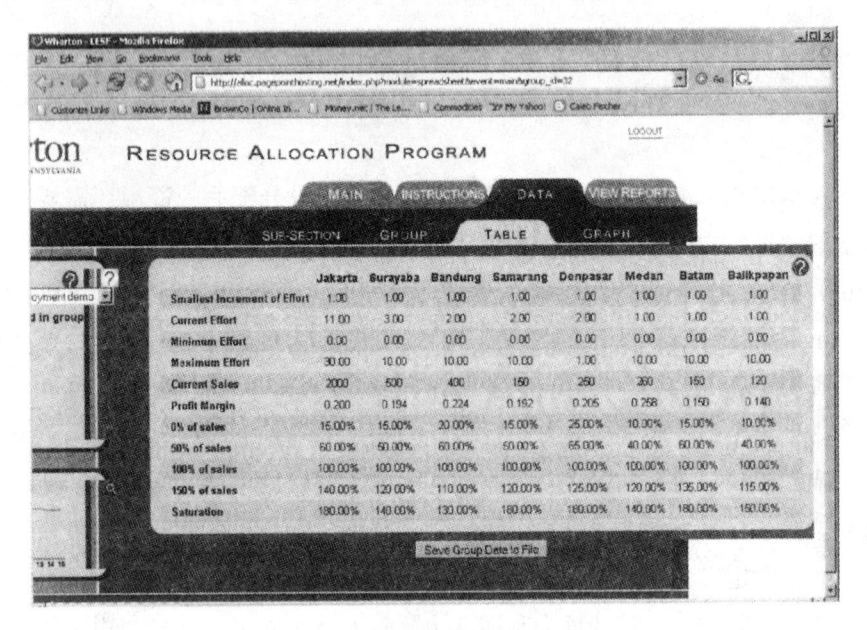

图 11—1  为东南亚样本输入数据

在图 11—1 中,该区域主管销售的副总裁正在对雅加达、巴厘岛一线共 8 个地区的 23 名销售人员的分配情况进行评估。"当前投入"(Current Effort)一行是预计向各地分配的销售人员人数——最多为 11 名(雅加达),最少仅 1 名(其他大量地区)。她希望评估销售单元内所有销售人员的增减情况,于是在"最小边际投入"(Smallest Increment of Effort)一行中,分配给所有地区的人数均为 1。"最小投入"(Minimun Effort)和"最大投入"(Maximum Effort)两行分别表示分配给各地的最少人数和最多人数。请注意,所有的最少人数均为 0——这就向我们暗示,如果某地区销售额及利润情况表明,投入销售人员是不值得的,那就索性不要投入好了。"当前销售额"(Current Sales)表示当地在分得"当前投入"的销售人员后,有望在规划周期内实现的销售额。在这个例子中,规划周期为 1 年,但将来或为 2

年。副总裁假设人员分配将在 2 年后生效，通过预测第 3 年的再分配结果来评估当前方案。她认为花 3 年时间来调整销售团队配置（特别是大幅度减少），足以发挥出他们对地区收入的全部影响。“边际利润率”（Profit Margins）表示对固定成本作出贡献的那部分边际收入的百分比。接下来的 5 行分别代表副总裁对几种情况下销售额变化情况的预测，也就是在当前投入不变但人员投入减至 0 或 50%的情况下，或者在当前投入增加 50%、100%、150%或饱和状态的情况下，规划周期内销售额百分比将发生怎样的变化。计算机程序用一条平滑的曲线将这些点全部连接起来，从而对各地所有可行的人员配备方案加以评估，看看这些方案是如何影响收入的。

图 11—2 显示的是计算机从各地最低需求开始，逐渐增加销售人员数量，从而确保每次新增人员所带来的边际利润总是最多的。

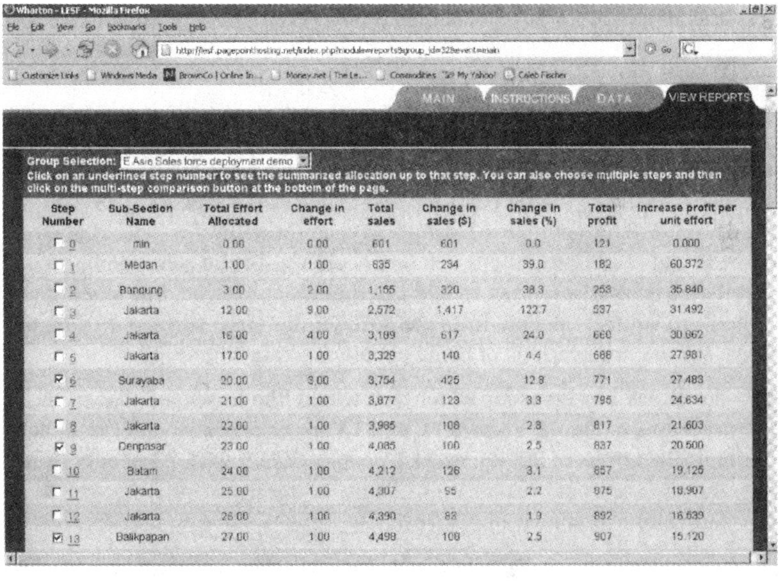
Group Selection: E Asia Sales force deployment demo
Click on an underlined step number to see the summarized allocation up to that step. You can also choose multiple steps and then click on the multi-step comparison button at the bottom of the page.

| Step Number | Sub-Section Name | Total Effort Allocated | Change in effort | Total sales | Change in sales ($) | Change in sales (%) | Total profit | Increase profit per unit effort |
|---|---|---|---|---|---|---|---|---|
| 0 | min | 0.00 | 0.00 | 601 | 601 | 0.0 | 121 | 0.000 |
| 1 | Medan | 1.00 | 1.00 | 835 | 234 | 39.0 | 182 | 60.372 |
| 2 | Bandung | 3.00 | 2.00 | 1,155 | 320 | 38.3 | 253 | 35.840 |
| 3 | Jakarta | 12.00 | 9.00 | 2,572 | 1,417 | 122.7 | 537 | 31.492 |
| 4 | Jakarta | 16.00 | 4.00 | 3,189 | 617 | 24.0 | 660 | 30.862 |
| 5 | Jakarta | 17.00 | 1.00 | 3,329 | 140 | 4.4 | 688 | 27.981 |
| 6 | Surayaba | 20.00 | 3.00 | 3,754 | 425 | 12.8 | 771 | 27.483 |
| 7 | Jakarta | 21.00 | 1.00 | 3,877 | 123 | 3.3 | 795 | 24.634 |
| 8 | Jakarta | 22.00 | 1.00 | 3,985 | 108 | 2.8 | 817 | 21.603 |
| 9 | Denpasar | 23.00 | 1.00 | 4,085 | 100 | 2.5 | 837 | 20.500 |
| 10 | Batam | 24.00 | 1.00 | 4,212 | 126 | 3.1 | 857 | 19.125 |
| 11 | Jakarta | 25.00 | 1.00 | 4,307 | 95 | 2.2 | 875 | 18.907 |
| 12 | Jakarta | 26.00 | 1.00 | 4,390 | 83 | 1.9 | 892 | 16.639 |
| 13 | Balikpapan | 27.00 | 1.00 | 4,499 | 100 | 2.5 | 907 | 15.120 |

**图 11—2　Alloc 步增分配研究**

在图 11—2 中，第 0 步意味着例行程序的开始，其中各地均仅获得最少的销售人员——样本中所有地区均为 0。总销售额为 601，而利润则为 121。这些数据都是和规划周期内无销售人员介入时的情况相比较所得到的。接下来的第 1 步，开始向每增加 1 人（人员投入）有望实现边际利润最大化的地区增投资源，也就是向棉兰（Medan）分配的 1 人。这名首次增投的人员使销售额从 234 上升至 835，利润增长了 61，达到 182。图中的最右列则表示，增投人员最后贡献的人均边际利润（计量投入的单位）。在第 2 步中，系统向效益位列第二的万隆（Bandung）增投了 2 名销售人员，该人数与本地区的销售规模彼此对应。于是销售额增长了 320，达到 1 155，利润则达到了 253。在其余各步中，系统继续向那些人均边际利润最高的地区增投销售人员。

最右列表示增投人员最后贡献的边际利润。请注意，边际利润随着对增投人员利用效率的降低而不断减少。最终的结果是，对销售人员的分配继续进行，直至人均贡献的边际利润与人力成本持平。在这一点上，边际收入与边际成本相等。在营销实践中，管理人员在临界点到来之前就会停止分配，以免得不偿失。这种保守做法的根据在于，我们通常可以正确预测增投销售人员的边际成本，却很难精确估计增投所带来的收入及利润变化。在上述案例中，为团队增加销售人员相对而言比较容易，而从过于臃肿的团队中精简人员却要困难得多，因为裁员会严重影响到公司士气。

你还可以根据实际需要来核对某一步骤。在上述案例中，我们核对了第 6、第 9 和第 13 步的最佳分配方案，人数分别是 20、23 和 27。下面即将展示系统如何对第 9 步所规划的 23 人进行再分配，输出数据如图 11—3。

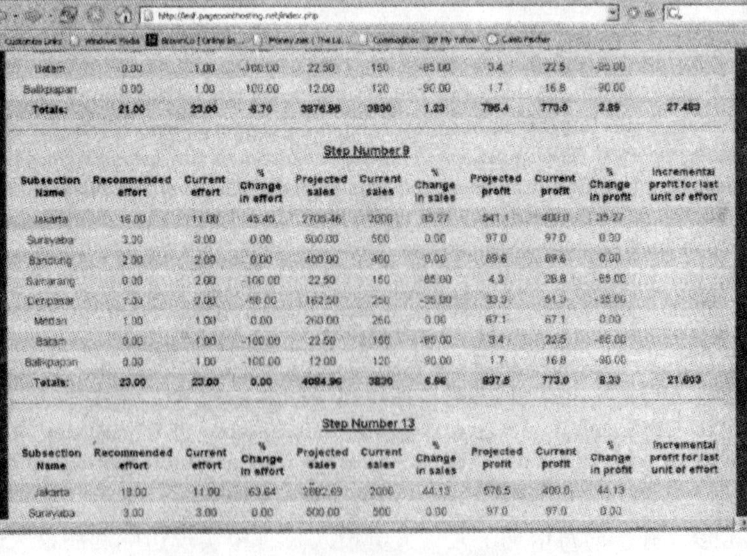

| | | | | | | | | | | |
|---|---|---|---|---|---|---|---|---|---|---|
| Batam | 0.00 | 1.00 | -100.00 | 22.50 | 150 | -85.00 | 3.4 | 22.5 | -85.00 | |
| Balikpapan | 0.00 | 1.00 | 100.00 | 12.00 | 120 | -90.00 | 1.7 | 16.8 | 90.00 | |
| **Totals:** | **21.00** | **23.00** | **-8.70** | **3876.95** | **3830** | **1.23** | **796.4** | **773.0** | **2.89** | **27.493** |

Step Number 9

| Subsection Name | Recommended effort | Current effort | % Change in effort | Projected sales | Current sales | % Change in sales | Projected profit | Current profit | % Change in profit | Incremental profit for last unit of effort |
|---|---|---|---|---|---|---|---|---|---|---|
| Jakarta | 16.00 | 11.00 | 45.45 | 2705.46 | 2000 | 35.27 | 541.1 | 400.0 | 35.27 | |
| Surayaba | 3.00 | 3.00 | 0.00 | 500.00 | 500 | 0.00 | 97.0 | 97.0 | 0.00 | |
| Bandung | 2.00 | 2.00 | 0.00 | 400.00 | 400 | 0.00 | 89.6 | 89.6 | 0.00 | |
| Samarang | 0.00 | 2.00 | -100.00 | 22.50 | 150 | 85.00 | 4.3 | 28.8 | -85.00 | |
| Denpasar | 1.00 | 2.00 | -50.00 | 162.50 | 250 | -35.00 | 33.3 | 51.3 | -35.00 | |
| Medan | 1.00 | 1.00 | 0.00 | 260.00 | 260 | 0.00 | 67.1 | 67.1 | 0.00 | |
| Batam | 0.00 | 1.00 | -100.00 | 22.50 | 150 | -85.00 | 3.4 | 22.5 | -85.00 | |
| Balikpapan | 0.00 | 1.00 | -100.00 | 12.00 | 120 | 90.00 | 1.7 | 16.8 | -90.00 | |
| **Totals:** | **23.00** | **23.00** | **0.00** | **4084.96** | **3830** | **6.66** | **837.5** | **773.0** | **8.33** | **21.693** |

Step Number 13

| Subsection Name | Recommended effort | Current effort | % Change in effort | Projected sales | Current sales | % Change in sales | Projected profit | Current profit | % Change in profit | Incremental profit for last unit of effort |
|---|---|---|---|---|---|---|---|---|---|---|
| Jakarta | 19.00 | 11.00 | 63.64 | 2882.69 | 2000 | 44.13 | 576.5 | 400.0 | 44.13 | |
| Surayaba | 3.00 | 3.00 | 0.00 | 500.00 | 500 | 0.00 | 97.0 | 97.0 | 0.00 | |

**图 11—3　对 23 名销售人员的最佳再分配**

对第 9 步所规划的 23 人再分配的结果，也许在实际的再分配过程中比较常见。系统整体取消了对三地市场的人员投入，并将其中的大部分人员转投给雅加达（Jakarta）这个第一大市场。最底行总数表示的是，通过此次再分配，销售额有望增长 6.66%，达到 4 084，而利润也有望增长 8.33%，达到 837。请记住，系统最大化的对象是利润，而不是销售额。在前述输入与评估的基础上，这位副总裁可以按地区重新分配同等数量的销售人员，使利润率增幅达到 8% 以上。

如图 11—4 所示，第 6 步在再分配后人数从 23 名降至 20 名，但相应的利润贡献并没有随着人数的减少而降低，而是与再分配之前持平。

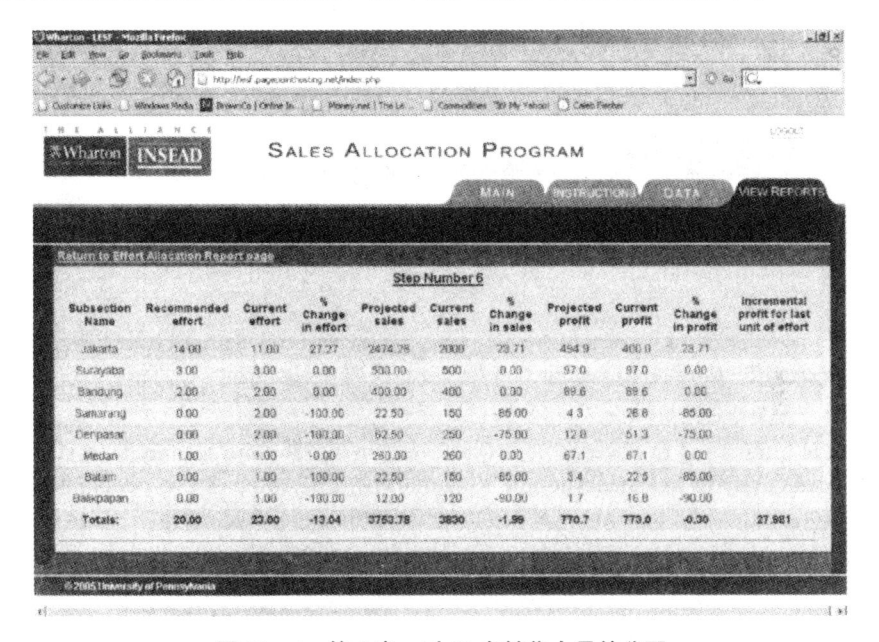

**图 11—4　第 6 步：对 20 名销售人员的分配**

请注意，虽然人数只减少了 13%，但仅有一半的地区分到了销售人员。

图 11—5 显示的是系统如何分配 27 名销售人员，也就是比之前增投 17%。我们来看最右列，如果在当地保留 1 名销售人员的年边际成本（包括日常性及按比例分配的管理费用）低于 16.52，就说明将销售团队的规模增至 27 人是合理的。

非常有趣的是，即使增投 17% 的资源，仍不值得在三宝垄（Semarang）保留销售人员。只有将这 2 名员工投入其他地区，才有望获得更多的增量利润。

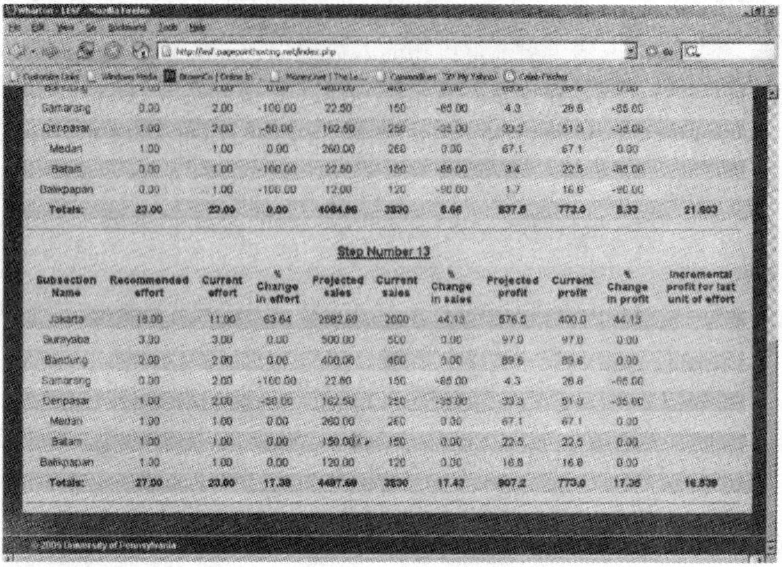

| | | | | | | | | | | |
|---|---|---|---|---|---|---|---|---|---|---|
| Samarang | 0.00 | 2.00 | -100.00 | 22.50 | 150 | -85.00 | 4.3 | 28.8 | -85.00 | |
| Denpasar | 1.00 | 2.00 | -50.00 | 162.50 | 250 | -35.00 | 33.3 | 51.3 | -35.00 | |
| Medan | 1.00 | 1.00 | 0.00 | 260.00 | 260 | 0.00 | 67.1 | 67.1 | 0.00 | |
| Batam | 0.00 | 1.00 | -100.00 | 22.50 | 150 | -85.00 | 3.4 | 22.5 | -85.00 | |
| Balikpapan | 0.00 | 1.00 | -100.00 | 12.00 | 120 | -90.00 | 1.7 | 16.8 | -90.00 | |
| **Totals:** | **23.00** | **22.00** | **0.00** | **4084.96** | **3830** | **6.66** | **837.6** | **773.0** | **8.33** | **21.603** |

**Step Number 13**

| Subsection Name | Recommended effort | Current effort | % Change in effort | Projected sales | Current sales | % Change in sales | Projected profit | Current profit | % Change in profit | Incremental profit for last unit of effort |
|---|---|---|---|---|---|---|---|---|---|---|
| Jakarta | 18.00 | 11.00 | 63.64 | 2882.69 | 2000 | 44.13 | 576.5 | 400.0 | 44.13 | |
| Surayaba | 3.00 | 3.00 | 0.00 | 500.00 | 500 | 0.00 | 97.0 | 97.0 | 0.00 | |
| Bandung | 2.00 | 2.00 | 0.00 | 400.00 | 400 | 0.00 | 89.6 | 89.6 | 0.00 | |
| Samarang | 0.00 | 2.00 | -100.00 | 22.50 | 150 | -85.00 | 4.3 | 28.8 | -85.00 | |
| Denpasar | 1.00 | 2.00 | -50.00 | 162.50 | 250 | -35.00 | 33.3 | 51.9 | -35.00 | |
| Medan | 1.00 | 1.00 | 0.00 | 260.00 | 260 | 0.00 | 67.1 | 67.1 | 0.00 | |
| Batam | 1.00 | 1.00 | 0.00 | 150.00 | 150 | 0.00 | 22.5 | 22.5 | 0.00 | |
| Balikpapan | 1.00 | 1.00 | 0.00 | 120.00 | 120 | 0.00 | 16.8 | 16.8 | 0.00 | |
| **Totals:** | **27.00** | **23.00** | **17.39** | **4497.69** | **3830** | **17.43** | **907.2** | **773.0** | **17.35** | **16.839** |

© 2005 University of Pennsylvania

图 11—5　对增投 17%后的 27 名销售人员进行分配

# 第 12 课
# 招聘、培养和留住雇员

能创造高利润增长的三个关键因素是：创意、人才和资金。在前面的章节中我们已经讨论过如何催生新创意，下一章将会讨论融资。任何成功的公司都需要源源不断的人才供应，需要这些人才带来新的创意并付诸实践。向一个潜在雇员推销公司也是一个营销问题，和其他营销方面的问题一样，在这个过程中也需要考虑一些因素。

## 市场定位

优秀的人都想跟赢家一起工作。对一家公司的人力资源部来说，一个关键的营销挑战就是制造一种感知，让人觉得你的公司将来会成为某一产品和服务领域的佼佼者。第 5 课中所讨论的公关技巧在这里也适用。让影响者和创业者会面并把自己描述成一个胜券在握的公司，接着优秀的员工就会蜂拥而至。

MetricStream 公司，在前面几章所提及的一家软件公司，就积极地运用公共关系来辅助其招聘工作，尤其是为它在印度班加罗尔的分公司招聘。尽管 MetricStream 当时并没有在印度提供咨询服务，它却非常积极地在印度各个媒体间穿梭，参加各类访谈并出现在各种报道中。它唯一的目的是在竞争激烈的人才招聘市场中提高公司的知名度。这样的努力最终得到了回报。2005 年，虽然班加罗尔分公司规模很小，但该公司得以使它的雇员从 25 人增至 80 人。另外，这个过程中所耗资金低于市场价的一半。

人们通常喜欢在气氛融洽的环境里工作，也就是说，他们喜欢跟与自己比较相似而不是相反的人一起工作。例如，谷歌公司就在公众当中造成了一种印象：世界上最聪明的人都在那里工作。为了强化这个理念，该公司赞助一个叫 Code Jam 的年度全球赛事。在比赛过程中，Code Jam 会给出三个难题，要求参赛者必须在 75 分钟之内加以解决。2005 年由谷歌主办的 Code Jam 吸引了来自全球各地的 14 500 名申请者，其中 99 人获得了参赛资格。这个赛事一方面提高了谷歌作为一个寻求高端智能工程师的公司的知名度，另一方面也成为了该公司的招聘渠道之一。结果是，公司能招聘到许多世界上最富才智的人——不仅仅是程序员，也包括撰稿人、营销人员以及销售人员，等等。

　　苹果电脑公司给人的印象是：在那里工作的人思想独特，并且敢于挑战现状。公司面向消费者的广告宣传活动和招聘宣讲会也都在强调这一理念。史蒂夫·乔布斯想要游说约翰·斯卡利（John Sculley）离开他在百事公司的高级职位时，他问："你是想要改变世界还是打算用你的余生来卖汽水？"在经营以外的领域，乔布斯成功地在招聘时传达了苹果公司的这一理念。

　　其他的大公司都有特定的招聘定位理念，如麦当劳的是"每个人的第一份工作"，并且，当他们尝试着多雇用一些老人时，它也可能是这些老人的最后一份工作。高盛、迪士尼和麦肯锡都被认为是学习战略性思考以及成为美国商界精英的最佳选择。宝洁公司是全面学习品牌营销的典范。

　　对高增长公司来说，针对潜在雇员的定位应该简明扼要。毕竟，这些雇员一般会在低薪状态下每天工作很长时间，在早期他们所得的回报主要是心理上的，很久之后才会通过股票期权交易等方式来实现经济回报。公司的使命和文化必须通过几句话或几个图像来表达清楚。你的公司跟潜在雇员的初次见面就像你需要为潜在投资者提供的"电梯演讲"一样重要。潜在雇员需要明确知道你的公司为何与众不同并且比其他公司更适合他为之效力。史蒂夫·乔布斯说："我们雇用世界上工作最有成效的人。"其焦点不在于利润，而在于从事伟大而且是你所喜爱的事业。

# 第12课
## 招聘、培养和留住雇员

## 市场细分

几乎每一个市场都要遵循几个层面进行细分，人才市场也不例外。它根据具体的职能、地理位置、技术水平和所需的经验水平来进行细分。另外，雇用求职者所具有的高风险性使得比较保守的人不敢自主创业。

职能分段似乎是很明显的区分指标。找会计人员和生产工人所需采取的市场营销方式肯定会有所不同。不过，在一个创业型企业的初期，可能每个人都需要从事几项工作或担任好几项职能。CFO也许还要负责运营、采购，以及出售公司股票方面的工作。很难把一个从会计和财务人员逐步升职为CFO并拥有几年直接经验的求职者和一个身兼运营主管并且可能拥有自己事业的注册会计师区分开来。

在招聘过程中，地理区间是一个难以跨越的障碍。博尔德、圣何塞、纽约或亚特兰大等城市的生活方式各不相同。对某一个特定地方感兴趣的人可以使你的新企业的人力资源变得多样化。在硅谷就比在亚特兰大更容易找到愿意通宵工作的人——这不是说佐治亚州的人工作效率逊色，只是他们的文化渊源更多的是基于家庭作息时间。同样，若是把你的公司建在距离绝大多数雇员住所很远的地方，就会更多地限制雇员总的工作时间。

出于雇用需要而外派员工到其他地方对公司和个人两方都是极具风险的事情。对求职者来说，最大的风险是他们可能不喜欢新的地点——或者他们随行的家人不喜欢。对公司来说，这样的雇员面临着双重压力——在面临家庭困境的同时还要承受一个年轻的、快速增长的公司的发展压力。Infonautics有限公司发现很难招聘雇员到费城地区。即使求职者看到那里的住房和就学条件比其他城市要优越得多，他们也不愿意去，因为如果Infonautics公司缺乏发展前途的话，可供他们选择的其他公司也很少。现在，随着更多的互联网公司在"费谷"安家，就比较容易使潜在雇员相信，即使让他们搬到那里的工作不合适，在其专业领域仍然有很充足的机会。

随着互联网的出现，公司现在可以雇用一些通过远程办公从而打破地理区域限制的雇员。这些在家上班的人，每个月去公司一两次，在其他工作时间可以与公司保持足够的个人联系并保持自己的可信度。雇用远程工作者意味着要在他们生活的地方推销其公司，如通过 Net Jobs.com、Monster.com 等求职网站，另外其他一些服务也有助于找到这些有创意并且工作努力的高科技人才。

经验也可以作为营销细分的一个指标。创业型企业通常可以不必把经验作为雇用的基础，因为所雇用的人也许会进入自己没有相关经验的一些业务和产品领域工作。不过，公司会更多地基于"纯"技术。一个万能型的年轻的工商管理硕士（MBA）也许比一个在大一点的公司工作过的、有 5～8 年工作经验的人对一个初创的互联网公司更感兴趣。不过，经验是无可替代的。一个公司所需要提供的培训越少，它的产品上世速度就越快。

尽管一些相关经验非常重要，不过对于互联网领域来说，寻求拥有 5～10 年相关工作经验的人并不容易。20 世纪 90 年代中期以前，互联网用户还很少，这就大大缩小了人才选择的范围。对一个创业型企业来说，最重要的是有经验人员的完美组合，其中包括初级人才；总的来说，这些人知道如何做事，同时在工作中不会给自己设限。

## 创建团队和企业文化

每个招聘决策都很关键，需要逐个加以考察。而将早期的招聘决策综合起来，则决定了将会形成何种团队合作精神及企业文化。为了企业的顺利发展，在具备各类关键技术的同时，还要具备所有关键的人才。你需要善于处理管理细节的人，也需要可以在高瞻远瞩的创业者和有先见之明的人，这些人不会被每天都会出现的艰苦斗争所吓倒。同时，你还需要勤奋工作的人，以及那些可以管理和协调人员和组织流程的人。

向一个新雇员展示整个团队都在为了一个共同目标而奋斗，是成功雇用最佳人才的一个关键的营销因素。选择一个公司举办比萨聚会或其他社交聚会的日子，让求职者来公司。如此一来，他们不仅有机会见到比面试安排中更多的人，而且可以带着较为轻松的心态来认知其即将要加入的团队。

## 寻找潜在雇员

传统的招聘广告和分类招聘信息通常不是创业型企业的主要招聘方式。绝大多数求职者是公司通过人际关系网络、招聘会、猎头公司和求职网站找到的。通常情况下，如果关于公司的宣传力度足够大的话，求职简历会从想加入新兴的热门公司的求职者那里不请自来。

应该告诉公司的每一个成员都密切注意任何一个优秀人才并鼓励符合条件的人来应聘，甚至在没有具体空缺职位时也是如此。本公司的雇员能比较准确地判断出一个求职者是否适合公司的工作氛围。另外，就成功的组织和工作满意度来说，一个关键的因素是自己的好朋友在同一个公司，所以让你的雇员推荐并在将来雇用其好朋友是确保成功的好办法之一。这样的招聘方式成本较低，而且雇员的质量更高。这比公司通过猎头公司寻找人才的费用要少得多。

招聘会是创业型企业集中招聘雇员的有效方式。可以在当地的学院和大学校园里张贴广告，在网上做广告，并在某天下午晚些时候（通常是下午5～8点），抽出2～3小时来接待询问者。这样，有工作的人也可以前来与公司内部不同职能部门的人进行交谈。在 Idealab! 公司的孵化器那里，总有5～10家公司，他们举行招聘会；在这些招聘会上，每个正在孵化的公司和另外20个已经创建完毕并撤离的公司都会设一张桌子外加本公司的几个人。作为一种控制机制，每位求职者只能跟有限的几个公司交谈——通常是3～5家公司。这样既可以限制具有竞争性的工作机会的数目，也可以缩短筛选简历的时间。求职者根据他们所交谈过的公司的风险程度给自己归类，因为有多年历史的企业（例如，CitySearch 和 GoTo.com）会雇到能承担较低风险的人，而那些开始创业不久的公司则会雇到能承担较高风险的人。

与公司附近的学院或大学的教师建立融洽关系，对抢在就业市场之前就找到合适的人才非常关键。如果教授知道你在找什么样的人才，他们可以在这些学生踏入就业市场之前就把他们推荐给你。接近这个人才库的一个好办法就是招他们为实习生。有许多定义明确的任务如市场调查，可以让一个学生或学生团队在一个学期内完成。这可以让学生（潜在雇员）和公司在不必负任何责任的情况下互相评价，而且在完全了解这名学生的工作能力和职业道德之前，公司不必作出任何决定。

## 确定薪酬

创业型企业的薪酬政策各不相同、差别很大。尤其是在公司创业初期的几个月里，公司的薪酬政策也许是根据求职者对现金、递延报酬、股票和福利的要求来确定。薪酬、期权和津贴等报酬的认知价值随着雇员的年龄、成熟度、所处生活阶段和重置状态的不同而差别很大。

Idealab! 公司的方案是在最初的 6～12 个月把所有人的薪酬控制在低于 10 万美元/年。为了实现这一均衡，公司比同行更早地给雇员发放了期权。在处理拥有高薪职位的老员工的离职问题时，这是一个非常重要的补充手段；因为这使他们确信，即使没有了工作，他们在公司也有股份。一位 CEO 自己拿着较少现金薪酬，才比较容易劝服他的部下接受更低的薪酬。

## 选择潜在雇员

在公司招聘雇员的过程中，许多人都会参与，并且每个人都要接受与招聘有关的市场营销和销售职能方面的培训。当负责人力资源的人着手招聘的时候，他们脑海里应该有很清晰的使命陈述和职位描述。创业型企业的不同之处在于，不管职位描述上是怎么写的，一个职位总会附带其他责任，因为在一个新的企业里，没有足够的人去完成所有的任务。在招聘时应该对应聘人员讲清楚这一点。

在军队里，"团结"，即对于一个紧密团结的小团队的归属感，使得里面的人愿意牺牲自己来解救他们的战友。创业型企业也在打一场重要的战役，所以团结精神非常重要。因而，对潜在雇员进行面试时，不仅要他们与人力资源部门人员和有特定任务的工作组的经理会谈，也要他们与即将加入的部门的绝大多数成员会谈。对于部门成员，这一活动不仅让他们更了解公司的使命和愿景、自己所在部门的文化，而且要让他们相信，新加入的人会促进其团队的团结并帮助其取得成功。

程序员都有自己的独特风格。开发部门（对于在互联网领域取得成功非常重要）会制定他们自己的规则和章程。一个团队能否确保新加入的成员融入团队甚至促进团队的提升，不仅代表其在招聘方面的成败，甚至代表了整个公司的成败。在一个开放源码软件公司里，团队负责人是一个喜欢标新立异的人，藐视绝大多数标准化程序规则，并创造出更高效的电子商务引擎。为自己的团队招聘新人时，他会力求做到使标新立异者和遵循传统者有效结合起来，这样创造力才能转化为有效的代码，而免于混乱。这需要召开会议并让所有的既有团队成员投票，这些成员把每一个新人从几个方面进行评估，包括一个大致的"我喜欢跟这个人一起工作"的比率。

## 结语

ePinions.com 现在是 Shopping.com 公司的一个分部，以前是硅谷的一家互联网初创公司，它创造了一个几乎覆盖所有领域的 Zagat（查格）式指南。ePinions.com 给人们提供了便利的版面，让他们各抒己见，然后把这些意见集中起来，并把它们发布到网上社区。关于产品、电影等的评论都在其中。这家公司是由一个小团队发起的，他们促成了许多创业型企业的成功（如网景公司和甲骨文公司）。不过，最初他们面临着一个招聘上的难题，也就是不愿意让潜在雇员在受雇之前知道其任何商业计划。这就要求新雇员绝对信任团队，要对团队绝对服从并对它决定要做的任何事情都兴致勃勃。

他们告诉新成员，他们所做的一切事情都是合法的，不涉及任何色情或与赌博有关的东西。他们说自己是由 Benchmark Ventures 资助创办，该公司是硅谷最成功的投资公司之一（如 eBay 等），这样说很有帮助。他们也说自己希望在六个月内上市，这样不需要太长时间就可以看出他们是否会取得成功。

　　正如本章中的例子所显示的那样，雇用并留住优秀人才需要创业营销方面的努力，这会让这个过程尽可能的有效。所有有助于改善公司及其客户之间的交流的创意，对于改善公司及其既有和潜在雇员之间的关系也同样重要。

# 第 13 课
# 融资活动营销

营销最重要的任务之一，就是在筹集资金或维持股价时，展现出创业型企业最好的一面。更重要的是，当你向潜在投资者展开营销时，你付出的是一定数量的股票或债务票据，而不是公司希望出售的产品或服务。尽管在有的时候，投资者也可能成为客户，但他们成为股票持有人的真实动机，却是为了可控风险下最大化的回报。因此，他们最有可能把资金提供给那些有望成为赢家的公司。而将公司定位为赢家、领军人物、行业内最先进的全球竞争者，本来就是营销的任务。成为行业领军人物往往会带来产品的畅销，而产品的畅销则会使公司的价值获得提升，或者是促使公司上市，或者是促成并购交易。

融资营销方案的另一功能是产生紧迫感，从而消除那些持观望态度、打算等到你的公司"名列前茅才会投资"的投资者的顾虑。由于长期的观望只会让绝大多数投资机构放弃投资，而这对于急需扩张资本、拓展销售团队或者完成产品开发的公司来说肯定难以接受。既然人们都不愿意第一个吃螃蟹，那么只有制定出优秀的营销方案，才能让投资动机尽快转化为实际行动。适度的宣传有助于发掘出那些能够兑现具体条款、担任董事会成员、同时协助确立公司发展方向的投资领袖。

营销团队（早期只有营销人员）必须协助公司 CEO 及 CFO（常常是一人身兼两职）举办投资者见面会，讨论与目标细分市场（风险投资者、银行、战略伙伴投资者）有关的重大问题。CFO 需要提供详细的融资信息，而营销方案则不得不将这些信息浓缩成几张幻灯片，以便保持适当水平的刺激性。如果太过夸张的话，这种宣传就可能会缺乏可信度，甚至会催生法律责任。在近期的一次宣传中，我们听到某团队从一开始就吹嘘道，"我们新推出的网络业务拥有更加人性化的界面，因此能把亚马逊、eBay 和谷歌的用户统统招揽过来"。于是他们的融资计划旨在抢夺这些知名网站的数千万用户，并且声称在一年半的时间内全部完成。由于没有任何可信度，在场的人甚至连听完这种宣传的兴趣都没有。

公司在后期将为首次公开募股（IPO）而展开营销，并与投资银行合作创建潜在收购者名册。必须通过适当而合法的途径来开创产品和融资前景。此外，正如我们在第 7 章中所提到过的危机公关，当公司运营出现问题并影响其股票价格时，不妨拿来一用。

## 产品营销与融资营销

产品营销与融资营销虽然有许多不同之处，但恐怕更多的还是相似之处。为了使影响最大化，两者都需要通过影响者、主要决策者、支持者甚至是反对者所形成的链条，来找到那些消费商品及服务的人。另外，两种营销都需要让所有人了解其主要收益在哪里。

两者的主要区别之一在于对时机的把握。产品营销活动时常推迟到一组产品性能完备之后再进行，而融资营销一旦坐失良机，就意味着资金及立足之地的丧失——只能被迫停止业务。对于后者来说，虽然冠名、定价及定位等关键要素仍旧适用，但对象是股票，而非产品本身。

**融资营销计划**

图 13—1 显示的是典型的纽约天使基金格式的一页纸摘要。纽约天使基金是一个从事风险投资的天使投资人团体。由于只有有限的时间让人了解你所传达的信息，所以对于你而言，采用这种格式来说明如何出售股份是非常重要的一步。你可以将产品、人才、前景及融资信息浓缩在短短的一页纸上。很显然，在如何扩大宣传影响力方面，该模板为我们提供了很多有益的经验。

## 第13课
## 融资活动营销

NewCompany      Leonard Lodish，CEO      Walnut Street，Philadelphia，PA，19103
www.newco.com  lodish@wharton.upenn.edu      215-555-1212

**管理人员：**
伦纳德·洛迪士，CEO
霍华德·摩根，CTO
谢莱·阿尔尚博，CMO
行业：媒体
发展阶段：早期
员工人数：9人（含承包人）
成立时间：2004年
技术平台：LAMP
月净消耗：40 000
盈亏平衡日期：2007年
已募集到的资本：500 000（250 000＋已承诺投资的部分）
交易前估价：N/A
资金用途：销售及营销、产品开发、管理及法定缴费
当前集资：200 000
当前投资者：亲朋好友、纽约天使基金
律师事务所：Dewey Cheatham and Howe
会计事务所：Sarbanes＆Oxley
推荐人：杰里·温德（Jerry Wind）

**业务描述：**
NowPublic是个负责收集、组织和发布学生报道的信息平台。该技术为Newco.com网站提供动力，并为新闻机构提供ASP解决方案。该网站通过广告、许可费、增值服务以及ASP月使用费来盈利。

**产品/服务：**
Newco.com网站为人们提供阅读及上传校园新闻的网络空间。Newco.com的ASP解决方案为新闻机构提供了技术平台及综合新闻网，使其有权管理那些由学生利用移动设备录制的大量原始影像。

**目标市场：**
Newco.com网站为阅读新闻的大学生们提供服务。这是一个巨大的市场。学生们在媒体上所消耗的时间比其他任何情况下都要多。ASP模板以大大小小的媒体公司及本地门户网站为对象。

**战略/进入壁垒：**
我们强大的技术领先地位、显而易见的品牌认知及市场份额将令一切竞争对手望而却步。我们与手持设备制造商及新闻机构的战略合作关系，为维持独占地位提供了双重保护。

客户：最佳莫过于《华尔街日报》了。
竞争对手：市民新闻交流中心，如Scoopt and Spy Media，本地重大新闻市场的博客。
商业模式：支持广告及电子商务的网站。ASP业务收取月使用费。
分销/销售模式：ASP业务利用直销或转销渠道。Newco.com网站则采取支持博客的病毒性营销战略。
技术/IP：包含专有格式的Newco平台。
为客户解决的关键问题：大学生每天在媒体上耗费7个小时，其中大多数时间都在浏览新闻。当读者群逐渐从单一的新闻消费者演变成同时充当新闻提供者的时候，新闻机构就需要努力应对与读者之间的新型关系了。Newco.com在帮助个人及新闻机构应对这种新型关系的同时从中获利。

| 融资（最低数） | 2004a | 2005a | 2006e | 2007f | 2008f | 2009f | 2010g |
|---|---|---|---|---|---|---|---|
| 收入 | — | — | 1.8 | 2.2 | 5.7 | 9.9 | 35.6 |
| 未计利息、税项、折旧及摊销前的利润（EBITDA） | — | 1.2 | 0.3 | 0.0 | 2.1 | 4.8 | 18.8 |
| 集资额 | 0.2 | 1.5 | 2.5 | | | | |

图13—1 典型的一页纸摘要

### 采购中心

和所有产品营销商一样，CEO 和 CFO 在推销公司形象时也会遭遇重重考验。对于许多风险企业（venture firm）即接受风险投资的企业或投资者来说，第一关是通过分析师或审查业务方案合伙人的筛选。他们的职责是，对各种备选方案或构思进行筛选和过滤，并及时剔除不切实际的想法。然而，如果由于他们的失误致使投标项目被对手抢走，对公司而言就得不偿失了。因此，如果将乙企业正在筹备竞标的情况告知甲企业的分析师，就能防患于未然。

除了分析师以外，风险企业还常常请来外行"顾问"协助解决陌生领域的问题。这些顾问由风险投资者正式任命，并根据自己的日程安排行事。在提出积极的建议之后，顾问们通常会继续直接向公司提供服务。他们会努力促进技术型公司创始人与风险投资者之间的对话。这些顾问对竞争环境的熟悉程度远远胜过大多数企业创始人，所以必须学会从这些顾问的评审中获取有价值的竞争情报。

## 投资者分类

新兴公司的股票客户可分为以下五种：天使投资人、风险投资公司、孵化器、企业战略买家以及机构投资者。每种投资者在投资食物链中都占据着特定的位置，并且与特定的公司类型相对应。在新开展的业务中，天使投资人的投资所占份额最大。天使投资人主要是那些手头有闲钱、又甘愿冒风险支持熟人的亲朋好友以及退休的管理者。根据尤因·玛丽昂（Ewing Marion）基金会所支持的、关于企业家精神的调研，超过 60% 的集资都来自天使投资人。

### 天使投资人

过去，公司每次只能与一位天使投资人接洽，而如今的高科技社会却为这种联络提供了更多组织渠道上的便利。天使公司 Palo Alto 的创始人荣·康威（Ron Conway）有每月定期举行晚宴的习惯，创业者们可以借此机会将公司方案提供给百余位在职或者退休的高科技企业管理者。如果对方对方案有兴趣，可以进行 2.5 万到几十万美元不等的投资。公司则可以从惠普公司、苹果公司、网景公司、太阳微系统公司这一类企业的资深人士那里获得人脉及专业知识。于是该品牌大获成功，并孕育出一支真正的风险投资基金，如此一来就方便了成员们花更少的时间进行更多投资。

组建于 2004 年的纽约天使基金，对新的业务方案实施严格的筛选。成员代表们会在每月的第二周内快速浏览 15 家公司的方案，并从中选取 3~4 项，在当月的最后一周提交给全体成员。在方案提交前一周，被选中的公司会获得某种营销帮助（获得培训及评价）。如果部分成员对一家公司表示欣赏，就要在次月初举行尽职调查会议。很多成员在提供资金的同时也会动用自身人脉关系，这样做大大有利于新兴公司建立市场认知。

成立于 2004 年下半年的天使资本协会（Angel Capital Association）的宗旨是，协助数百家天使投资人团体分享有益经验。迄今为止加入该协会的团体大约有 100 家。该协会网站（www.angelcapitalassociation.org）也为全世界的天使投资人团体提供了一个相互交流及联系的平台。

麻省理工学院创业者论坛（MIT Entrepreneur's Forums）在多个城市举办过，费城成立了退休管理者联合会（LORE）和宾夕法尼亚私人投资者集团（Pennsylvania Private Investor Group，PPIG），洛杉矶则成立了天使投资俱乐部 TCA（Tech Coast Angels）。这些组织的成员均承诺每年至少投资 2.5 万美元作为启动资金，当然也可以投入更高的数额。与天使投资人团体进行协商评估可谓成效显著，结果常常会高于风险投资企业的估价。

为了有机会接触这些天使投资人团体，公司必须找到有能力召集他们的人选。律师、会计师、教授或者其他成功的创业者都可以充当介绍人，从而建立创业型企业与这些团体之间的联系。

**风险投资公司**

最引人注目和最有帮助的投资，来自现存的风险投资公司。超过 4 000

笔资金属于美国国家风险投资协会（National Venture Capital Association），而且社会上肯定还存在数百笔其他资金。如果初始投资至少和后续投资相等的话，一个典型的风险投资合伙人在3～4年内的总投资就高达0.5亿到5亿美元。由于这些风险投资公司的稀缺资产是合作时间，因此他们通常会为每个项目投入200万～1 000万美元甚至1 000万～1亿美元以至更多。Benchmark Capital、Kleiner Perkins或Sequoia等都愿意积极促进投资组合公司成长，并组成"经连会"（keiretsu，指日本式的企业组织）以促进公司之间的互助。

目前最大的风险投资公司每年需要浏览上万份项目方案，但只对其中非常少的一部分投入资金（通常每月顶多1项）感兴趣。公司如何做到在这种千分之一的可能性中脱颖而出呢？首先，几乎所有的风险投资公司都只投资那些由他们所依赖的人所引荐的方案。可见，第一道筛选具有举足轻重的地位，并且要求公司拥有一名为风险投资公司所熟悉的顾问（律师、会计师、技术专家、教授）。这个人可以给对方打电话或者发邮件，用简短的语言介绍公司的核心业务理念或独特之处。如果风险投资公司对此有兴趣，就会紧接着要求浏览计划书或举行洽谈会。考验创业者营销技术的时刻最终来临。创业者在陈述时可以运用几张幻灯片和一件模型，要让风险投资公司明白，为了赢得如此广阔的市场而花费宝贵时间是值得的，并将创业者自身的激情传达给合作伙伴。风险投资公司寻找的是能在几年内实现1亿～10亿美元价值的市场，而天使投资人在提供资金时，仅要求该公司创造2 500万至1亿美元的收入。

**孵化器**

孵化器作为一种辅助资源，是不久前才出现的新生事物，商业性质的孵化器包括Idealab!、CMGI及一大批高校。孵化器为服务对象提供空间、基础设施，还为创业者实现快速启动提供帮助。这些孵化器的宣传办法与风险投资相类似，但业务团队形式上并不严格。孵化器通常提供会计服务、普通办公服务、针对不同公司的技术咨询及全面的业务建议，其资金来源多为产业发展基金，并努力在特定区域内创造更多的就业机会。

### 企业战略合作伙伴/投资者

不少大型企业都已经启动风险基金，一部分是为了获得经济收益，但主要还是为了对利益范围内的新动向保持战略关注。许多改变行业现状的革新都发端于最不起眼的公司，而不是最庞大的公司。英特尔、思科甚至诺基亚公司都设置了风险基金，以便从新公司那里学到技术和经营模式。

如果你的创业型企业在展销会、专业杂志或其他地方受到关注的话，有关团体可能会主动与你联络，还经常有风险投资企业向你介绍这些团体。

### 机构投资者

最终，数百位投资银行家和发现者都会站出来，帮助你从合格的机构购买者那里筹集资金。这些投资者通常希望进行巨额投资（1 000 万美元及以上），通常愿意支付安置费。公司在创业初期没有这么大的资金需求，会觉得这个市场遥不可及。

## 冠名

如果你的公司拥有一个响亮的名称，人们就会很容易记住你是谁，以及你的公司是做什么的。在 Idealab!，名称也许是至关重要的——事实反复证明，那些网址不容易被记住的公司，往往无法获得投资者的青睐。网址 Tickets.com 以及电话号码 1-800-TICKETS 之所以很快被高价收购，就是因为这些买家希望消费者和投资者迅速认知并了解该公司的业务范围，从而获得与之有关的收益。例如，CarsDirect.com 的字面含义已经告诉你，和你打交道的是一家汽车零部件公司。

对于那些非功能性名称（如谷歌、eBay、亚马逊）而言，其产品及其投资者的营销活动都必须使客户或投资者对公司名称印象深刻，继而将公司业务与名称对号入座。在部分案例中，无论是对于消费者还是投资者，公司名称都包含着极高的品牌价值。

在很多情况下，对于投资者和消费者来说，公司名称的意义有很大的不同。IAC（Barry Diller's InterActive Corp.）在投资者中享有较高的声誉，可以在那里买到一家拥有 Ticketmaster、City Search、Expedia、Hotel.com 及其他约 40 种业务的公司的股份。当 CarsDirect.com 向抵押、住宅以及其他业务领域扩张时，选择的是互联网性质的名称——它能为各种业务提供面向消费者的多层次渠道。由于这些消费者并不购买股份，因此投资机构自然会选择一个对自己更有意义的名称。

## 为新股定价
——风险投资的价值

俗话说，为产品定价是一门科学，也是一门艺术，为公司新股定价更是如此。一旦公司公开上市，其股票所面临的环境就像一个"自由市场"，股票价格自然就由市场来决定。我们在讨论投资者关系时还会回到这个问题上来。在这种私募市场上，存在两种类型的定价——买方定价（低）与供不应求时的卖方定价（高）。公司如果能采取后一种方式，其营销自然是更胜一筹。

除了产品之外，公司需要推销给投资者的关键要素还包括人员（管理团队）、融资模式以及公司可能建立起来的战略关系。由于投资者所购买的是公司本身的一部分而非实体产品，因而最重要的是预期的退出价值（exit value）。当出现网络股热潮时，这种价值会被一些投资者高估，被另一些投资者低估。后崩溃（post crash）时期，指的是在价值不太低的情况下，除了自然遇到的"天赐良机"之外，风险投资机构会停止所有的投资活动。5 年之后，定价程序将恢复理性，创业者与投资者双方在股票定价方面都会形成更加务实的认识。

就像我们在 2006 年底所写的那样，一位初出茅庐的创业者及一群资深工程师、营销商等人的创意，也许值得一家公司投入 30%～65% 的股本，也就是 25 万～100 万美元的初始现金。设法拥有一支经验丰富的创业者团队、落户在硅谷、集资股本的 50% 也就是 500 万美元并不是什么难事。一个成功的团队的营销信条是:"既然他们曾经投资过,以后就还会投资。"值得一提的是,如果该团队已将公司上市,或者在同本行业的龙头企业(如思科)的股份交易中卖出一个好价钱,那么他们的"产品"就获得了信誉保证。另外,谷歌和雅虎的成功促使团队购买小型技术公司,并预付给工程师每人约100万美元。此举有助于团队顺利完成雇员招聘工作,还能有效防止这些人在站稳脚跟后漫天要价。

许多天使投资人会先以票据形式投资,然后,更为专业的投资者会将之转换为股份。例如,纽约天使基金常常以可换股的票据形式投资30万~50万美元,并以25%~50%的折扣兑换进入下一轮。由于下一轮也存在价格上限,因此只要在投资者进入时以合理的价格出售股份,仍有可能获得巨大的成功。这也有助于防范天使投资人在初始阶段要价过高,而在日后公司急需资金时"被迫接受"一个更延后且更低的估价。

## 上市前营销

在上市前阶段,可以利用主流杂志(包括在线电子杂志)的评价来吸引投资者的目光,如《红鲱鱼》、*Alwayson* 以及《连线》。科技出版物也是许多风险投资者用来寻找商机的资源之一。

美国各地都有宣传创业型企业的商业周刊和月刊杂志。创业型公司可以通过《纽约商业周刊》、《费城商业杂志》及 *TechCapital* 等杂志来获得潜在的私人(入市前)投资者的关注。

## 首次公开募股(IPO)

对于不少从事软件及互联网业务的公司来说,上市的大部分原因与营销有关。还是有经验的网络创业者说得好:"对于一家互联网公司来说,IPO是关乎品牌的头等大事。"事实上,成功而高调的 IPO 会给企业宣传及品牌认知带来无法估量的影响。IPO 策划是一项艰巨的任务,在付诸实施的几个月里,公司 CEO 及 CFO 面临最为严峻的考验。但是,公司不仅可借出席会议或宴会之机推销股票，而且可以同时宣传公司的相关产品、信息以及定位。

完成第一部分信息宣传是在选择承销商阶段。在这一阶段，投资银行家们都全力选择愿意进行相应 IPO 的关系企业，并告知它们购买该公司股份的收益。不过，这无疑为公司提供了一个接近华尔街分析师们的机会，而这些人以后也许会报导或应邀评论该公司的业务及股票前景。

还有为数不少的公司正在犯同样的错误，就是只跟少数银行家打交道。如果这些公司需要一家"一线企业"或者"实力超强的华尔街大投行"，如高盛、摩根士丹利、美林等，他们就会觉得同 10～15 家有投资意向的小银行谈生意简直就是浪费时间。实际上，正如你不愿一声不吭地赶走潜在优质客户一样，既然你对小银行不感兴趣，就不该让银行家们白忙一场。对于那些向其他企业一线负责人展示的宣传资料，你可要慎重考虑。他们的分析师们会对公司的定位、项目及其显示出来的合作态度提出建设性的评价，这种反馈显得很有意义。选择一两家较小型的优质企业作为承销商的现象也很普遍。越来越多的在线互联网企业（如 Jeffries/Broadview、e-Trade 或者 DLJ Direct 等）也参与其中。在 IPO 结束之后的几个月内，如果公司工作出现失误，对这类关系的需求就会变得非常强烈。

正如你不愿接受一条毫无专业技术含量的电视广告一样，IPO 的首轮宣传本身也务求考究与专业。我们注意到，杰里·韦斯曼（Jerry Weissman）所在的 Power Presentations 公司正尽力为公司的初次亮相提供帮助，训练发言人如何有效应对大批或少数受众。杰里声称自己可以使股价上升数美元，对此我们深信不疑。

IPO 的购买者分为如下几种类型：投机性机构投资者、长期性机构持股人、零售持股人以及短期套利者。不同类型的购买者只有组成一个均衡的整体，才能有效掌握公司股票；还必须进行足够的交易活动，这样才能调动市场的积极性为股票提供支持。

## 投资者关系

当 IPO 圆满完成后，公司应及时与投资者取得联系并确保沟通顺畅，以维持股价与公司业绩及承诺之间的一致性。尽管在产品定位方面，不少企业都能提供与传统的公关机构相同的帮助，但大多数公司仍应配备专职人员来处理投资者质询、提供报告副本、协调公司季度信息发布以及召开有分析师参加的电话会议。

电话会议提供给公司以自我推销的机会，而且每个季度都能吸引30～100名重量级分析师参与对话；其中绝大多数分析师都会在会议结束后向委托人提交评论报告，并酌情给出股票买卖或持有方面的建议。我们认为，在电话交流中应遵循以下四条基本规则：

（1）说实话，说大实话，并且只说实话；

（2）首先宣布坏消息；

（3）切忌过分夸大好消息；

（4）切忌登录留言板。

第一条应该不难理解，有时避而不谈某些坏消息、隐瞒或夸大正面消息的诱惑令人难以抗拒。不过，别向这些诱惑低头！当事人的众多律师正等着你提供虚假信息，这样他们就可以有凭有据地去法院把你告倒（请注意"告倒"这个词——无论你是否说实话，他们总爱揪住坏消息从而想方设法去法院告你）。

对付坏消息向来不是一件容易的事。将坏消息从市场中清除出去，以便让人感受到它给股价带来的影响，然后借好消息让价格回升，这样做总好过在出现坏消息之前先直接浪费掉某些好消息。让每个人同时得知所有的坏消息也很重要，免得有些人因为先听到部分好消息而获得不公平的市场优势。绝大多数公司将媒体发布会和电话会议安排在市场运作时间之外。只可惜市场越来越倾向于24小时不间断交易，这就使得上述安排变得更加困难，但是避开大部分交易发生的标准东部时间（9:30am—4:00pm）仍然是可行的做法。

人们总爱为好消息添油加醋。他们可以把一个小合同吹嘘成一笔大买卖的开端，把好不容易才实现的扭亏为盈说成是重大转折点。其实让投资者们自己得出正面结论，远胜过把自己对市场的看法强加于人。

在过去的几年里，上市公司在信息披露方面已经取得了长足进步，这对于投资者而言无疑是有利的。网络留言板作为一种新生事物也如雨后春笋般涌现。投资者（通常是些不入流的业余投机者）可以在雅虎、Raging Bull、Silicon Investor、美国在线、Motley Fool等地方随心所欲地张贴关于你公司股票的评论。虽说其中不乏灵光闪现，但绝大多数都是在信口雌黄——有确属无知的，也有为了炒作的，还有某些更为狡猾的投机者，为了在卖空后或者企图买空时进行砍价。美国证券交易委员会（SEC）已经联手互联网服务商共同抵制情节严重的恶言行为——弥天大谎意味着操纵股票——但留言板仍然不乏误导性信息。

当你的投资关系管理人员，甚至是雇员或主管读到这里的时候，他们也许会尝试去纠正留言板上的不当陈述。千万不要这么做！一旦你启动了纠错程序，公众就会觉得你负有不断纠错的责任，但这其实是连法律都不会规定的苛刻义务。例如，这些留言板上充斥着不实的合并传闻。对于任何未经宣布的合并活动，公司必须学会说"无可奉告"，甚至法院也规定回复此类问题务求准确无误。这就使得公司很难进行所谓的秘密谈判，因为只要走漏了一丝风声，公司就会遭受异常严厉的舆论抨击。

如果受到流言飞语的伤害，你可以求助于雅虎或者别的互联网服务。在一个案例中，信息发布者冒用了公司 CEO 的名字。因为雅虎通常允许任何人注册他人从未使用过的电子邮件地址，所以在收到诈骗举报之前不会阻止该帖继续显示。只有在接到有关举报之后，他们才会对该地址采取禁用措施。但发帖的匿名性毕竟为谎言和欺骗创造了客观条件。

## 结语

每家公司都有其基础产品或服务。像对待购买产品或服务的客户那样认真地对待投资者，是公司走向成功的关键。许多新兴公司（包括互联网、生物科技、无线通讯以及其他资本密集型公司）在其最初的五年的资金进账中，多数是通过融资活动而不是产品销售来实现的。

# 第 14 课

# 创建强势品牌和公司

前文已经讨论过创业者如何应对营销组合各个环节的问题。所有这些关于营销组合的内容都有着相似的模式。不管你要作出的决定涉及价格方面，还是公关、广告、分销渠道、分售人员或产品和服务设计方面，决策过程的模式是相似的。你要有一个市场定位和目标市场，然后再来了解在推进目标市场细分的过程中营销组合各要素的作用。每一个营销组合决策过程都描述了发展营销组合各个要素的不同范例，这些范例有助于增加公司的边际收益而不是增加市场组合各要素的边际成本。其中对收益和成本的估测都基于营销组合各要素的生命周期。每一章都强调，只有当营销组合所带来的边际收益高于它本身所消耗的边际成本时，采用它才是合理的。

既然是以边际收益和边际成本为导向，就应该提问以下问题：这些营销组合策略是否有利于公司的长远发展？我们是否通过短期的营销活动提高短期销售额？这样是否会有损于公司的长期收益和潜在利润？这些都是合理的问题。为了对此作出答复，我们需要向品牌资产和创建强势品牌方面的专家戴维·阿克（David Aaker）请教。阿克已经写了两本书和许多文章，都是关于如何长远地管理品牌的。他的著作《创建强势品牌》（*Building Strong Brands*）的目标就是指导管理者如何创建强势的、能经得住时间考验并且深化发展的品牌。我们会运用他在书中用到的两个主要理念来判断它们与我们所提倡的创业营销方案的兼容程度。这两个理念是：（1）创建品牌为何如此困难？（2）他所提出的创建强势品牌的 10 条指导方针。为了让这个说明更生动，我们会以在创建强势品牌方面非常成功的两个创业型企业——Synygy

企业和维多利亚的秘密公司为例。

## Synygy 公司：一个强势的、持久的创业型企业

我们要讨论的第一个成功的创业型企业是 Synygy 公司，一个"激励性薪酬公司"。马克·斯蒂夫勒是从麻省理工学院斯隆管理学院毕业的 MBA，于 1991 年创建了 Synygy 公司。该公司最初为制药公司提供销售数据分析自动化的服务。由于它具备这方面的专业经验，客户就问它是否可以帮其管理销售人员激励性薪酬方案。对制药公司及其大规模的销售管理人员来说，这是个长期存在的问题。销售所制定的薪酬方案在现实中很难实行，因为销售数据的总量巨大，需要对它进行处理之后才能明确一个销售人员是否完成了指标或者他应该得到多少提成。而这些正是 Synygy 一直在处理的销售数据。当时，绝大多数企业在用人工方式进行处理，这导致报告迟交以及薪酬计算有误，并且销售人员对他们的报酬所依据的销售数据的真实性表示怀疑。没有人致力于解决这样的问题。许多公司使用的是成本高昂的自建系统，一旦薪酬方案发生变化，这种系统调整起来非常复杂。当时确实需要有一种更有效、更有价值的方法来管理薪酬方案。通过承包相关管理业务，马克及其公司积累了越来越深厚的专业知识。其团队专业知识随着对一个又一个方案的成功驾驭而不断增强。他们还发展了可泛化的计算机和信息系统，以实现手工操作结果的再生产。这些系统也不断地得以完善。由于与初始客户很接近，他们了解到正确的方案计算结果是多么重要——销售人员需要把自己的工作努力和影响他们薪酬的因素结合起来。一段时间后，Synygy 团队开发了一系列能让销售人员理解得很透彻的图解报告。随着经验的逐步积累，他们开发出越来越完善的系统来处理薪酬方案的管理问题，非常有效地把计算机系统和专业人士结合起来。现在他们所从事的是全套的激励性薪酬方案管理外包业务。自从 1991 年以来，Synygy 公司发展迅猛，连续五年跻身发展最为迅猛的私人公司 500 强，并且在 500 强名人堂中占有一席之地。

Synygy 所面临的唯一竞争（除了公司内部自产解决方案以外）是企业

软件供应商。这些供应商出售软件但不提供全程方案管理服务。从制药行业开始，Synygy 不断扩展自己的业务范围，向雇用销售人员较多并且激励性薪酬方案在企业方案中占据重要位置的行业扩展。在考察创建品牌的难度时，我们会把 Synygy 公司作为一个成功创建强势品牌的范例。我们将要了解在创建持久的品牌和持久的公司的过程中为何 Synygy 有能力克服所遇到的障碍。

同样，我们也会以本书中一直在讨论的 the Limited Brands 旗下的维多利亚的秘密这一品牌为例来说明这一点。

## 创建品牌为何如此困难？

阿克总结了许多公司觉得创建强势、持久的品牌非常困难的 8 个原因。他的这些总结更针对大众消费品，不过其中涉及的理念值得所有创业者深思。图 14—1 列出了这 8 个原因。

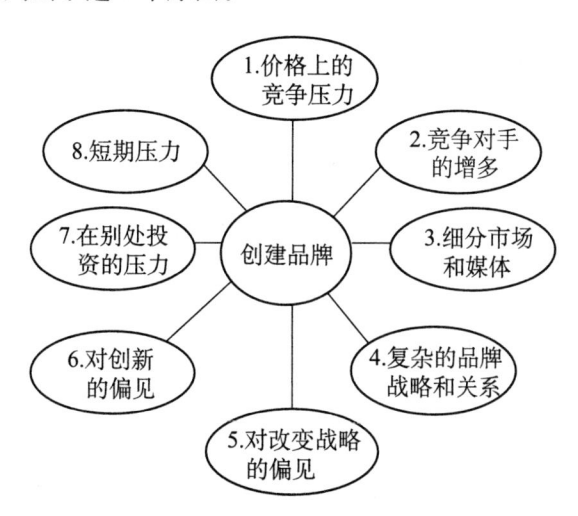

**图 14—1  创建品牌为何如此困难？**

我们应该从一个初创的或快速成长的企业其所有者的角度来重新解释这些原因。第 1 个原因，即"价格上的竞争压力"，会导致一位创业者作出与创建品牌背道而驰的决定。降低价格或其他的类似举动只能给市场发出这样一个信号：产品的价值也会随之下降。不过，如果公司所提供产品的认知价

243

值与竞争对手相比并没有下降，那么创业者就不应该改变与竞争对手的价格差异。市场上的许多高科技类产品会随着技术创新所带来的成本降低而不断降价。不过同一类产品中的强势品牌会提供为他们增加边际认知价值的产品来对抗竞争。与竞争相比，这种建立在边际认知价值基础上的价格贴水正是优秀的创业营销的精髓所在。除非你的营销组合中的其他因素正在改变市场参与者所提供的产品或服务的认知价值，否则没有理由降低你的价格贴水。

在整体性外包解决方案方面，Synygy公司没有与其他公司在价格上进行竞争。不过它确实与一些企业软件供应商在软件供应市场份额方面存在竞争。不过，为了充分发挥它在全套方案管理方面的特殊优势，Synygy与其主要的软件竞争对手合作，用竞争对手的软件来提供计划实施和管理的全程服务。这样，潜在客户要么从Synygy那里购买全套的解决方案，要么从其他地方购买软件然后花钱雇用Synygy去管理该方案。Synygy把自己的定价建立在使用价值上。其宣传手册上写道：

> 没有必要买软件，更不需要自己建立系统。让Synygy帮您来完成。Synygy公司的激励性薪酬方案的价格低于您创建、维护并运行一个自产系统的成本，也低于购买、客户化和运行组装软件的总成本。

> 我们的许多客户已经在这方面节省了上百万美元。这是因为通过Synygy所提供的外包业务，其销量上涨、利润率提升、成本降低，并且无须在软件和硬件投资方面预付巨额资金，从而改善了现金流通情况。

当自己在目标市场的地位变得强大之后，VS公司就一直在提高自己的价格。在近十年的时间里，VS的收益增加了三倍并且平均销售价格翻了一倍。

第2个原因，即"竞争对手的增多"，往往使创业变得有趣。不过，如果你管理的是与竞争对手对决的认知价值，你就应该有很好的表现。当然，如果你的初始定位战略稳稳地建立在你的特殊优势上，那你就应该准备好去应对竞争对手的增加，因为特殊优势是你的竞争优势持续增强的源泉。

1998年下半年，当一些主要的企业软件开发商如甲骨文公司、希柏系统软件有限公司（Siebel Systems）和泰乐琪软件有限公司（Trilogy）开始提供管理激励性方案的软件时，Synygy 已经准备好跟它们竞争。一方面，Synygy 的软件及其运作方式一直随着经验的积累而不断地加以改善，另一方面，实际运行管理计划非常困难，在全套外包解决方案方面其他竞争对手还不能对 Synygy 构成威胁，这些新的竞争对手也意识到提供同类服务并不容易。不过，这并不意味着 Synygy 可以高枕无忧。

近来，Synygy 尝试着重新定位其业务，提供更多软件，提供少量全套的外包解决方案。他们还重新设计了服务的定价方案，使它成了一项大额的预付软件购置，并雇用了来自甲骨文公司的一位任务繁重的销售副总裁和几名软件销售人员与它的新的竞争对手相抗衡。对这个方案试验一年半之后，马克解散了软件部门，解雇了销售副总裁，该公司又回到老路上。

马克说："我不喜欢那种企业文化，也讨厌团队合作精神的缺失。我不喜欢那种目空一切的态度。我不喜欢没有过程和纪律。我们现在又回到了老路上：专注于出售托管和管理型服务解决方案（把重点放在那些了解客户问题并改善其工作流程的人身上……软件是次要的……我认为应该'展示我们的人才而非软件'）；我们的定价方案也回到了开展业务最初的 10 年里那样，在已经采取了前期授权费的形式之后，收取定期循环出现的订购费用。"

马克意识到，以企业软件为导向与他想要的市场定位不合拍而且正严重损害其服务的认知价值。虽说回到老路在短期内会消耗相当大的成本，不过是值得的。他最近引进了一个一年期合同作为其定价手段，就像 SAS 那样。如果客户不满意，一年之后随时可以终止合同。以前他并没有损失客户，不过如果这看起来风险性更小一些，会更便于他提供服务。

为了保持自己的竞争优势，Synygy 在基于网络的软件方面进行了投资，因为这对于通过有效的方式向客户传播价值来说很关键。除了企业激励性管理（EIM）服务以外，他们还增加了三个新的绩效管理方案：推荐管理、配额管理和目标管理。企业激励性管理依然是焦点，其他的解决方案只是作为 EIM 的附加品，不能单独出售。马克现在意识到 EIM 会是其持续的竞争优势，不过需要对它进行持续改善，这样才能使它在当前和潜在竞争中胜出。

Synygy 一直在考虑目标市场对其产品和服务的评价而不是其本身实际上有多优秀。在这种情况下，从满意的客户那里得来的口碑是 Synygy 的杀手锏。只要 Synygy 还在培养自己的特殊优势并不断强化自身能力，让外界认为它在为目标市场实现价值的最大化，它就有可能领先于其他竞争对手。

同样，VS 也积极通过在客户中间进行调研来管理和估测其市场认知。因为它拥有自己的零售店并与 the Limited Brands 旗下的商场存在千丝万缕的联系，所以对商场经营者有巨大的影响力，VS 在核心业务领域没有遇到显著的竞争威胁。

我们可以把第 3 个和第 4 个原因合并起来，以说明对创业者来讲创建品牌为何如此困难。这两个原因涉及保持品牌定位的一致性（不管它用到的是什么媒介或市场）以及对品牌与企业其他品牌之间关系的考虑。对于绝大多数创业者来说，这些原因并不是特别令人关注。绝大多数成功企业都对准小众市场而不是大众市场，所以他们应该采用非常有针对性的媒介工具和公共关系。绝大多数创业型企业只有一个品牌，也就是他们的第一个品牌。在许多情况下，其品牌就代表公司。随着公司的逐步发展，一些问题会变得更为突出。

对 Synygy 来说，他们所面临的一个关键的战略性问题涉及公司发展的最佳方式。他们可以把和用于激励方案管理相同的销售数据进行分析，或提供其他方案管理服务如推荐管理、配额管理、目标管理等，来针对既有客户以扩大其业务范围。他们也可以把激励特殊方案管理服务扩展到制药行业以外的其他市场。这两种选择与公司的初始定位和特殊优势都有一致性。不过，他们的激励性方案服务的潜在认知价值和竞争优势都比其他服务高得多。Synygy 作出了正确决定，决定先重点向其他目标市场推广其核心激励性方案管理业务。而对于既有客户，公司会对销售数据进行更深入的分析或者推出其他的方案管理项目作为增值服务。不过，Synygy 的市场预算经费和销售资源主要针对新客户和新市场，以拓展其核心特殊优势。"激励性薪酬公司"这个口号是 Synygy 作出这一战略性决策来巩固公司及其品牌之后采用的。不过请注意一点，如果 Synygy 在给公司命名的时候就知道这个战略性决策，那么就可以更有效地为公司起一个与自身定位一致的名称。不过，事后的认识要比先见之明更清晰。

在第 10 章里，我们分享过 Synygy 在广告设计文案中的改动使其短期广告效益增加 15 倍的案例。新的广告文案仍然与公司的基本定位和市场细分战略保持一致，只是以更有效的方式表达了信息。

第 14 课
创建强势品牌和公司

正如本书所描述的那样，VS 确保每个营销活动都在巩固其市场定位，它在这方面可谓成绩斐然。这一原则使公司在策略定位、经济回报和市场价值等方面获益颇丰。

第 5 个原因"对改变战略的偏见"和第 6 个原因"对创新的偏见"都是需要创业者不断去应对的问题。对许多创业型企业来说，开发出一个上规模的"营销—销售—商业"模式非常困难。真正的成功企业都能成功地开发出一条进入市场的渠道，然后获得新客户并为他们服务，渐渐地这一切都变成了例行公事，像一个固定模式一样可以衡量。创业型企业不再去争取每一笔交易。由于市场足够了解公司的定位和认知价值，所以销售就变得容易些。发展到这一阶段后，公司的销售额会快速增长。

不过，创业者会变得厌倦并且抓不住重点。他也许希望公司向其他更有趣的产品或市场领域发展。这种战略上的改变会对公司造成很大伤害，尤其是当新产品和服务还没有充分利用公司的无形资产——公司的特殊优势和定位的时候，这种伤害就尤其严重。稀缺资源应该放在能给公司带来最为长远的收益的地方，而不必放在最有趣的新创意上。

另一方面，创业者也不能一味地跟着固定模式走，而不去持续地提高客户对公司的认知价值并充分发挥公司的特殊优势。他必须一直在当前和潜在竞争中遥遥领先。不过，所有的创新都应该有效利用公司目前的市场定位和特殊优势。如果市场需求发生变化，那么有时候公司的定位和相关的产品供应就需要适应不断变化的需求。但对市场变化的适应和调节应该建立在充分利用公司相对于其竞争对手的特殊优势的基础之上。

Synygy 的市场需求和竞争形势一直在变化。我们已经讨论过新软件方面的竞争。这个市场也开始转向基于网络的系统和应用服务供应商，把它们作为解决信息系统问题的新路径。潜在客户的信息技术主管们也在促使这个转向的形成。Synygy 正在扩展自己的业务范围以囊括提供服务的各种不同方式。他们要么提供一个全套的外包解决方案，只作为一个应用服务供应商来提供用于出售的企业软件，要么提供其他供应商所提供的软件用于实时管理和应用服务。不过，所有这些选择都与公司的核心定位相一致，并且能充分利用公司的特殊优势。Synygy 比其他公司更清楚通过实施激励性方案来提高客户效益的关键。他们所有的新的、扩展出来的服务项目都与其核心优势相一致并能充分发挥自身优势。

VS也曾通过各种创新来巩固其市场定位。其中两个经典范例就是支持乳腺癌研究的"Pink"新产品系列和网上时装周活动。

导致创建品牌困难的第7个原因是"在别处投资的压力"。对典型的、只有唯一品牌的公司或只负责一个品牌管理区域的管理人员来说，这个问题也许不是那么明显。问题的关键是获得足够的资源并将其投到公司的主打产品上。2000年和2001年，许多新的互联网公司都在自己的核心品牌上投资，但收效甚微。他们没有估测使用不同的营销组合所带来的边际收入。

阿克所列出的第8个，也是最后一个原因，即"短期压力"。有时候，可以牺牲公司的市场定位和品牌的认知价值来进行一些可以获得短期销售额和利润的活动，这对公司很有诱惑性。在消费品领域，最有可能导致问题产生的活动是短期的、以价格为导向的促销活动。如果这些促销活动没能加强产品的目标认知价值，那么它们就会损害产品的认知价值。如果一个顾客发现某个牌子总是在促销，他对这种产品的认知价值就会下降。即使这些促销活动带来了一些短期的增量销售额和利润，如果它们与品牌的定位不一致，也不应该去做。

在第4课里，我们讨论过马兰士公司引进折扣商店策略来提高销售量的事例。这个策略在短期内非常成功，但是从长远来看却损坏了公司及其品牌。

对于B2B领域的创业者来说，最常见的短期压力大概来自销售人员为了促成交易而进行的打折活动。这里，如果客户觉得产品的正常价格高于自己对产品的认知价值，那说明销售人员没有做好推销工作，或者这个客户不是目标市场的客户。除非创业者确信这个"特别"的降价不会被广泛宣传，否则为了促成一个交易来降价是很不理智的行为。本来愿意按原价购买产品的潜在客户，在得知其他人可以通过更低的价格得到该产品之后，就不愿意再按原价购买。如此一来，产品价格就会逐渐按照客户接受的程度，下降至特殊折扣价，并会损害公司的长期收益。失去交易机会对大多数创业者来说很难接受，不过有时候却是正确的决定，尤其当潜在客户不像其他客户那样接受产品的既定价格的时候，更应该如此。正如我们在第3课中所提到的那样，一个优秀的价格策略意味着并不是每一个潜在客户都会买我们的产品。

第 14 课
创建强势品牌和公司

一直以来 Synygy 都能使自己的业务保持快速增长的状态，而不必依赖通过"特别"降价来获得部分客户。它有一个所有公司都必须遵守的价格列表。当然，价格也会根据销售人员规模的不同和公司所提供服务的层次不同而有所变化。马克不喜欢"企业软件"战略的一个原因就是软件销售人员都惯于打折和提供"特别"价格。马克担心这会降低其产品的认知价值，这是危险的行为。他的担心是有道理的。

我们先前讨论过 VS 如何有意识地限制较为显著的降价幅度并提高其产品销售价：即使最开始当持续的价格促销活动被大量取消之后，公司的短期利润遭受重创，它也坚持那样做。

**创业者能否在创建品牌的过程中克服上述 8 个困难？**

这个问题的答案显而易见。如果创业者采取前面章节中所提到的方法，那么他总会有能力让公司及其品牌实现长期稳定的发展，同时还有助于公司获得短期收益和利润。所有的营销组合活动和公司的所有活动都必须与公司想在它的既有客户和潜在客户心中建立的认知价值相一致。公司必须通过建立和利用自身的特殊优势并将其传达给目标市场来持续不断地提高自身相对于竞争对手的认知价值。

谷歌——近几年发展起来的一个强势品牌——就遵循了这些规则。它在每一个产品上（Gmail、Chat 等），都很好地保持了自己的一致性并使用了彩色商标。它不断地在创建品牌形象方面进行投资，即使当它在搜索领域的主导优势逐渐强化时也是如此。而且它知道，通过一个强势品牌，其客户最能认识到公司的价值。

## 创建强势品牌的 10 条指导方针

阿克还提出了 10 条创建强势品牌的指导方针。总体来说，这些对创业者是很好的指引，不过有些需要根据具体情况加以改动，正如绝大多数创业者所做的那样。最后一条方针尤其需要大幅的改动。下面列举的就是阿克所列出的创建强势品牌的 10 条指导方针。

1. 品牌身份。给每个品牌定义一个品牌身份。分别从品牌作为人、作为组织、作为标志以及作为产品的角度来考虑，并确定它的核心身份。可针对不同市场细分和产品的需要对身份加以修改。要记住，形象是你在别人眼中的样子，而身份是你希望别人看到的样子。

2. 价值主张。品牌背后的价值主张，是品牌的驱动力。除了功能优势之外，还要考虑到品牌的感情优势和自我表现优势。要知道品牌如何建立可信度。要理解品牌和客户之间的关系。

3. 品牌地位。要确保每个品牌都有一个品牌地位，这样可以为那些执行沟通项目的人提供一个清晰的指南。要随时想起品牌地位是品牌身份和价值主张的一部分，应该加以有效宣传。

4. 执行。实施沟通项目，如此一来，它就不仅仅以品牌身份和品牌地位为目标而且能够获得一定的成就和持久性。

5. 贯穿始终的一致性。把始终保持品牌身份、品牌地位和执行的一致性作为一个目标。保留有用的标志、意象和比喻。理解并抵制那些试图改变品牌身份、品牌地位和执行的偏见。

6. 品牌系统。确保投资组合中的各个品牌都保持一致并互相协调。清楚它们各自的作用。要有或要能想出高明的办法来支持品牌身份和品牌地位。挖掘品牌特色和服务。使用子品牌来加以明确和提升品牌。清楚什么是战略品牌。

7. 品牌杠杆。只有在同时可以使用并巩固品牌身份的情况下才能考虑延伸品牌和开发品牌合作项目。列出不同的品牌并给每个品牌确定身份，同时要确认每个身份在分散进行的产品测试中会如何变化。如果品牌身份不稳定，要注意管理好由此产生的不同品牌身份的整体性。

8. 追踪品牌资产。长时间追踪品牌资产，包括品牌知名度、品质认知、品牌忠诚度，尤其是品牌联想。要有特定的沟通目标。特别要注意品牌身份和品牌地位没有反映在品牌形象上的那些领域。

9. 品牌责任。让一个有能力创造品牌身份和品牌地位的人对品牌建设负责，这个人还需在组织结构、媒体和市场之间进行协调来完成所执行任务。要当心把品牌应用到一个它在其中并不占主导地位的业务中的情况。

10. 品牌投资。即使在财务目标没有实现的情况下，继续在品牌方面进行投资。

这些指导方针解释得都十分清楚，对创业者和大众消费品公司模式应该有帮助，他们都是阿克这本书的目标读者。第6条"品牌系统"和第7条"品牌杠杆"，对绝大多数只有唯一品牌并疲于应付的创业者来说也许要求过高。第8条"追踪品牌资产"是许多创业者应当在精神层面予以重点关注的。他们应该与其既有和潜在客户保持紧密联系，以便了解其产品在客户心中的认知价值。他们应该采用低成本的方式来调查其产品的认知价值是否随时间发生变化。通常这会以客户满意度调查的方式进行，也可以通过从潜在客户那里定期获取关于他们对产品的认知价值方面（相对于竞争对手的产品）的反馈信息来进行。

最后一条方针需要创业者来加以修改。事实上，根据每个人的不同理解，这个方针与我们在第6课里讨论过的调研并不一致。这一方针认为，即使在没有实现财务目标的情况下也要继续在品牌方面进行投资。在作出这一投资决定的时候需要考虑我们所讨论过的调研。那个调研（关于电视广告）的基本内容是，如果一个广告在短期内没有显著效果的话，那么从长期来看也不会有什么作用。它还说明如果一个广告短期内见效，那么平均而言，它的长期效果会是短期效果的两倍还要多。没有学术研究能够证明，针对营销组合的其他元素的研究，比如针对公关或不同媒体，会得出不一样的结论。因而，创业者所需要做的关键的决定是，对我的品牌的投资是否对产品的短期收益有增量效果？这个增量效果只能以如果不进行投资所获得的收益为参照物。如果不做广告时品牌正呈下降趋势，并且广告项目可以使这个下降趋势减缓，那么广告项目就产生了积极的增量效果。

所以，对于创业者而言，我们需要把最后一条指导方针改成这样：只要投资能对品牌收益产生增量效果就要对品牌进行持续投资。如果与不对品牌进行投资时的收益相比，你的品牌营销投资并没有产生增量效果，那么无论是从长远还是短期来看，它都不会提高品牌的销售额。创业营销的挑战性在于能不断地对获得短期增量效果的品牌进行投资。在第6课，我们概述了管理这些营销投资的方法，以便这些投资更有可能在实际操作中产生预期效果。

## 结语

在本章中，我们展示了通过遵循前几个章节中的建议，创业者如何在获得短期收益的同时创建一个强势的创业型企业。创业者不满足于花钱只是来创建品牌而不对他们的收益产生任何积极影响。许多广告和营销代理商会提倡这种没有收益的品牌建设活动。创业者必须抵制这种鼓吹并实施能够产生增量效果的品牌建设项目的行为。如果不这样做，创业者很可能就只是在大把扔钱。在互联网"泡沫"时期，许多新的互联网公司都在品牌建设方面进行了巨额投资，但却不知道是否会有回报。有效率的创业者应该避免这种情况的发生。第 10 章讲的就是如何管理这一过程。

## 如果巴西下雨，就买星巴克股票

作者　彼得·纳瓦罗
ISBN　978-7-300-13233-4　｜定价　36元

为什么巴西下雨就要买星巴克股票？巴西下雨——咖啡豆丰收——咖啡豆价格下跌——星巴克成本降低——星巴克利润增加——股价上扬。看似简单的推理，折射出股票市场内在的逻辑。股票市场受到各种信息的刺激和影响，严寒、地震、军事行动、技术进步、货币政策、外贸关系……各种事件以你想得到或想不到的方式，影响着股票市场的走势和个股的走势。为什么有时看似利好的消息公布却引发了股价下跌？为什么有时整个市场哀鸿遍野有的股票却能一枝独秀？该怎样精准解读和分析新闻？本书为你提供了大量绝佳的例子。

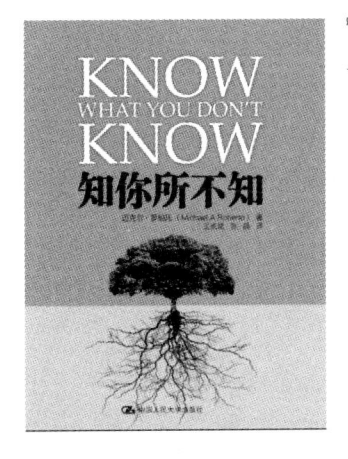

## 知你所不知

作者　迈克尔·罗伯托
ISBN　978-7-300-13255-6　｜定价　36元

在本书中，畅销书作家迈克尔·罗伯托告诉企业管理者：怎样超越单纯的"解决问题"，在问题萌芽时就将其发现并消灭，从而防患于未然，带领企业走向成功。

问题为什么常常躲藏在阴暗的角落不为人知？罗伯托从这个问题出发，首先找到问题被隐藏的各式各样令人吃惊的原因。接着，他提出了解决问题的有效方案。怎样获得关键的第一手资料？面对组织中看似互不相关的事件，怎样识别出深层次的问题？怎样激发一线员工坦率讲出所发现的问题？怎样鼓励有益的错误？

## 变革始于个人

作者　斯图尔特、格雷格森
ISBN　978-7-300-13061-3　｜定价　36元

变革应该从什么地方开始？组织结构？内部机制？企业文化？……本书作者发现：变革首先需要改变人们头脑中旧有的"心智地图"，这个地图是人们的思维惯性，决定着人们的行为方式，不改变每个人头脑中的这幅地图，整个组织的变革就无法成功。

然而，改变个人，障碍重重，最大的障碍有三个：要么看不见需要变革；或者看见了但没采取行动；要不就是行动了却没有坚持到底。最终的结局都是失败。作者明确给出了解决这三大障碍的路径，帮助每一个管理者迎来成功的变革！

## 人生何处不绽放

作者　潘习龙
ISBN　978-7-300-13329-4　定价　29.9元

人从出生、成长、强壮、衰老到死亡，是一个短暂而又奇妙的旅程。但是，心境可以不受身体的盛衰而跌宕起伏，一直处于生机勃勃的绽放之中。80岁的人，无论如何锻炼，都不可能具备18岁年轻人的体格；但80岁的人，通过心理调整与修炼，完全可以拥有18岁年轻人的心态。

本书作者力求以文学的手法、幽默的文风从畅快淋漓的语言中让您沐浴思想的阳光、抓拍工作的闪光、品味人生的绽放。

## 购物中心管理

作者　国际购物中心协会
ISBN　978-7-300-12783-5　定价　58元

本书由国际最权威的商业地产机构——国际购物中心协会所著，书中汇集了13位成功的购物中心经理多年的经验，从租赁战略、市场营销、物业维护、安保措施、危机管理等方面全面介绍了购物中心管理策略。"他山之石，可以攻玉"，本书对于我国从事商业的地产人士来说是一本不可多得的参考书籍。

## 转基因食品：天使还是魔鬼

作者　一民
ISBN　978-7-300-10958-9　定价　29元

中国人说，"吃什么补什么"，老美说，"吃什么决定了你是什么样的人"（you are what you eat），看来全球有共识：要想身体健康，首先吃的得健康。

我们的身边，不知不觉已经有了很多转基因食品，未来，也许会有更多的转基因食品甚至转基因粮食登上我们的餐桌。

转基因食品究竟是什么？它跟传统食品一样吗？

长期食用转基因食品对人们的健康究竟有没有危害？种植转基因作物对环境有什么影响？

………愿关爱自己健康和家人健康的您，借助此书，了解转基因食品，做出自己的清醒的判断和选择！

Authorized translation from the English language edition, entitled Marketing that Works: How Entrepreneurial Marketing Can Add Sustainable Value to Any Sized Company, 1st Edition, 9780137021338 by Leonard M. Lodish, Howard L. Morgan, Shellye Archambeau, published by Pearson Education, Inc, publishing as Wharton School Publishing, Copyright © 2007 by Pearson Education Inc.

All rights reserved. No part of this book may be reproduced or transmitted in any form or by any means, electronic or mechanical, including photocopying, recording or by any information storage retrieval system, without permission from Pearson Education, Inc.

CHINESE SIMPLIFIED language edition published by PEARSON EDUCATION ASIA LTD., and CHINA RENMIN UNIVERSITY PRESS Copyright © 2011.

本书中文简体字版由培生教育出版公司授权中国人民大学出版社合作出版，未经出版者书面许可，不得以任何形式复制或抄袭本书的任何部分。

本书封面贴有Pearson Education（培生教育出版集团）激光防伪标签。无标签者不得销售。

图书在版编目（CIP）数据

成功创业的14堂营销课/洛迪士等著；张秀琴，徐明译.—北京：中国人民大学出版社，2011
ISBN 978-7-300-13256-3

Ⅰ.①成… Ⅱ.①洛…②张…③徐… Ⅲ.①企业管理-市场营销学 Ⅳ.①F274

中国版本图书馆 CIP 数据核字（2011）第 008031 号

**成功创业的14堂营销课**
伦纳德·M·洛迪士 等 著
张秀琴 徐明 译
Chenggong Chuangye de 14 Tang Yingxiaoke

| 出版发行 | 中国人民大学出版社 | | |
|---|---|---|---|
| 社　　址 | 北京中关村大街 31 号 | 邮政编码 | 100080 |
| 电　　话 | 010-62511242（总编室） | | 010-62511398（质管部） |
| | 010-82501766（邮购部） | | 010-62514148（门市部） |
| | 010-62515195（发行公司） | | 010-62515275（盗版举报） |
| 网　　址 | http://www.crup.com.cn | | |
| | http://www.ttrnet.com（人大教研网） | | |
| 经　　销 | 新华书店 | | |
| 印　　刷 | 北京中印联印务有限公司 | | |
| 规　　格 | 165 mm×240 mm　16 开本 | 版　次 | 2011 年 5 月第 1 版 |
| 印　　张 | 17 插页 1 | 印　次 | 2011 年 5 月第 1 次印刷 |
| 字　　数 | 260 000 | 定　价 | 39.00 元 |

版权所有　侵权必究　印装差错　负责调换